中山大学 青年法律评论

2024年第1卷
（总第11卷）

中山大学法学院　主办
法学国家级实验教学示范中心（中山大学）　协办

法律出版社
LAW PRESS·CHINA
北京

图书在版编目（CIP）数据

中山大学青年法律评论. 2024 年. 第 1 卷 ：总第 11 卷 / 《中山大学青年法律评论》编辑部组编 ；巢志雄主编. 北京 ：法律出版社，2025. -- ISBN 978 - 7 - 5197 - 9916 - 8

Ⅰ. D9 - 53

中国国家版本馆 CIP 数据核字第 2025GK6010 号

中山大学青年法律评论
2024 年第 1 卷(总第 11 卷)
ZHONGSHAN DAXUE QINGNIAN FALÜ PINGLUN 2024 NIAN DI-1 JUAN (ZONG DI-11 JUAN)

《中山大学青年法律评论》编辑部 组编
巢志雄 主编
赵东苑　于佳岑 执行主编

责任编辑 王　珊　王雅楠
装帧设计 臧晓飞

出版发行 法律出版社
编辑统筹 学术·对外出版分社
责任校对 王语童
责任印制 胡晓雅　宋万春
经　　销 新华书店

开本 710 毫米 × 1000 毫米　1/16
印张 16.75　　字数 320 千
版本 2025 年 3 月第 1 版
印次 2025 年 3 月第 1 次印刷
印刷 唐山玺诚印务有限公司

地址：北京市丰台区莲花池西里 7 号(100073)
网址：www.lawpress.com.cn
投稿邮箱：info@lawpress.com.cn
举报盗版邮箱：jbwq@lawpress.com.cn
销售电话：010 - 83938349
客服电话：010 - 83938350
咨询电话：010 - 63939796

书号：ISBN 978 - 7 - 5197 - 9916 - 8　　定价：79.00 元

凡购买本社图书，如有印装错误，我社负责退换。电话：010 - 83938349

目　录

2024年第1卷(总第11卷)

数字法治与社会治理

法律因应与政策协同：论数字农业时代植物新品种数据的保护*

熊一霖**

摘要：

植物新品种数据是植物新品种育种、种植、繁殖等环节产生的数据，是数字农业时代育种竞争的关键资源，应当得到法律的赋权保护。植物新品种数据不具有人格性，紧密依附于该品种本身，同时还兼具私益性与公益性，这致使现有的数据赋权模式都难以得到适用。将其作为植物新品种权的第二项子权利是最为现实、必要且可行的模式。基于此，应当在《植物新品种保护条例》中明确植物新品种数据的概念及其权利内容、保护期等问题，并做好新品种数据权和植物新品种权的调适与衔接。同时，基于脆弱性—耗散结构理论，应当通过增加知识产权文化与数据文化供给、构建多元多维的治理体系、发挥数字农业技术优势等政策措施，为数字农业时代植物新品种权的保护提供政策协同。

关键词：

数字农业；植物新品种数据；植物新品种权；数据权；脆弱性—耗散结构理论

我国作为农业大国，在发展的各个阶段，“三农”问题一直被党中央和国务院高度重视。近年来，随着科学技术的高速发展，我国正面临从传统农业大国转型升级为现代化农业强国的历史任务，党的二十大报告也就此提出要“推动现代服务业同先进制造业、现代农业深度融合”，“深入实施种业振兴行动，强化

---

* 本文系研究阐释党的二十大精神国家社科基金重大项目“全球知识产权治理面临的主要挑战和中国方案研究”（资助编号：23ZDA124）的阶段性成果。

** 熊一霖，男，华东政法大学知识产权学院硕士研究生，研究领域为知识产权基本理论、知识产权法律与政策。

农业科技和装备支撑”[1]。而论及现代科技,数字技术自然是不可忽视亦不可回避的话题。然而,在植物新品种保护等种业法治建设问题并未得到法学界普遍重视的背景下,虽然“数据法学”已经成为“第四种法学知识新形态”[2],但关于数字农业时代植物新品种保护的探讨却仍然鲜见。其实早在2019年年底,农业农村部就联合中央网络安全和信息化委员会办公室共同印发了《数字农业农村发展规划(2019—2025年)》,该文件前瞻性地提出了要建设包含农业自然资源与种质资源大数据的基础数据资源体系,加快种植业、种业等生产经营行业信息化与数字化改造,推进农业管理服务的信息化转型等5项主要任务。而此后的《种业振兴行动方案》与《中共中央、国务院关于做好二〇二三年全面推进乡村振兴重点工作的意见》等文件也纷纷就“种业数据”这一问题做出了规划与安排。正是基于这样的政策指引,植物新品种保护的实践场域已然从现实空间拓展至数据空间。同时,与植物品种有关的数据,在近年来的司法裁判中也凸显出重要的价值。例如,在一起南瓜种植合同纠纷中,[3]法院在论述第三方机构出具的评估意见书的效力时就认为,品种产量科研数据是评估品种市场价值的重要客观依据;而在先锋种业公司诉农丰种业公司、大丰种业公司植物新品种侵权纠纷案等一系列常规植物新品种侵权案件中,[4]植物新品种DUS测试数据向来是认定侵权行为成立的关键证据。鉴于此,本文将通过梳理与植物新品种有关的数据的生成机理,明确界定作为法律保护对象的“植物新品种数据”的概念,并探讨在数字农业时代保护植物新品种数据的法律与政策路径。

一、植物新品种数据生成的现实机理

“数据是指人们对人类本身以及其他生物或非生物产生的,在某种目的下,

---

〔1〕 习近平:《高举中国特色社会主义伟大旗帜 为全面建设社会主义现代化国家而团结奋斗》,载《人民日报》2022年10月26日,第1版。

〔2〕 曾赟:《第四种法学知识新形态——数据法学的研究定位》,载《法制与社会发展》2023年第1期。

〔3〕 参见潍坊慧达农业科技有限公司与赵某增种植、养殖回收合同纠纷上诉案,山东省潍坊市中级人民法院(2021)鲁07民终231号民事判决书。

〔4〕 参见山东登海先锋种业有限公司诉陕西农丰种业有限责任公司、山西大丰种业有限公司侵害植物新品种权纠纷案,最高人民法院(2015)民申字第2633号民事判决书。

以数字化形式进行技术处理的一切海量信息。”〔5〕据此,首先,数据是一种信息,是减少物质不确定性、为之赋予意义的事物,而非物质本身。〔6〕因此,人类、其他生物和非生物本身不是信息、亦不可成为数据,只有表现其在某一时空所处状态的信息,才能够成为数据。其次,经过人类处理的信息才能够成为数据,因为在研究法律问题的语境下讨论“数据”的前提是承认其有价值性,而正是信息处理者通过收集、归纳、分析等行为将分散在每一条信息中微量价值要素集中起来,才让海量信息形成在法律意义上“有价值”的数据。〔7〕再次,数据处理者必须要带有明确的目的处理信息,仅仅为了保存而收集、为了区别而分类并不能构成此处所言的“目的”,这里的“目的”应当指向处理行为必然结果的下一步。也就是说,收集的必然结果是保存,如果数据处理者的主观意图截止于此,则不满足“带有明确的目的”的条件,而如果数据处理者是为了出售打包好的数据,则可以认为收集行为“有明确的目的”。最后,数据所包含的信息量应当达到一定量级。但实际上我们并没有必要通过计算机科学上的计量单位为信息量设定一个标准,只需要要求信息总量能使每条信息中含有的价值要素之和具有法律上所认可的“价值”即可。

数字农业的核心是数字技术在农业领域的全链条适用,是将数字技术贯穿于农业的生产、管理、销售等诸多环节。〔8〕植物育种是农业生产的第一步。在育种阶段,目前常用的育种方法包括表型值评估选育法、分子标记辅助育种法和分子设计育种法,〔9〕而这 3 种方法的成功运用都建立在海量的育种数据之上。表型值评估选育法是通过在不同区域大量种植某一品种并统计植株的生长情况,继而分析植物基因型与其种植环境的互作效应,从而在杂交后的子代中选育适生优质品种的方法。其基础在于源自多地的大量的植物生长信息,譬

---

〔5〕黄鹏:《数据作为新兴法益的证成》,载《重庆大学学报(社会科学版)》2022 年第 5 期。

〔6〕参见李文明、吕福玉:《信息的本体论意义与传播学价值》,载《山西大学学报(哲学社会科学版)》2017 年第 1 期。

〔7〕参见张新宝:《论作为新型财产权的数据财产权》,载《中国社会科学》2023 年第 4 期。

〔8〕参见文丰安:《农业数字化转型发展:意义、问题及实施路径》,载《中国高校社会科学》2023 年第 3 期。

〔9〕参见赖瑞强、南建宗、阳成伟:《作物育种涉及的方法及发展概况》,载《分子植物育种》2022 年第 12 期。

如抗病性、产量等。分子标记辅助育种法和分子设计育种法都是先通过基因测序技术寻找能够表达目标性状的基因,前者是在此基础上选出具有目标基因的杂交子代进行培育,后者则是继续通过其他生物化学的手段对基因进行改良,从而直接得到具有目标性状的品种。而基因测序正是通过大数据深度挖掘技术分析海量DNA(RNA)分子水平和生物个体表现水平上的信息,得出二者之间因果关系的技术,因此,分子标记辅助育种法和分子设计育种法在运用过程中也都会产生育种信息。无论是植物生长信息还是植物基因测序信息,都会被育种者以选择、培育新品种为目的进行收集、整理、统计、分析,而为了让分析结果具有统计学意义,被分析的信息必须在“量”上达到相应的要求,而这种对科学性的满足,则可以被评价为法律上的“有价值”。所以,上述信息均构成数据,落入植物新品种数据的外延之中。

育种之后的农业生产、管理、销售环节在《数字农业农村发展规划(2019—2025年)》所提出的数字农业理念下,可以被再次划分并统合为精准农业、农业物联网、农业大数据和智慧农业4个方面。精准农业强调对资源最合理、最高效的利用,要求定量控制植物种植的面积、浇灌的水量、喷洒的农药量等。农业物联网是通过各类传感器全流程监控农作物的种植、生长、收获、加工等过程,并基于传感器收集到的信息调控相应的硬件设备、做出特定操作的技术。农业大数据则是将精准农业和农业物联网中产生的信息汇总、分类、处理为海量的数据,并将这些数据交由智慧农业系统做分析与决策。而上述信息也满足数据的四大特征,故从植物新品种种植阶段起(包括其种植地点、数量、面积等),到植物新品种生长阶段所需的外部干预,再到其收获阶段的收获批次、产量等,都可以成为繁殖阶段的植物新品种数据。而植物新品种的收获材料在加工、出售过程中产生的有关加工流程控制的数据、供应链数据、销售数据等,则与其他商品或服务在相关环节中产生的数据本质上无异,自然可以成为经营阶段的植物新品种数据。

综上所述,在数字农业的理念下,从育种到经营环节,植物新品种作为一种客观的物质存在,其状态正不断被人类通过各类技术手段收集到的信息明确,这些信息则构成了植物新品种数据。据此,植物新品种数据可以被广义地定义为:“自植物新品种作为科学研究的对象被育种开始,至其作为产品被出售为止,其间产生的反映该品种农业及与农业紧密相关的商业特征的,被人以特定目的处理的海量信息集合。”

二、植物新品种数据赋权的模式选择

数据能够作为法益和财产得到法律的承认和保护，几乎已经是理论界的共识，因而对于“植物新品种数据是否应当得到赋权”这一问题，答案是不言自明的，而如何对数据进行赋权才是当下需要重点研究的课题。〔10〕值得注意的是，在植物新品种的收获材料被收获之前产生的数据反应的是植物新品种在农业上客观存在的特征与状态，对于这一部分数据应当如何赋权，是当下理论研究的模糊地带；而在收获之后，其收获材料将经过加工、销售等环节形成“商业数据”，既有的理论与实践已然为商业数据提供了多种可供选择的保护模式，〔11〕故本文无意再就后一问题展开探讨，而是将重心放在除商业数据之外的植物新品种数据的赋权与保护之上。为此，我们称“除商业数据之外的植物新品种数据”为“狭义的植物新品种数据”（以下简称新品种数据），其可以被定义为：“能够客观反映植物新品种育种、种植、繁殖等农业特征的，被人以特定目的处理的海量信息集合。”

纵览学界就“数据如何赋权”这一问题展开的讨论，不难发现，之所以会产生如此激烈的争议，是因为数据在不同的视角下会呈现出不同的特点，而学者们意图构建的赋权模式正是对数据自身特殊性的回应。例如，从数据权益的性质上看，其既具有人身性，又具有财产性，所以张新宝教授提出了“人格权＋财产权”的保护模式；〔12〕而从数据流通的环节上看，数据的价值来源于其制作和使用，因此吴汉东教授提出了“制作者权＋使用者权”的保护模式。〔13〕然而，鉴于新品种数据的特殊性，学者就一般数据提出的赋权模式是否依旧适用，是一个值得在此详细探讨的问题。

（一）“性质分割模式”的反思与借鉴

以张新宝、王利明教授为代表的学者从权益的性质入手分割数据权益，将

〔10〕参见吴汉东：《数据财产赋权的立法选择》，载《法律科学（西北政法大学学报）》2023年第4期。

〔11〕参见吴桂德：《商业数据的私法保护与路径选择》，载《比较法研究》2023年第4期。

〔12〕参见前引〔7〕，张新宝文。

〔13〕参见前引〔10〕，吴汉东文。

其拆解为数据人格权与数据财产权,[14]或直接将数据权益视作权利束。[15] 这样的赋权模式有效地梳理了“在逻辑上可能出现的各种权利形态,避免权利分类的模糊、重叠和遗漏”[16],然而,无论是人财两分模式还是权利束模式,都仅针对与个人信息具有不可分性的数据,而与个人信息完全分离的数据则被视作非常态数据,作为数据要素市场中的例外而不予讨论。[17] 质言之,“性质分割模式”的理论基础在于法律人本主义,即法律应当尊重人的价值与尊严,并以之为评价尺度,防止技术与劳动的异化损害人的自由与发展权利,故要求数据赋权时,必须将具有人格性的权利单独列出。而新品种数据反映的是现实存在的植物品种的育种过程、基因结构、生长需求、产量状况等信息,既不包含指向任何自然人、法人、其他组织的信息,也不会因为收集、处理者的不同而发生改变,因此新品种数据的赋权问题被“性质分割模式”排除在外,是其理论基础不曾涵摄、实践模式无法覆盖的空白地带。

但必须承认的是,“性质分割模式”为新品种数据赋权提供了有益的借鉴思路,即需要在性质层面认识到新品种数据的复杂性与特殊性。首先,新品种数据不具有人格性。其次,新品种数据或来源于对客观现象的直接记录,抑或由算法处理后形成,譬如新品种的产量、适宜的生长温度等即为客观记录,但新品种基因与性状的对应关系则是在算法的运行之下形成的。因此,新品种数据具有客观性和预测性的双重性质。最后,新品种数据具有特殊的竞争性和一般的非竞争性,前者指的是竞争新品种数据的主体往往并非传统的市场商业主体,而是科研机构,科研机构希望利用新品种数据中的基因、育种等数据进行后续研发;后者指的是新品种数据中的生长条件、产量等数据是决定新品种市场接受度、将新品种推入市场所必须在一定范围内公开的数据——农民不知道新品种的产量情况则不会贸然购入该品种进行种植,而购入某一品种后若不知其种植条件,亦可能因未达到预期产量而被农民抛弃。

综上所述,“性质分割模式”不可直接用于新品种数据赋权,但是通过分析新品种数据的特殊性质进而有针对性地构建相应的赋权模式的思路是可取的。

---

〔14〕 参见前引〔7〕,张新宝文,第144~163、207页。

〔15〕 参见王利明:《论数据权益:以“权利束”为视角》,载《政治与法律》2022年第7期。

〔16〕 白纶:《“权利束”视角下数据权益的法律配置》,载《郑州大学学报(哲学社会科学版)》2023年第1期。

〔17〕 参见前引〔15〕,王利明文,第99~113页。

(二)"主体分割模式"的反思与借鉴

以李爱君、吴汉东教授为代表的学者以主体为标准为数据赋权,即采用类似于《著作权法》上邻接权的立法模式,构建起由数据国家所有权、数据私人所有权、数据制作者权、数据使用者权等权利组成的复杂权利体系。[18] 一方面,学者对"主体分割模式"的论述与思考仍然没有将视野延及新品种数据这样的与个人信息无关、与人类社会活动记录仅有极弱关联的自然信息组成的数据。另一方面,作为与植物新品种权这一知识产权紧密联系的权利,新品种数据之上的权利可能会对植物新品种权产生干涉。譬如,植物新品种权应当遵循知识产权一次用尽的一般原则,权利人失去对合法出售的繁殖材料的控制权,[19]但若新品种数据之上的权利按照"主体分割模式"分立于多人,则会让品种权人和新品种数据流转过程中的其他主体间接取回或分得部分基于新品种数据而对新品种进行利用、开发的权利,从而以谋取利益为目的通过行使专有权的方式对育种创新工作进行不当干涉。这自然不是制度设计的初衷与本意。

但我们必须承认的是,以主体为标准赋权的思路是"性质分割模式"的进步,其站在主体性的高度进一步审视数据作为客体的性质,并将这些性质统合在了参与社会活动的主体之上,是更具有实践性、操作性和合理性的赋权模式。同时,"主体分割模式"中区分数据国家所有权和私人所有权的思路也让我们意识到,新品种数据权可以是一种复合私权和公权(利)的权利,而并非一定要在私权与公权(利)中取舍。而需要明确的是,数据国家所有权实际上是由国家代替私人主体对数据展开安全、合理、有效利用的权利,[20]是国家治理公共数据的手段,是《数据安全法》第21条规定的对数据更为严格的保护和管理措施,而非民法意义上的"所有权"。[21] 因此,只有不为一般公众所知悉的或未经合法公开的,被窃取、公开、非法泄露会对国家和社会公共利益造成重大损失的重要数据信息资源,[22]才

---

〔18〕 参见李爱君、夏菲:《论数据产权保护的制度路径》,载《法学杂志》2022年第5期;前引〔10〕,吴汉东文,第44~57页。

〔19〕 See Jeremy de Beer, *Patents and Plant Breeders' Rights: Approaches to Intellectual Property Overlaps*, 1 Intellecture Property Journal 83, 83–103 (2018).

〔20〕 参见庞琳:《数据资源的国家所有:权属反思与重构》,载《北京行政学院学报》2022年第5期。

〔21〕 参见前引〔18〕,李爱君、夏菲文,第17~33页。

〔22〕 参见祝高峰:《认识与识别:重要数据的界定及其规制路径选择》,载《社会科学家》2023年第6期。

可以被划为数据国家所有权的客体。近年来,除了种业知识产权法治建设不足和民族种业市场份额较低的“内忧”外,农业恐怖主义这一“外患”也成为粮食安全的潜在威胁。[23] 概括地讲,农业恐怖主义即通过在食物链的各个环节引入动植物病原体或天敌,以破坏农业生产,引发社会恐慌。针对日趋严峻的种业安全问题,党的十八大以来,以习近平同志为核心的党中央提出了“确保谷物基本自给、口粮绝对安全”的新粮食安全观,将粮食安全问题上升至国家安全和国家战略层面。因此,新品种数据中与基本粮食作物的基因缺陷、易感毒株、天敌生物等易被农业恐怖主义利用作为危害我国粮食安全突破口的数据应当由国家终局决定其流通与利用。

(三)“权能分割模式”的反思与借鉴

崔国斌教授等学者认为著作权法保护的客体与数据最为类似,甚至有所重叠,参照《著作权法》的赋权方式为数据赋权是较为合理也较为节约立法成本的模式,故指出数据权应当有发行、广播、信息网络传播等公开传播权,而没有复制、演绎等权利。[24] “权能分割模式”更直接地揭示了权利的内容,为新品种数据赋权提供了有益的视角。但是,在崔国斌教授的理论体系下,数据权皆为公开传播权,即向不特定的多数人公开展示数据内容的行为,而在事实上,因为新品种数据反映的是作物的育种、种植、繁殖等农业特征,其主要供给对象是农民及育种工作者,故在其流通的过程中,很难涉及类似《著作权法》中规定的表演、直播等让公众知晓数据内容的情形,多数情况下是点对点地进行交易。因此,参照《著作权法》进行数据赋权的合理性存在值得商榷之处。

(四)归入植物新品种权:新品种数据赋权的应然模式

基于上述分析不难发现,从性质、主体、权能等角度剖析数据权益的属性并依此赋权的模式都具有一定的理论意义和现实价值,但对于新品种数据的赋权,每一种模式都存在局限性与不适用性。究其原因,在于这些既有的赋权模式并没有考虑到新品种数据的特殊性。首先,新品种数据是植物新品种自然状态和自然属性的客观反映,是一种在内容上与人类活动无关的数据,区别于传统意义上由个人信息、经营信息等与人类活动密切相关的信息汇集而成的数据。其次,新品种数据与植物新品种之间存在明显的依附关系,新品种数据主要反映的是植物新品种的生物和农业信息,没有植物新品种的培育、交易就没

---

〔23〕 参见刘育金、李春雷:《总体国家安全观下我国种子安全问题》,载《西北农林科技大学学报(社会科学版)》2022 年第 2 期。

〔24〕 参见崔国斌:《大数据有限排他权的基础理论》,载《法学研究》2019 年第 5 期。

有植物新品种数据的产生、流通,而相比之下,这样近乎“一体两面”的关系难以存在于传统数据与其他有形或无形财产之间。最后,新品种数据之上的权利应当兼有私权与公权(利)。因而如果套用既有的赋权模式,将新品种数据作为一般数据权的客体,在将来立法时,要么难以对新品种数据的保护、流转、运用提供有效的制度支撑,要么则会出现大量的例外条款,打乱数据法既有的逻辑体系。由此可见,新品种数据之上的权利,是数据权与知识产权中自成一体的(sui generis)权利,需要法律的单独调整、特别调整,本文认为,应当将新品种数据之上的权利归入植物新品种权之中,使之成为植物新品种权的第二项子权利——植物新品种数据权。

此种制度设计对新品种数据的特殊性予以了足够充分的考量,其既没有套用人格性数据的赋权模式,又能够对新品种数据和植物新品种之间的关联性予以充分照顾,摒弃传统的分立式赋权思路,选择合并式赋权,将唯一的私权交由植物新品种权人。在讨论植物新品种之上的权利时,我们必须关注到的是,该权利不仅仅是对新品种本身(繁殖材料)的独占权,更可以间接地控制该新品种作为一种植物的培育、生长、繁殖等过程。因为植物新品种权作为一种知识产权,有着相比于著作权、专利权更为突出的自然资源属性,因而植物新品种权的行使,实际上是一个多维度、复杂而综合性的工作,其牵涉到遗传学、生态学、农业技术等多个领域,需要新品种的适应性、生长周期、产量表现等多方面信息,即新品种数据。因而将新品种数据权与植物新品种权相结合,可以将不同层面的、碎片化的信息收束集中起来,进一步活化植物新品种权,有利于围绕植物新品种展开的产业链、利益链的流畅运转。另外,育种创新是一个持续的过程,在新品种的进一步推广和改良中,记录生长情况、抗病性、产量等特性新品种数据也是不可或缺的,其为后续育种者、推广者提供了对新品种本身更为细致和全面的信息支持,故新品种数据作为一种信息资源也应当随植物新品种及其之上的知识产权流转。

在当下的法律框架中,知识产权保护和数据保护分散在不同部门法之中,这种分散的保护模式让本就一体的植物新品种保护和植物新品种数据的保护呈现出碎片化、零散化的特征。而且囿于当下数据立法尚不健全,对于最为常见的商业数据、个人数据等的保护、流转、应用制度的构建都仍在讨论酝酿之中,如果将新品种数据一概地归入数据法统括,其特殊性将被弱化,这种立法漏洞带来的风险会增加育种者和种子企业的合规成本。详言之,新品种数据是育种者和种子企业快速、高效了解品种特性和遗传性状的工具,合规地获取、使用、流转之是每个育种者和种子企业在数字农业时代必须关注的问题。从更为宏观的视角上看,随着数字技术在农业创新与生产中的广泛应用,新品种数据作为数字农业的核心内容之一,对于提高农业生产与创新的效益也至关重要,因而通过归入式立法将种业领域的数据权利问题放在农业法的框架下具体分析,有利于降低合规成本、促进数字农业技术的研发和应用、提高种业创新效益,是顺应数字农业转型的制度因应。

就归入式立法的可行性而言,第一,农业农村部已在 2022 年年底发布《植物新品种保护条例》(以下简称《新品种条例》)的征求意见稿,故借此机会一并修改、调整,将有关新品种数据的条款并入《新品种条例》之中,是最为经济的选择。第二,虽然“权能分割模式”存在缺陷,但是崔国斌教授正确地指出了数据权是一种排他权,〔25〕而《新品种条例》第 6 条也规定,植物新品种权是一种排他权,故新品种数据上的权利和传统的植物新品种权在此有较大重合,这一契合点使二者的合并具有现实可能性。

综上所述,将新品种数据上的权利归入植物新品种权,具有理论、实践层面的必要性和立法契机,权利性质上的可行性,是新品种数据赋权的应然选择。

三、数字农业时代植物新品种数据保护的法律因应

在数字农业时代,表现植物新品种基因结构、生长条件、繁殖情况、产量情况等生物、农业特征信息汇集成的新品种数据,与植物新品种同步产生。新品种数据实际上是植物新品种的“个人信息”,是新品种在数字空间中的映射,与新品种本身是近乎“一体两面”的关系。基于对学者们提出的一般数据保护模式的反思和借鉴,加之对新品种数据权并入植物新品种权的必要性与可行性的论证,本文认为,将品种权人对新品种数据享有的排他权规定为植物新品种权的新内涵,是当下新品种数据保护的应然立法模式。故面向植物新品种权在数字农业时代的扩展,《新品种条例》应当做出相应的立法回应。

(一)准确界定新品种数据的概念

植物新品种数据的概念有狭义和广义之分,后者相比于前者,多出了植物新品种在生产经营阶段的商业数据,而这一部分数据与其他从事生产经营活动的主体产生的商业数据没有实质性差异,因此不需要将其归入植物新品种权中。故《新品种条例》中对新品种数据概念的界定应取其狭义,即在第 2 条中新增第 2 款:“本条例所称植物新品种数据,是指能够客观反映植物新品种育种、

---

〔25〕 参见崔国斌:《大数据有限排他权的基础理论》,载《法学研究》2019 年第 5 期。

种植、繁殖等农业特征的,被人以特定目的处理的海量信息集合。”同时,为了《新品种条例》总则部分的结构统一和逻辑周延,应当在第3条后也新增第2款,规定新品种数据管理机关。

(二)明确规定新品种数据排他权的权能范围

1. 新品种数据权权能范围的规范构建

保护植物新品种及其数据的核心目的是,通过强制付费的方式激励创新主体在得到预期收益后继续进行创新活动,也借经济上的合理压力以推动其他主体自主创新,由付费方转为新的收费方。[26] 而知识产权制度“激励效果的实现,通常以事先明确排他权边界为前提”[27],所以,《新品种条例》应当对新品种数据排他权的具体权能范围加以明确。

因此,《新品种条例》第6条应当分3款对植物新品种权的性质、范围、内容等基本问题予以明确。现行《新品种条例》第6条第一句应当修改为“完成育种的单位或者个人对其授权品种及品种数据,享有排他的独占权”并作为第1款。该款意在明确,植物新品种权包括品种权和新品种数据权两项子权利,实现新品种数据权向植物新品种权的归入。第2款保留现行《新品种条例》第6条第二句关于保护授权品种的繁殖材料并赋予品种权人生产权、繁殖权、销售权等权利的规定。同时新增第3款,其需要在保留第2款的例外规定的基础上,额外规定新品种数据权的具体权能。新品种数据对于科研机构的意义重大,其可以利用既有新品种数据中的基因、育种等数据进行后续研发,故应当赋予品种权人相应的排他权,即规定“未经品种权人许可,不得以培育具有实质性竞争关系的新品种为目的复制、传输、直接使用植物新品种数据”。

需要注意的是,新品种数据权排除的只是“以培育具有实质性竞争关系的新品种为目的”的行为,其中,实质性竞争关系多发生于同一生物学意义上的种(species)中,[28]若不同种的植物之间的彼此替代关系能够达到同一种植物间的程度,亦可被认定为具有实质性竞争关系。同时,排他权所排除的行为仅限

---

[26] 参见靳学军:《科技创新体系中知识产权司法的守正创新》,载《知识产权》2022年第12期。

[27] 蒋舸:《著作权法与专利法中“惩罚性赔偿”之非惩罚性》,载《法学研究》2015年第6期。

[28] 一般地,我们用界(kingdom)、门(phylum)、纲(class)、目(order)、科(family)、属(genus)、种(pecies)对生物加以分类,而种是品种(variety)的上位概念。例如普通小麦(Triticum aestivumL.)是禾本科小麦属下的一种,而济麦22、百农207则属于小麦的具体品种。

于“复制、传输、直接使用”,其中传输不同于传播,传输可以是将数据一对多地公开(传统意义上的传播),也可以是一对一地使特定人知晓;直接使用需要结合具体的情境判断,其核心在于判断新品种数据与研发成果之间的关系是否密切以及从知悉新品种数据到获得研发成果之间需要付出的创造性劳动的量。另外,新品种数据上的排他权与《新品种条例》第 10 条规定的“科研豁免”制度并不矛盾。从制度内容上看,“科研豁免”是豁免对新品种繁殖材料的利用,而新品种数据排他权排除的是对数据的利用,二者不发生直接冲突。从制度目的上看,二者更是相辅相成的。“科研豁免”的本意是鼓励科研机构“站在巨人的肩膀上”,继续创新育种成果,但现实中,我国有相当多的育种创新成果属于实质性派生品种,创新程度不高,仅仅是对已有品种性状的简单修饰。[29] 如果允许承载着育种关键信息的新品种数据不受限制地流通,育种者甚至不再需要对现有品种进行基因、性状、生长条件等方面的分析,这无疑会使低层次、低质量简单修饰的成本进一步降低,更不利于我国种业的高质量发展。随着 2021 年修订的《种子法》引入了实质性派生品种制度,[30] 让低质量的育种成果不再享有独立的植物新品种权,育种者将不得不慎重考量对已有品种繁殖材料进行分析并简单修饰的成本和培育出的低质量新品种能给自己带来收益之间的关系,“科研豁免”的制度效果正逐渐复位,而让科研机构获取新品种数据亦需支付对价,更是在进一步防止育种者的投机行为,敦促其开展扎实的、有价值的研究,为我国种业高质量发展做出实质贡献。

另外,对现行《新品种条例》第 6 条建议新增的第 3 款的例外条款应当指向如下几个方面:一是国家机关基于国家安全、社会公共利益考量,可以在必要的范围内复制、传递、使用新品种数据,但可以给予权利人适当的补偿。二是种植新品种的农民有权无偿获得包括植物的生长条件、收获情况等数据在内的与其农业活动相关的新品种数据,并合理将其用于相应的农业活动。三是种植新品种的农民之间可以复制、传递前述数据,但不得允许第三人复制,也不得向第三人传播。四是任何主体合法获取并向消费者宣传该品种优势、介绍消费者知情权范围内信息的行为,均应当得到豁免。

2. 新品种数据权与品种权的调适

我国《民法典》第 123 条规定,植物新品种权是一种知识产权,而将新品种

---

〔29〕 参见熊一霖、黄金池:《实质性派生品种的概念澄清与制度设计》,载《中国种业》2024 年第 2 期。

〔30〕 参见《种子法》(2021 年修正)第 28 条。

数据权作为植物新品种权第二项子权利并调和品种权与新品种数据权的前提,则需要论证新品种数据权属于一种知识产权。传统观点认为,知识产权保护的对象是具有创造性的智力成果,但对于数据而言,"其财产价值主要不取决于人类的创造性劳动,而取决于数据的规模性和数据处理过程中的无限增值"〔31〕,因此不可将其视作知识产权予以保护。然而,传统观点对知识产权的认识仍停留在商标被纳入知识产权体系之前,商标本身并非人类的智力成果,但无论是现代知识产权理论、国际公约还是我国《民法典》,却都将商标认定为一种知识产权。既然如此,那么对于数据这一新兴事物,机械套用陈旧的理论以否定其可以作为知识产权的客体,这显然是不合理的。而且,《与贸易有关的知识产权协定》第 27 条明确规定,各国应采取专利或其他有效的特殊制度(effective sui generis system)保护植物新品种,可见,植物新品种权是一项开放的、自成一体的(sui generis)权利,故在数字时代为更好地保护植物新品种,将新品种数据权涵摄于植物新品种权之下,并不违反国际公约,亦应当被国内法所接纳。在理论上,现代知识产权制度保护的对象并非创造性智力成果,而应当被认为是"更高的质量、更快的发展、更高的效益"〔32〕,而数据对产业高质量发展、高效益运行的促进作用是不言而喻的,因此将新品种数据纳入知识产权体系之下亦是合乎法理的。

而至于新品种数据权和植物新品种权之间的关系,需要明确的是:第一,二者的目的是统一的,都是为了合理延后替代性、竞争性品种流向市场的时间点,以此保证植物新品种育种者能够在市场上取得合理的收益,获得足够的激励。而品种权规制的是他人基于现实存在的繁殖材料进行竞争性育种的行为,新品种数据权规制的是他人利用新品种数据,通过计算机、人工智能演算等方式反推出应当进行的育种操作,进行的竞争性育种行为。第二,二者同归属于育种者,但新品种数据权不得影响品种权的行使。故在品种权发生转让的情况下,新品种数据权应当随之转让,品种权用尽或依法被限制、豁免时,新品种数据权也应当在相应的范围内不再具有排他性。

(三)建立新品种数据备案审查制度

新品种数据兼具私权和公权(利)属性,因此为了兼顾对此二者的保护,《新品种条例》应当建立新品种数据备案制度,由有关部门统一备案储存新品种数据,并依照《数据安全法》和相关规范性文件对数据进行分级。植物基因缺陷、

---

〔31〕 前引〔7〕,张新宝文,第 144 ~ 163、207 页。

〔32〕 龙文懋:《知识产权法哲学初论》,人民出版社 2003 年版,第 115 页。

易感毒株、天敌生物等是可能对国家粮食安全和农业生产带来重大威胁的信息,易被农业恐怖主义恶意利用,应当重点关注。有关机关应当依职权对这部分数据的传输、利用进行审查,未通过审查的数据不得在私主体之间复制、传输,不得使用。同时对这部分信息需要落实严格的评估、报告、信息共享、监测预警机制,将保障其数据安全放在最重要的位置上。植物病虫害抗性等信息是对公众和农业生产有一定影响,但尚未达到严重水平、尚不足以危害国家粮食安全的信息,这部分信息应当被列入备案、监测之列,予以较高程度的重视。生长需求、适宜气候等植物的一般性农业特征信息以及植物新品种的特殊性状和对农业生产和市场具有一定影响的信息属于一般信息,可以自由流通。

(四)另行设定新品种数据的保护期

《新品种条例》应当为新品种数据设立专门的保护期。首先,因为新品种数据不具有人格性,无法像自然人的个人信息一样取得永久性的保护,故为了平衡权利人的权利和社会公共利益,促进数据流转并发挥其效益,法律应当为新品种数据设立有限的保护期。其次,新品种在市场上的"生命周期"是有限的,并且一部分新品种数据可以被若干年的种植经验取代,因此,过长的保护期限对于新品种数据来说并无太大意义,反而适时公开新品种数据还更有利于后续的育种研发和创新,为产业链的进一步发展创造有利条件。最后,新品种数据的保护期应当短于植物新品种的保护期,因为新品种数据不存在实体交易,故不需要像植物新品种一样长期占有市场以收回研发成本和合理利润,而是只需要在适当的期间内为竞争品种的培育与研发设置门槛,以间接维护新品种本身的市场地位即可。

四、数字农业时代植物新品种数据保护的政策协同

对于知识产权和数据这一类与科技发展、产业发展紧密联系的客体而言,政策与法律的协同运转尤为重要,因为科技的发展往往是爆炸式的,与之关联的产业也常常兴起迅速,相比于冗长而复杂的立法、修法,更具灵活性和可调整性的政策可以更迅速地作出反应,以适应科技创新和产业发展的动态变化。面对科技与产业的发展,人们的思想观念需要同步转变,而在法律不能调整的思想领域和不宜调整的过于具体、细节的问题上,政策却可以渗透到其中发挥"软法"独有的社会治理作用。因此,法律制度勾勒出的权利图景与现实之间的鸿沟有赖于政策的衔接和弥合,讨论数字农业时代新品种数据保护的政策既是本文的题中之义,更是本文的职责所在。

（一）“脆弱性—耗散结构理论”的阐释与适用性分析

“脆弱性—耗散结构理论”是脆弱性理论和耗散结构理论的有机结合。“脆弱性”的概念最早由美国学者提出，[33] 主要用于分析与应对自然灾害，之后被拓展至社会科学领域，为政府制定公共政策提供了分析框架。[34] 脆弱性理论认为，任何一个系统在自然、社会、管理、技术4个层面上具有脆弱性，[35] 在外界致灾因子的作用下，系统会不断自我调整力图恢复原状，但致灾因子的作用力过强致使系统脆弱之处被击破时，系统危机则会发生。脆弱性理论的适用范围较为广泛，仅要求适用对象构成系统，而很明显，在植物新品种保护的过程中，存在育种者、后续创新者、农民、种子生产者与销售者、国家机关等诸多主体，也存在育种、种植、收获、交易等复杂行为，因此植物新品种保护构成系统，且我们也必须以系统论为视角研究植物新品种保护。

耗散结构理论源于热力学第二定律，指的是“一个处于非平衡状态下的开放系统，如果能够通过汲取或交换外界的物质、能量和信息，减少系统内部熵值，系统可能发生突变，由原来的混沌无序状态转变为一种在时间上、空间上或功能上的有序状态”[36]。可见，耗散结构理论实际上是脆弱性理论的另一面，其指出一个系统只要能够从外界获取足够的能够降低其内部无序性的物质、能量和信息，则可以让这个系统趋于稳定。耗散结构理论要求系统具有开放性、非平衡性、非线性。开放性是指系统具有能够与外界交换物质、能量和信息的可能性，植物新品种权作为知识产权，其原始创新可能会利用到公有领域的内容；同时作为法定权利，其主体也具有流动性，能够与系统外的主体发生互换；更重要的是，作为一种社会关系，其还受到市场经济、国家政策等多重因素的影响，因此植物新品种保护系统是一个开放系统。非平衡性是指这一系统尚不处于一个长期稳定的状态，那么很显然，我国种业知识产权法治建设一直以来存在不足，销售假冒种子等种业市场失序行为时有发生，新品种数据被列入植物

---

〔33〕 See Gilbert Fowler White & J. Eugene Haas, *Assessment of Research on Natural Hazards*, The MIT Press, 1975, p. 1.

〔34〕 See Martha Albertson Fineman, "*Elderly*" *as Vulnerable: Rethinking the Nature of Individual and Societal Responsibility*, 1 Elder Law Journal 71, 71 – 112 (2012).

〔35〕 参见刘铁民：《事故灾难成因再认识——脆弱性研究》，载《中国安全生产科学技术》2010年第5期。

〔36〕 朱健齐、邓伟华、米运生：《农房抵押贷款与宅基地流转的协同发展：耗散结构理论视角》，载《江西财经大学学报》2023年第4期。

新品种权保护范围之后,这一系统的复杂性、混乱度继续升高,与平衡态的距离有增无减。非线性指的是系统中的要素不全是线性叠加的关系,在植物新品种保护系统中,类似每多获得一单位的新品种数据,育种创新的质量、速度就会多出一单位这样的规律并不存在,所以其为一个典型的非线性系统。

脆弱性理论为考察系统内部的风险因素提供了分析角度,而耗散结构理论为从外部降低系统内风险提供了方法论依据。因此,我们将这两个理论整合起来,提出"脆弱性—耗散结构理论",旨在基于脆弱性理论的分析框架,找出植物新品种保护系统在自然、社会、管理、技术4个方面的内生性缺陷,再结合耗散结构理论,从系统外部引入新的物质、能量和信息,使系统内部发生熵减,为数字农业时代植物新品种权的保护提供政策协同。故综合来看,"脆弱性—耗散结构理论"能够为数字农业时代的植物新品种保护政策提供分析框架与路径。

(二)面向数字农业时代的植物新品种保护政策

在"脆弱性—耗散结构理论"的指引下,应当从自然、社会、管理、技术4个方面考察植物新品种保护系统的脆弱性,然而植物新品种权和新品种数据权皆为无形财产权,因此不会受到气象、环境、生物等自然因素的影响,故其在自然方面不存在明显的脆弱性,以下便仅从社会、管理、技术3个层面提出因应政策。

1. 强化知识产权文化与数据文化的外部供给

一个系统在社会层面上的脆弱性主要体现在政治、文化、经济等领域,而对于植物新品种保护系统来说,文化是其社会层面脆弱性的集中体现。在自然科学领域的研究中,许多科研工作者对不公开相关实验数据的行为抱有偏见,认为这是一种防止或延缓复现实验以掩饰学术造假的做法,这让他们对为新品种数据付费一事颇有抗拒。加之政府和媒体说教式、填塞式的知识产权文化宣传实践难以瓦解传统文化对知识产权的排斥,[37]相关主体的知识产权意识和数据意识不足会致使其行为失范,引发系统内部的熵增反应。同时,需要注意的是,在植物新品种保护系统中,还存在大量农民等主体受我国不平衡不充分发展格局的影响,法治意识较为落后,更需要知识产权文化和数据文化的引导。因此,需要加强以"促进全社会认同创新价值"为核心的知识产权文化与以"数据赋能经济发展"为核心的数据文化的外部供给,安定各类主体的反对情绪与逆反心理,以达到熵减的目的。对于育种者,因为其既是植物新品种的创造者,又是新品种数据的生产者,因此需要在文化宣传中着重强调知识产权与数据产权的经

〔37〕 参见刘华、黄金池:《文化治理视域下我国知识产权文化政策结构性优化研究》,载《华中师范大学学报(人文社会科学版)》2019年第2期。

济价值,提升其创造、创新意愿与保护意识。对于生产经营者与后续创新者,在文化宣传的方式上需要“软硬结合”,即既需要鼓励其参与到价值共创之中,又需要对他们出于经济理性或者习惯、行规的直觉认识进行纠偏和警示。而对于农民和消费者,需要注重其视野的拓展,需要引导他们认识到为知识产权和数据产权付费的背后,是农作物与相关商品更高的产量和质量,更是国家粮食安全等重大命题,以此增强其知识产权意识、数据意识,为《新品种条例》的修订铺垫社会认同。

2. 构建多元多维的综合治理体系

系统在管理层面上的脆弱性主要体现在治理主体、治理方式、治理结构等方面。随着新品种数据的归入,植物新品种权的结构将从“类专利法”转向“类著作权法”。具体而言,现行法中的植物新品种权高度类似于专利权,仅具有单一的权利结构,而新品种数据被纳入植物新品种权之后,植物新品种权则将具有复合的权利结构——类似于著作权法上的著作权与邻接权,植物新品种的繁殖材料类似于狭义著作权的客体即作品,植物新品种数据则类似于邻接权的客体,二者之间具有一定的衍生关系。也正是因为这样的结构转变,围绕植物新品种权的社会关系将更为复杂,传统的以权利人维权为主,公安、市场监督管理机关查处为辅的种业治理与植物新品种保护模式已然掣肘。故需要确立多元共治、多维共治的协同治理理念,引入负熵主体和负熵行为。负熵主体指的是法律素养、政治素养、专业素质高的主体,能够在无序活动的主体之中坚持正确的有序活动并能够引导甚至强制无序主体做出有序活动的主体,负熵行为即是自身有序、规范且对本就存在的无序行为有抑制作用的行为。具体而言,应当将治理主体扩展至基层党委、基层种业协会、科技委员会、村委会、科研机构工会、网络信息化部门和农业、种业专家等懂法律、懂行业的主体,充分发挥其协调作用,积极参与纠纷调解、风险化解等工作;同时,因为新品种数据的侵权比传统植物新品种权侵权更为隐蔽、技术性更强,所以需要在时间和空间上进行治理维度的拓展,即加强新品种数据风险的事前预警,实现新品种数据流转的统一监管,并对数字农业设备开展定期检查,确保数据的准确、安全。

3. 发挥数字农业的技术优势

数字农业技术进入植物新品种保护系统,引发了植物新品种权面向数字农业时代的扩展,致使其中主体、对象和社会关系增加,产生了熵增反应,这正是植物新品种保护系统在技术层面上的脆弱之处。但很明显,数字农业技术已然不能从植物新品种保护系统中剥离,因此,我们必须继续发展、提升、完善数字农业技术,并以此为通道向系统内部输入外部科技作为影响因子,推动无序运动的有序化。首先,数据收集与处理应当和数据验真绑定,利用大数据、云计算和人工智能等技术,推测评估数据的真实性、准确性,保障投入流通阶段的数据有效。其次,依据《中共中央、国务院关于构建数据基础制度更好发挥数据要素作用的意见》文件精神,应当建立数据交易所进行数据的统一交易,故数据流通与利用应当与数据监管绑定,在交易所之外,还可以建立统一的种质资源数据库和数据利用、分析平台,让尽可能多的数据操作处于监控之下。最后,做好敏感、重要数据的识别与监测,严防农业恐怖主义利用新品种数据危害国家安全,严禁重要品种数据未经审查出境。

五、结　语

新品种数据是数字农业时代的新生事物,其与数据一样是财产中的“异类”,但又因为其特殊性亦被数据视为“异类”,因此现有的法学理论、法律制度和人们的观念都天然地排斥新品种数据。新事物的诞生必然随着其与旧事物的矛盾、斗争,这是自《失乐园》以来的人类历史早已揭示的真理。因此,“引入一项新的制度,相关配套制度必然需要做出相应变更,以使新生制度能够更好地融合在庞大的法制体系中,不能因为新生制度的引入导致配套制度的调整而断然否定之,这似乎有颠倒逻辑之嫌”[38]。诚然,我国的无形财产权制度还不完善,其中相对成熟的知识产权制度也尚未彻底完成本土化,数据财产权制度还处于初步探索之中,在这样的背景下讨论新颖而特殊的新品种数据难免有“海市蜃楼”之感。我们当然需要承认“法律具有滞后性”,但我们并不能默认“法律就应当具有滞后性”,恰恰相反,一个法治国家的法律是对现实问题的及时回应。故在“技术爆炸”的时代,即使法律无法和技术齐头并进,那也应当紧随其后,成为维护人类文明秩序的重要防线。

---

〔38〕 包冰锋:《文书真伪确认之诉的机理证成与程序图景》,载《华东政法大学学报》2022年第5期。

版权过滤机制本土化的迷思与转向

李志良*

摘要：

避风港规则在数字时代的失灵，使得各方转向新制度的探索。通过梳理版权过滤的既有认知可知，当前各方对版权过滤存在一定认识误区。结合我国司法实践考察，法院对版权过滤的应用逐渐走向赋予平台全面审查义务的模式。“应知过滤”模式的形成既包括现实冲突对立法产生挑战的外在原因，也包括我国平台间接侵权责任制度移植过程中产生变异、通知与必要措施对应性的忽视等内在原因。“应知过滤”规则会直接导致立法与司法产生悖反，并非实现版权治理的长久之计。“通知过滤”规则符合过滤措施的技术逻辑，同时也能够有效遏制侵权行为，弥补平台与权利人二者间的“价值差”。从长远来看，司法实践应当从“应知过滤”转向“通知过滤”，以更好实现平衡各方利益与分配正义。

关键词：

版权过滤；避风港规则；应知规则；平台责任

一、引　　言

在数字时代，新型网络服务（如云计算服务、网盘服务、NFT 平台）的迅速发展，短视频平台、电商平台的普及以及“用户创造内容模式”的兴起等因素，使得作品传播的速度与效率得到极大提升。作品传播速度与效率的提升，一方面使得作品价值更容易变现，另一方面也带来了大规模著作权侵权的问题。大量侵权内容的出现，使得平台与权利人围绕侵权内容的治理争论不休。继而引发各方对避风港规则制度成效的质疑，由此产生了避风港规则失灵的结论。在此背景下，2019 年《欧盟数字化单一市场版权指令》（以下简称《欧盟版权指令》）正

* 李志良，男，暨南大学法学院本科生，研究领域为知识产权法、网络与信息法。

式出台,其中第17条要求平台承担“过滤义务”。[1] 国外学者认为,该规定突破了传统避风港原则,要求平台承担更高的注意义务。[2] 与此同时,我国是否应当引入过滤义务,在学界也引发争议。支持者认为,引入过滤义务存在必要性与可行性,且能够平衡网络服务商与权利人双方利益。[3] 反对者观点主要集中于以下几方面:(1)过滤措施会侵犯用户言论自由、个人隐私;(2)过滤措施的实施会提高网络服务商的市场准入门槛;(3)过滤措施难以区分作品是否存在合理使用,从而误删合法作品、打击用户创作积极性;(4)我国的产业发展环境不具备引入过滤义务的条件等。[4] 在伦理学领域,也有学者提到算法内容审核技术可能存在算法歧视、公共价值“私有化”,以及算法透明度不足等问题。[5]

著作权人利益保护不足、避风港规则制度失效以及新技术的出现也对司法实践带来冲击:

首先,由于新技术的出现,法院之间对版权过滤是否应当作为平台义务产生分歧。在实践中,有法院认为平台应当采取版权过滤措施,承担更高注意义务,甚至是主动审查义务。[6] 与之相对,有法院认为要求平台进行过滤审查于法

---

[1] 《欧盟版权指令》[DIRECTIVE(EU)2019/790 OF THE EUROPEAN PARLIAMENT AND OF THE COUNCIL of 17 April 2019 on copyright and related rights in the Digital Single Market and amending Directives 96/9/EC and 2001/29/EC]。

[2] See Ferri, Federico: *The dark side(s) of the EU Directive on copyright and related rights in the Digital Single Market*, J. CHINA-EU Law Journal, 2021, 7(1-4): 21-38.

[3] 相关观点参见崔国斌:《论网络服务商版权内容过滤义务》,载《中国法学》2017年第2期;张今、田小军:《欧盟著作权法改革与中国借鉴》,载《中国出版》2019年第6期;张晓君、上官鹏:《中国在线内容分享平台版权责任的配置路径——兼评〈数字化单一市场版权指令〉第17条平台承担“过滤义务”的观照》,载《出版发行研究》2021年第7期。

[4] 相关观点参见谭洋:《在线内容分享服务提供商的一般过滤义务——基于〈欧盟数字化单一市场版权指令〉》,载《知识产权》2019年第6期;谭洋:《对欧盟版权法改革中两大核心争议问题的评价、反思及应对》,载《科技与法律》2020年第1期;熊琦:《著作权法“通知—必要措施”义务的比较经验与本土特色》,载《苏州大学学报(法学版)》2022年第1期;刘友华、李扬帆:《短视频平台强制性版权过滤义务的质疑与责任规则的优化》,载《法学杂志》2023年第3期。

[5] 参见李鲤、余威健:《平台“自我治理”:算法内容审核的技术逻辑及其伦理规约》,载《当代传播》2022年第3期。

[6] 相关司法案例:重庆市第一中级人民法院非诉保全审查裁定书,(2021)渝01行保1号之一;陕西西安市中级人民法院民事判决书,(2021)陕01知民初3078号;浙江省杭州市中级人民法院民事判决书,(2022)浙01民终5272号。

无据,同时也会造成平台承担过高的注意义务,不利于平台产业发展。[7] 由此可见,版权过滤能否解释为平台应当采取的必要措施成为法院之间的分歧。

其次,各方对版权过滤属性理解的差异,也导致法院对是否应当判决平台采取版权过滤措施产生疑问。然而,著作权人利益受损的事实也不容忽视。于是在一些个案中,法院往往以"承担更高的注意义务""采取有效措施"等措辞来界定平台责任。[8] 从案件判决结果来看,法院似乎是给予了平台相当的自主权来治理侵权内容。就平台自身的角度而言,缺乏明确指引的注意义务实质上要求网络服务商承担审查义务,因为网络服务商无法知晓注意义务的边界,只能对平台内容进行全面审查。[9] 为了明确平台注意义务的边界、推动版权过滤措施制度化的正确转向,有必要重新厘清版权过滤的本质属性与应然定位,从而破除司法实践中平台责任的迷思,避免版权过滤机制的本土化走向误区。

二、版权过滤既有认知的梳理与反思

当前各方对版权过滤的认知差异可以归纳为 3 个方面:第一,版权过滤是什么;第二,是否应当引入版权过滤;第三,引入版权过滤的路径选择。从表面上看,这 3 个方面似乎相互独立。然而,从形式逻辑言之,概念是进行判断和论证的起点,争议的产生往往是由于争议各方对概念这一起点存在分歧。[10] 我国是否应当引入版权过滤、如何引入版权过滤等问题争论不休的根本原因,在于各方对"版权过滤是什么"这一起点没有统一认识。以反对引入过滤义务的观点为例,反对者往往首先将版权过滤视为一种兼具主动审查和一般性监控性质的措施,由此又引出关于不利于言论自由、损害版权例外与限制、平台责任过重等一系列隐忧,进而反对引入版权过滤。将版权过滤视为一般监测义务,一方面,过度放大了过滤技术的功能,会实质性加重平台负担;另一方面,也会导致

---

〔7〕 相关司法案例:广州互联网法院民事判决书,(2020)粤 73 民终 5197 号;浙江省杭州市中级人民法院民事判决书,(2021)浙 0192 民初 5770 号。

〔8〕 参见重庆自由贸易试验区人民法院民事判决书,(2020)渝 0192 民初 7351 号;上海知识产权法院民事判决书,(2022)沪 73 民终 131 号。

〔9〕 参见王杰:《网络存储空间服务提供者的注意义务新解》,载《法律科学(西北政法大学学报)》2020 年第 3 期。

〔10〕 参见金海军:《知识产权私权论》,中国人民大学出版社 2004 年版,第 3 页。

架空避风港规则,使平台注意义务的边界越发模糊。因此,有必要重新审视并比较分析各方对版权过滤的不同认知。在此基础上,明确版权过滤的概念与应然定位。

(一)版权过滤的不同认知

版权过滤的既有认知可以从技术层面和制度层面分别总结分析。就技术层面而言,版权过滤可以借助不同种类的过滤技术实施。过滤技术主要包括内容过滤、关键词过滤、文件哈希值过滤、关键帧对比过滤、基于PICS的过滤、基于URL的过滤以及基于智能分析的过滤等。[11] 不同的过滤技术对应不同类型的网络服务商,如基于URL的过滤技术则是对应搜索引擎服务商能够采取的措施。[12] 基于治理的必要性与实施的可行性,学术界最初讨论的是适用于网络内容储存和发布服务商的内容过滤技术。[13] 内容过滤是基于对原作品进行扫描、比对的基础上,进行侵权内容拦截的措施。[14] 这也表明实施内容过滤需要以实施者具备作品原件为前提。然而,随着算法技术的发展,各方对版权过滤技术层面的认知逐渐偏离,往往将版权过滤视为可以借助算法设置关键词实现事前审查的措施。[15] 在实践中,大量平台虽然宣称使用基于视频指纹比对的过滤技术,但出于成本等考虑,其实质或较多采用的仍是关键词过滤技术。然而,关键词过滤误伤合法作品的可能性必然大于内容过滤技术。综上所述,在技术层面,各方对版权过滤的不同认知可以分为内容过滤与关键词过滤。

就制度层面而言,主要分为如下4类观点:(1)一般过滤义务,持这种观点

---

〔11〕 参见孙艳、周学广:《内容过滤技术研究进展》,载《信息安全与通信保密》2011年第9期。

〔12〕 基于URL的过滤通常需要借助网络爬虫技术实现,由于此前网络爬虫技术的发展程度较低,此种过滤措施在《著作权法》的讨论中极少被提起。关于网络爬虫,当前讨论较多的是关于数据爬取的不正当竞争。

〔13〕 参见崔国斌:《论网络服务商版权内容过滤义务》,载《中国法学》2017年第2期。

〔14〕 相关概念介绍参见 https://support. google. com/youtube/answer/2797370? hl = en,2023年11月10日访问。

〔15〕 算法过滤的本质是借助算法设置相应关键词进行识别过滤,关键词往往是从接入平台内容的标题、摘要信息中进行提取。有学者认为"通过推荐算法的运用,平台同时也具备了过滤关键词及过滤信息标签的技术条件"。相关论述参见黄彩丽:《过滤技术与"避风港"原则——算法模式下的平台运营商侵权归责原则检视》,载微信公众号"知识产权家"2023年1月23日,https://mp. weixin. qq. com/s/Q_z8Zrh0wh6NxuPaQyic2g。

的学者通常认为版权过滤是作为避风港规则的替代性制度。[16] (2)内置作为"标准技术措施",在保留避风港规则的基础上,将"通知删除"规则升级为"通知屏蔽"规则。[17] (3)私立创制规则,持这种观点的学者认为版权过滤是权利人、平台与用户三方之间的合同,独立于避风港规则。[18] (4)作为平台注意义务的组成部分,有观点认为法院应当对"应当知道"进行解释提高平台注意义务,从而促进"版权过滤协议"的形成。[19] 其中,第四类观点以促进权利人与平台之间的协议为目的,实际上与第二类"私立创制规则"的观点趋同。综上所述,在制度层面,各方意见可以归纳为3类:一是替代避风港规则的强制性过滤义务;二是独立于避风港规则的私立过滤协议;三是基于避风港规则优化的通知屏蔽规则。因此,引入版权过滤不仅仅涉及技术可行性的问题,还涉及避风港规则的制度取舍问题。

(二)既有认知的理论分析

马克思主义理论强调认知对实践具有反作用,正确的认知对实践具有积极作用,错误的认知对实践具有阻碍作用。当前各方对是否应当引入版权过滤的话题争执不下,导致版权过滤的探讨原地踏步,难以得出定论。引起双方分歧的原因,归根结底是各方对版权过滤的认知在技术与制度层面的逻辑起点上就已经产生了矛盾。因此,在探讨版权过滤这个话题时首先应当对既有认知的差异进行理论上的分析。从既有立法实践看,欧盟率先作出变革,要求在线内容分享服务提供者对侵权内容承担直接侵权责任。《欧盟版权指令》首次尝试将版权过滤引入立法,但有学者指出该指令形式上不要求但实质上要求平台承担一般过滤义务。[20] 值得注意的是,该指令原文并未有任何一个字提及"版权过滤",而仅仅以"尽最大努力获得授权"(made best efforts to obtain an authorisation)对平台作出要求。该指令以平台"尽最大努力获得授权"作为责

[16] 参见沈浩蓝:《产业视角下欧盟网络服务提供者版权过滤义务立法的发展、争论与启示》,载《新闻界》2022年第11期。

[17] 参见朱开鑫:《从"通知移除规则"到"通知屏蔽规则"——〈数字千年版权法〉"避风港制度"现代化路径分析》,载《电子知识产权》2020年第5期。

[18] 参见熊琦:《版权过滤机制的多元属性与本土生成》,载《法学》2023年第7期。

[19] 参见徐淑萍、熊黎:《我国网络版权内容过滤措施的实施路径分析》,载《齐鲁学刊》2022年第3期。

[20] 参见谭洋:《在线内容分享服务提供商的一般过滤义务——基于〈欧盟数字化单一市场版权指令〉》,载《知识产权》2019年第6期。

任豁免条件也使得平台实质上需要承担事前审查义务。学界对一般过滤义务存在的弊端已有充分探讨,反对引入一般过滤义务的观点包括:(1)过滤措施会侵犯用户言论自由、个人隐私;(2)过滤措施的实施会提高网络服务商的市场准入门槛;(3)过滤措施难以区分作品是否存在合理使用,从而误删合法作品、打击用户创作积极性;(4)我国的产业发展环境不具备引入过滤义务的条件等。[21] 因而,一般过滤义务并非版权过滤可行的实施方案。美国提出的"通知屏蔽"规则要求平台商在版权人发出侵权通知后根据侵权作品必要信息实现过滤拦截,以阻止平台上同一版权作品被再次侵权上传。"通知屏蔽"规则相较于一般过滤义务,不要求平台承担事先审查的更高注意义务。然而,基于必要信息进行过滤拦截又会使得平台只能借助关键词过滤。此时,又会引发侵犯用户言论自由、个人隐私等弊端。无论是立法强制性的过滤义务还是"通知屏蔽"规则,本质上都是希望充分运用版权过滤的技术特征实现从平台源头进行侵权治理,对版权保护和消弭平台与权利人之间的价值差都有重大意义。

然而,前述两种观点在当下难以真正克服学界提出的反对意见。尤其是当前仍然只能基于关键词拦截的算法过滤技术,难以达到协助平台实现事前审查的功能。可以预期的是,当人工智能发展到能够自主判断作品是否侵权,不再需要借助作品原件或相应关键词即可智能分析实现内容过滤时,强制性过滤义务或是"通知屏蔽"规则都将大有可为。

引入具有立法强制性的一般过滤义务存在重重障碍,因而有学者转向私人创设版权过滤规则的路径。然而,私立过滤规则又将面临自愿合作带来的交易成本障碍。此外,从"经济人假设"理论出发,[22] 著作权人为了更好地实现收益以及保护版权,往往会选择具备更高市场规模与更先进过滤技术的平台进行授权。著作权人的理性选择以及市场竞争的自然属性,带来的将会是著作权面向平台巨头大规模许可的产生。回顾我国数字音乐产业的发展历程,版权独家授

---

〔21〕 相关观点参见谭洋:《在线内容分享服务提供商的一般过滤义务——基于〈欧盟数字化单一市场版权指令〉》,载《知识产权》2019年第6期;谭洋:《对欧盟版权法改革中两大核心争议问题的评价、反思及应对》,载《科技与法律》2020年第1期;熊琦:《著作权法"通知—必要措施"义务的比较经验与本土特色》,载《苏州大学学报(法学版)》2022年第1期;刘友华、李扬帆:《短视频平台强制性版权过滤义务的质疑与责任规则的优化》,载《法学杂志》2023年第3期。

〔22〕 "经济人假设"最早出自亚当·斯密在《国富论》中关于如何实现分工协助的论述,提及人类追求最大个人利益的本性。

权模式本以打击盗版为目的应运而生，但随之而来的是平台巨头在音乐版权领域的垄断。[23] 在 2023 年 6 月，俄罗斯联邦反垄断局就 YouTube 滥用市场支配地位对谷歌提起诉讼，在相关声明中提到 YouTube 平台的过滤规则可能侵犯用户利益、限制市场竞争。[24] 因此，在引入私立版权过滤规则的同时，也应当充分考虑到可能伴随的反竞争效应。在当前出现大规模版权侵权、权利人与平台之间的“价值差”日益凸显，而版权过滤技术尚未达到期待值时，应当转向对避风港规则进行优化的路径。美国的“通知屏蔽”规则虽然也是对避风港规则进行优化，但“通知屏蔽”规则仅仅从平台采取技术措施的层面提高平台注意义务。这样的后果将会使得权利人与平台二者之间利益的天平从一端倒向另一端，未能从根本上实现二者的利益平衡。

通过梳理当前各方对版权过滤的不同认知、从理论层面分析既有认知的缺陷与不足可知，“版权过滤是否应当转化为网络服务提供者的法定义务”这一话题之所以长期争执不下存在必然原因。首先，各方对版权过滤的实施技术并没有实质上达成统一认识。这也导致支持引入版权过滤的一方与反对的一方往往在不同语境下对同一个问题的正反面进行探讨，使双方难以产生共同语言。其次，在避风港规则存废之争的问题上，司法实践似乎已经对该问题做出取舍，据相关实证研究，在 2013 年至 2020 年的相关判决中，避风港规则抗辩的成功率仅为 18.1%。[25] 避风港规则运行效果不佳存在多种原因，从制度迁移角度而言，是由于网络服务提供者在间接侵权责任移植过程中的变异致使网络服务提供者侵权责任逐步脱离了帮助侵权的基本框架，逐渐地向侵权法上违反因先前行为引发作为义务的不作为侵权的方向发展。[26] 从立法到司法层面对避风港规则的误读使得避风港规则在我国的实践中越发偏离规则本意，也导致该规则的适用在我国当前陷入进退两难的困境。因此，笔者认为引入版权过滤一直

---

〔23〕 参见陈煜帆：《后独家时代数字音乐版权市场的治理困境与应对策略——从平台经济领域的反垄断切入》，载《出版发行研究》2022 年第 7 期。

〔24〕 来源参见 https://sputnikglobe.com/20210419/russias-antitrust-watchdog-opens-case-against-google-over-youtubes-abuse-of-market-domination-1082673246.html，2023 年 11 月 10 日访问。

〔25〕 参见熊皓男：《论网络服务提供者的版权审查义务》，载《电子知识产权》2021 年第 6 期。

〔26〕 参见朱冬：《网络服务提供者间接侵权责任的移植与变异》，载《中外法学》2019 年第 5 期。

争议不断既有技术本身所引发的问题,也包括避风港规则的实践偏差所引发各方产生分歧的原因。

三、"应知过滤"规则的形成机理与隐忧

当前版权过滤措施在我国司法实践的适用主要包括 3 种类型的判决:一是明确要求平台采取过滤措施拦截侵权内容的判决;二是通过要求平台承担较高、更高的注意义务、审查义务或采取有效措施从而使平台实质上采取过滤的判决;三是不支持平台承担过滤义务的判决。代表性案例请见表 1。

表 1 3 种判决类型的典型案例

判决类型	案号	原告诉讼请求	裁判结果
要求平台采取过滤、拦截措施	(2021)陕01 知民初3078 号	判令被告微播视界立即停止侵害二原告著作权及不正当竞争的行为,即**立即采取有效措施删除、过滤、拦截**未经授权传播的网络剧《云南虫谷》视频内容	**本判决生效**后,被告北京微播视界科技有限公司立即停止侵害原告深圳市腾讯计算机系统有限公司、腾讯云计算(西安)有限责任公司信息网络传播权的行为,即**立即采取有效措施删除、过滤、拦截**未经授权传播的网络剧《云南虫谷》视频内容
要求平台履行更高注意义务	(2020)渝0192 民初7351 号	被告立即停止侵权行为,删除被侵权作品《凡人有喜20170612》	本院认为,网络视频平台的注意义务应当根据其经营模式、用户、上传作品的类别、审查的成本等予以调整区分为**一般的注意义务或更高的注意义务,甚至事前审查义务**……爱奇艺公司**应该履行更高的注意义务**,但爱奇艺公司应知涉案侵权行为未履行合理注意义务,导致侵权行为的发生,构成帮助侵权
不支持承担过滤义务	(2019)粤0192 民初1756 号	责令被告运城阳光、字节跳动履行对被控侵权游戏视频及游戏用户的**事先审查过滤义务**,包括但不限于对标题、标签中明显**包含《英雄联盟》游戏关键词的视频**……对侵权视频予以**事先过滤、屏蔽、删除**等(关键词及用户名单以原告上传的附件为准)	原告亦未举证证明双方存在事先审查过滤的合同约定,因此,事先审查过滤义务**既非运城阳光及字节跳动的法定义务亦非其约定义务**……其次,游戏短视频是否侵权应根据视频的内容、性质等综合判断,而**不能代之以日常通用词汇进行筛查**……要求两被告对平台上的海量英雄联盟视频逐一判断是否构成侵权,并对侵权视频**建立事先审查义务过于苛刻**,将极大增加平台运营成本

尽管版权过滤义务并未在我国立法上正式得到承认,但司法实践已有借助“应知”规则解释出版权过滤义务的判决。“应知”规则下的版权过滤义务实质上无异于要求平台承担事前审查义务,与此前《欧盟版权指令》第17条之规定起到同样的效果。在《欧盟版权指令》第17条之弊病受到多方批判的情形下,司法实践仍然赋予平台“应知过滤”义务,反映出法院面对相关侵权案件进退两难的顾虑。因此,有必要对司法实践中“应知过滤”义务的形成机理进行探究,并对这种与赋予平台事前审查义务趋同的判决方式在我国法律体系下的冲突进行分析。

(一)平台间接侵权责任变异的缺陷

通过对版权过滤技术层面与制度层面的分析可知,《欧盟版权指令》的出台,意味着符合《欧盟版权指令》第17条第6款的大型平台不再适用传统的避风港规则,而是应当承担一般过滤义务。欧盟立法文本对避风港规则与版权过滤的明确划分,使得版权过滤在我国学界、司法实务的探讨中往往被视为必然取代避风港规则或与避风港规则分立的制度。然而,版权过滤义务在欧盟的立法实践带有明显的“产业驱动”色彩,意味着特定产业主体为实现自身利益最大化而片面保留或推动有利于自身的制度,“最终阻碍制度朝向正确路径转型”[27]。

从目前司法实践看来,版权过滤义务在我国的实践正朝着欧盟的方向发展。表面上看,版权过滤在司法实践中的走向似乎是参照欧盟立法实践所致。笔者认为,该问题应当追溯至避风港规则在我国的移植与变异进行考察。我国网络服务提供者间接侵权责任相较于美国避风港规则更具有灵活性,这种灵活性产生的原因在于对美国红旗标准的误读。[28] 前文也曾提及,我国网络服务提供者侵权责任在实践中逐步脱离了帮助侵权的基本框架,逐渐地向不作为侵权的方向发展。因此,当引入版权过滤义务面临现实的必要性与潜在的可行性时,司法实践会理所当然地沿着作为义务的逻辑,从平台“应知”的角度解释平台应当承担事前审查义务。由此可见,“应知过滤”义务在我国的形成并非受到欧盟立法变革影响所致,更大程度是制度移植与变异过程中产生的缺陷所致。

---

〔27〕 参见沈浩蓝:《产业视角下欧盟网络服务提供者版权过滤义务立法的发展、争论与启示》,载《新闻界》2022年第11期。

〔28〕 我国对红旗标准的误读主要表现为“利用美国法上有理由知道的概念解释我国网络服务提供者间接侵权责任中应知的含义”。参见朱冬:《网络服务提供者间接侵权责任的移植与变异》,载《中外法学》2019年第5期。

在“应知过滤”义务的逻辑下,权利人的“通知”义务不再重要——凡是在“应知”范围内的侵权内容,平台都应当采取过滤措施。[29] 事实上,我国对避风港规则的误读会使现行立法,尤其是面对数字时代下大规模著作权侵权频发的现象时,存在难以避免的矛盾——要么架空避风港规则,要么架空红旗规则。坚持“应知过滤”义务的做法,将会使避风港规则被长期架空。

(二)通知与必要措施对应性的忽视

2020年《民法典》第1195条和第1197条则对《侵权责任法》第36条规定的“通知必要措施规则”和“知道规则”进行了重述。其意义在于,将《侵权责任法》第36条、《电子商务法》第42条和第45条规定的“通知必要措施规则”与“知道规则”,上升到《民法典》的高度作为判断网络服务提供者侵权责任的一般规则。[30] 此外,还应当看到《民法典》第1195条“通知必要措施规则”与《信息网络传播权保护条例》第14条“通知删除规则”的联系与差异。二者的联系在于,“通知必要措施”规则本质上仍然遵循避风港规则的逻辑——对平台承担侵权责任的限制。在讨论二者的差异时,大多数学者聚焦于该规则主体的开放性、通知的合格性以及必要措施的开放性与合比例性等话题。关于“通知”的功能性、通知与必要措施二者的关系等话题则较少提及。

从文义解释来看,通知与必要措施二者具有对应性。《民法典》第1195条要求网络服务提供者“根据构成侵权的初步证据和服务类型采取必要措施”,亦即网络服务提供者需要根据权利人提供的不同通知采取相应的必要措施。必要措施对应性的核心在于权利人发送的通知。在现有关于通知构成要件的探讨中,大多局限于要求权利人提供与侵权内容相关的网络地址或侵权链接。事实上,无论是网络地址还是侵权链接,都只能对应删除、屏蔽、断开链接等定位清除措施。即使平台有能力采取过滤措施,也会由于权利人通知所包含信息的不充分而难以实施。

在《云南虫谷》短视频侵权案中,被告方曾提出因原告未提供原片而无法进

[29] 我国“应知”的认定标准较为宽泛,不仅对帮助侵权的相关因素进行考虑,还将本属于美国法上引诱侵权和替代责任的考量因素纳入对注意义务的考察。这种以“注意义务”作为认定应知标准的做法实际上已经超越了红旗规则,打破了避风港规则对网络服务提供者侵权责任的严格限制。

[30] 参见李扬:《从“通知与删除规则”到“通知与必要措施规则”》,载微信公众号“知产力”2022年4月28日,https://mp.weixin.qq.com/s/t5ppFJlvCxioV0a0acEWyg。

行审查的抗辩。[31] 结合版权过滤在技术层面的运行逻辑分析，该抗辩理由应当予以采信。当前司法实践在适用"通知必要措施"规则往往忽视了权利人"通知"的功能性以及通知与必要措施二者之间的对应性，导致避风港规则在面临大规模著作权侵权案件时显得难以招架。在先入为主地认定避风港规则已经失灵的逻辑下，司法者往往会寻求从注意义务的角度提高平台责任以应对相应的侵权案件。从规则适用的层面上讲，避风港规则未得到充分利用亦是我国版权过滤实践转向赋予平台审查义务模式的原因之一。

（三）平台连带责任追偿权的落空

当前我国立法上明确网络平台作为网络服务提供者承担的是连带责任，但司法实务中，权利人有时仅起诉网络平台，而法院有时也仅追究网络平台的责任，且在判决中完全忽略直接侵权人的因素，致使网络平台事实上承担单独责任。[32] 这种立法与司法存在悖反现象带来的影响之一，即平台连带责任追偿权的落空。就网络平台责任立法的框架而言，这种悖反现象的出现是令人费解的，若未指明直接侵权人与侵权行为，平台根本无须承担责任。相关学者对此问题进行分析时，亦未指明造成这种现象的成因。在"爱奇艺诉字节《延禧宫略》"侵权案中，原告仅仅通过发送预警函来要求平台"采取合理措施避免所经营的平台内出现侵权内容"，法院综合认定平台对相关侵权内容构成应当知道，并要求平台自行采取必要措施实现及时、有效制止和预防明显的侵权行为和后果。[33] 在该案中，权利人无须将全部侵权行为进行举证，也就意味着平台侵权责任范围并不明确，平台应知而未采取必要措施即构成侵权。从这个角度来分析，可以更明显地看到"应知过滤"义务实质上赋予了平台一种事前审查义务，这也是我国当前版权过滤的实践正在走向欧盟模式的原因之一。

由此可见，赋予平台"应知过滤"义务是造成立法与司法之间产生悖反的根本原因。法院为了有效治理大规模著作权侵权而提高平台注意义务的做法，从版权治理的紧迫性、维护权利人利益、弥补权利人与平台二者之间"价值差"等角度而言具有一定说服力。但长此以往，将使得直接侵权人与平台之间的分配正义无法实现。连带责任设立的目的是保障损害赔偿权利人的索赔权利而使

---

〔31〕 参见陕西省西安市中级人民法院民事判决书，(2021)陕01知民初3078号。

〔32〕 参见姚志伟：《连带抑或单独——网络平台侵权责任立法与司法的悖反评析》，载微信公众号"网舆勘策院"2022年11月23日，https://mp.weixin.qq.com/s/gj058DQldvJauQSGKPOJUw。

〔33〕 参见北京市海淀区民事判决书，(2018)京0108民初49421号。

得中间责任人为最终责任人“背锅”,并非意味着最终责任人无须承担任何责任。[34] 然而,在“应知过滤”义务的逻辑下,如果权利人不对直接侵权人单独起诉,直接侵权人将无须承担任何侵权责任。当前平台著作权侵权纠纷中,侵权人往往采取洗稿、切条、搬运等手段来剽窃著作权人作品从而轻而易举地获利。[35] 在此类侵权行为中,剽窃行为人具有天然的主观故意,也导致其行为的危害性高于一般侵权行为的危害性。若不对直接侵权人追责,恐难以真正实现版权侵权治理,反而会不合理地加重平台责任。

四、构建“通知过滤”规则具有必要性

法院对平台注意义务的提高,充分体现了平台间接侵权责任制度在我国的灵活性,也反映了司法实践迫切希望解决平台与权利人之间的矛盾冲突与“价值差”。然而,法院通过应知规则解释过滤义务的做法,实则无异于要求平台承担事前审查义务,存在照搬欧盟立法模式之嫌。事前审查义务视角下的过滤义务往往只能通过关键词过滤技术实现,以关键词进行过滤存在诸多弊端,这些弊端也并不会随着技术进步而自动消失。在探究引入版权过滤机制的话题时,应当重新审视我国关于平台责任的通知规则与应知规则,在此基础上合理引入版权过滤义务。此外,从版权过滤的技术逻辑与数字作品创作过程的角度进行考察,“通知过滤”相较于“应知过滤”是更具可行性的立法模式。

(一)现行“通知删除”规则存在不足

在数字时代,避风港规则随着作品传播速度的提高以及作品数量的增多,已经难以发挥法律消除或减少私人协商障碍的功能。在域外,权利人与平台开始转向私立版权过滤规则的路径,然而,在没有法律干预的情况下,处于优势地位的服务商在谈判中很可能采取策略行动寻求获得合作剩余中的绝大部分,从

---

[34] 参见杨立新:《侵权责任追偿权的“背锅”理论及法律关系展开——对〈民法典〉规定的侵权责任追偿权规则的整理》,载《求是学刊》2021年第1期。

[35] 洗稿是指:对原创作品进行篡改、删减、剪裁和拼装,被认为是高级版的抄袭和剽窃。相关介绍参见任渝婉:《自媒体“洗稿”的治理难题及其多元破解》,载《出版发行研究》2018年第11期。切条是指:将作品简单切成片段或在作品中插入无意义转场,或直接把某个片段进行抽帧处理的行为。搬运是指:将长视频剪切成内容不变而时长有别的短视频或将不同作品进行拼贴结合等行为。

而导致谈判陷入僵局或分配结果不公平。[36] 即使权利人与平台双方能够达成合作协议,当平台获得大规模版权许可时可能产生的反竞争效应也需要警惕。另外,在私立版权过滤规则的路径下,并不是所有网络服务商都会选择采取版权过滤的手段进行侵权治理。以美国为例,即便有 YouTube 平台作为私立版权过滤规则的先行者,仍然避免不了大规模著作权侵权的发生,避风港规则的缺陷依然存在。[37] 因此,有效的治理方式应当将版权过滤作为一项法定标准,要求平台在对应场景中执行。此外,避风港规则确立的相对价格体系无法对已不适用的产权配置体系进行纠正,也无法有效地激励双方自愿合作预防、减少侵权损害。具体表现为:

一是通知数量激增带来权利人维权成本提高、通知错误以及通知滥用的问题。对于权利人而言,如果侵权内容在平台重复出现或大量出现,就会意味着权利人需要发送大量侵权通知来制止侵权;对于平台而言,由于自动化通知技术的出现,错误通知与通知滥用对网络秩序造成极大破坏,也使平台不可避免地产生错误删除。[38]

二是平台往往以"通知删除"规则作为免责抗辩的"挡箭牌",进而放任侵权行为的发生来获取商业利益,怠于与权利人合作预防侵权内容的产生,最后使平台与权利人之间的矛盾愈演愈烈。

对于第一种情形,当中的核心问题主要包括两个方面:一方面,是学界探讨较多的合格通知构成要件与错误通知的责任承担;另一方面,是平台内构成侵权的知识产权数量仍然较多。当必要措施仍然局限于"定位清除"模式时,自动化通知自然就成为了权利人应对侵权数量过多的手段。在自动化通知的情形下,平台成为侵权治理中较为被动的一方。同时,平台局限于"通知删除"的规则限制,也不得不执行当中的错误通知,也使侵权治理难以达到积极的效果。引入版权过滤能够有效应对自动化通知产生的问题:一是针对同一作品的大规模治理。一旦权利人提供了过滤的作品内容,平台即可依此进行过滤实现对该作品侵权治理的"一劳永逸"。二是针对符合特定信息作品的治理。依据红旗

---

〔36〕 参见崔国斌:《论网络服务商版权内容过滤义务》,载《中国法学》2017 年第 2 期。

〔37〕 环球音乐、索尼音乐、百代唱片等公司在 2023 年 6 月发起了对推特的一起大规模音乐版权侵权诉讼,来源参见《音乐公司起诉推特大规模侵犯版权》,载中国保护知识产权网,http://ipr.mofcom.gov.cn/article/gjxw/gfgd/202306/1979441.html。

〔38〕 参见何炼红:《论算法时代网络著作权侵权中的通知规则》,载《法商研究》2021 年第 4 期。

规则,平台需要对符合知名度较高、处于网站显著位置等条件的作品进行过滤。由此平台对侵权内容的治理从被动转为主动,得以更合理地决定哪些内容需要过滤从而减少被迫执行错误通知的情形出现。

对于第二种情形,由于删除、屏蔽等“定位清除”措施必须依据权利人提供的侵权作品网络地址实施,这使平台对于权利人通知函以外的侵权内容享有一定责任豁免的空间,进而坐视不理。引入版权过滤措施,可以作为一种法定义务使得平台采取更积极且有效的治理手段。

事实上,我国立法者早已作出调整:2010 年出台的《侵权责任法》已经将“通知删除”规则转变为“通知必要措施”规则,《民法典》也沿用了这一规则。“通知必要措施”规则相比“通知删除”规则而言更具有开放性。换言之,“通知必要措施”规则所确立的价格体系具有足够的解释力来纠正已不适用的产权配置体系。引入版权过滤能够有效弥补以往避风港规则所产生的弊端。因此,有必要将版权过滤解释为一项必要措施,从而使“通知必要措施”规则的相对价格体系真正发挥其效用。

(二)通知规则与应知规则存在冲突

从平台治理的角度而言,引入“通知过滤”规则替代“应知过滤”规则能够对平台行为起到相应的规范作用。从“应知过滤”到“通知过滤”并非对应知规则进行架空,而是对以往网络平台间接侵权责任制度变异的纠正,合理分配“通知”规则与“应知”规则的功能定位。

“应知过滤”规则下,平台实际上承担事前审查义务。《最高人民法院关于审理侵害信息网络传播权民事纠纷案件适用法律若干问题的规定》(2020 年修正)第 9 条规定了 6 种具体情形以及兜底条款。其中与网络服务提供者自身相关的考察因素包括:是否对作品主动进行选择、编辑、修改、推荐;是否采取积极的预防措施;有无设置便捷投诉程序;对同一网络用户的重复侵权行为是否采取合理措施等。司法解释对平台“应知”的规定较为宽泛,几乎包含了所有可能的情形。当然,该条文也表明上述情形仅仅是综合考虑平台构成“应知”的因素,并非平台存在上述情形就一定构成“应知”。在具体个案中,仍然需要法官进行自由裁量。

在该解释出台前,有学者提出“应知”规则的适用标准可以从“网络服务属性视角”、“侵权信息特征视角”和“第三人通知视角”进行探讨。[39] 与平台自身

---

〔39〕 参见梅夏英、朱开鑫:《网络服务提供者“应知规则”的再厘定及适用探讨》,载《烟台大学学报(哲学社会科学版)》2019 年第 3 期。

紧密关联的,则是"网络服务属性视角"下的"应知"标准。在"网络服务属性视角"下,判断平台是否构成"应知"包含两个条件:一是平台与涉案信息有无实质性接触;二是平台对涉案信息是否采取了区别于其他信息的特殊处理方式。[40]"实质性接触"表现为平台对信息的编辑、修改,"特殊处理方式"常见的有推荐行为、植入广告等。依照"实质性接触"+"特殊处理"的标准,平台实际上已经对平台的部分内容进行了一种筛选与过滤,扮演着作品传播守门人的角色。在厘清平台构成"应知"的标准后,要求平台对此部分内容实施版权过滤,并不会对其造成额外的审查负担。一方面,平台"应知"的内容一旦构成侵权,将必然落入平台责任的范围。平台若不采取版权过滤措施拦截侵权部分,仍然要承担侵权责任。另一方面,若平台对作品没有实质性接触或采取特殊处理手段,平台承担侵权责任的概率也大大降低。总体而言,平台对作品接触或处理的程度与其承担侵权责任的可能性大致呈正向关系。如果平台认为实施版权过滤会极大地加重其负担,那么不对作品进行实质性接触或特殊处理即可。换言之,版权过滤作为一项必要措施,并不会使平台承担如同《欧盟版权指令》所规定的全面审查义务。

引入版权过滤的目的在于,一是作为一种制度激励,推动处于守门人地位的平台投入版权侵权治理,避免平台出现大规模侵权作品的传播。二是对平台筛选内容的权力进行前置性限制,平台作为数字版权作品传播的守门人,其对作品筛选的行为往往以商业利益为导向。在互联网时代,平台竞争的对象是用户注意力、流量和热度。知识产权的排他性为网络内容平台带来独特的竞争优势,平台投入大量资金购买版权的行为也屡见不鲜。[41] 平台在实施筛选行为时若对侵权内容视而不见,一方面将构成间接侵权,另一方面也会构成对著作权人或相关利益主体的竞争损害,属于不正当竞争行为。因此,有必要对平台实施内容筛选、过滤的权力进行前置性限制,避免平台利用盗版内容获取不正当的经济利益。从理论层面对引入版权过滤进行分析后,需要回到实践中进行检验与考察。

近年来,学界关于算法推荐中平台责任的探讨争议不断,但"全国首例算法推荐案"实则已经给予了方向性指引。在"全国首例算法推荐案"中,法院认可算法推荐符合技术中立原则,具有非实质性侵权用途。但法院也指出,算法推

---

〔40〕 参见梅夏英、朱开鑫:《网络服务提供者"应知规则"的再厘定及适用探讨》,载《烟台大学学报(哲学社会科学版)》2019 年第 3 期。

〔41〕 参见曾田:《网络内容平台竞争与反垄断问题研究》,载《知识产权》2019 年第 10 期。

荐的实施范围、应用方式以及如何避免进入算法推荐范围的作品被大范围、长时间地传播等方面需要平台采取必要措施进行完善。[42] 虽然该判决并未明确指出平台应当承担过滤义务,但法院对平台在作品传播过程中应当承担什么职责作出了精彩诠释。结合理论与实际不难发现,版权过滤作为必要措施并未实质性改变平台侵权责任的认定规则。相反,引入版权过滤措施恰好能够弥补平台在内容传播过程中责任缺失的短板。

(三)引入版权过滤措施具有可行性

作为内容传播的守门人,平台对用户创作的影响主要包括两方面:一是创作模式,如从长视频向短视频转型;二是创作质量,如自媒体洗稿、短视频搬运等。平台之所以能够对用户创作产生影响,是因为著作权激励理论在数字时代仍然有效。激励理论表明,如果不对作品提供足够的保护,创作者就不会有足够的动力从事作品的创作。[43] 从功利方面考虑,在确保为创作原创性作品提供足够的激励层面上,著作权利益确保了作者投资的及时和有效的回报。[44] 激励理论在实践中对作者创作的影响尤为明显。国内视频网站 Bilibili(以下简称 b 站),曾在 2022 年 3 月变更 UP 主的创作激励规则以推动更多短视频的产出。随即而来的是大量低质营销号、搬运内容、AI 恶意创作[45]等低质短视频进入。2023 年 4 月,b 站出现大规模“停更潮”。为挽留优质长视频创作者,同年 6 月 b 站宣布将考虑以“播放分钟数替代播放次数”作为 b 站外显数字。[46] 从上述例子不难看出,平台对创作激励制度的调整往往会影响创作者的创作模式与创作质量。虽然著作权法在对作品独创性的判定上遵循审美非歧视原则,但著作权法的立法宗旨也表明著作权法鼓励创作和传播的作品应当是“有益于社会主义精神文明、物质文明建设的”的内容。

引入版权过滤,对作品侵权判定的标准通常是以“绝对数量”和“相对比

---

〔42〕 参见北京市海淀区人民法院民事判决书,(2018)京 0108 民初 49421 号。

〔43〕 参见冯晓青:《著作权法之激励理论研究——以经济学、社会福利理论与后现代主义为视角》,载《法律科学(西北政法学院学报)》2006 年第 6 期。

〔44〕 参见冯晓青:《著作权法之激励理论研究——以经济学、社会福利理论与后现代主义为视角》,载《法律科学(西北政法学院学报)》2006 年第 6 期。

〔45〕 AI 恶意创作是指借助生成式人工智能批量创作短视频,当中的内容存在侵犯他人著作权、人身权的风险,比如前段时间爆火的“AI 孙燕姿”。

〔46〕 参见李立:《B 站陈睿:将以视频播放分钟数代替播放次数》,载《中国经营报》2023 年 7 月 3 日,第 3 版。

例”的双重要求进行界定的。[47] 反对者往往认为引入版权过滤亦即扼杀公众言论自由、创作自由。若将过滤的“绝对数量”和“相对比例”要求提高到一定程度时，过滤拦截的作品将指向直接复制或切条、剪辑、搬运的侵权内容。在这种情况下，学界担忧过滤措施可能误删的作品，往往是二次创作者独创性元素投入较少的作品。因此，与其说版权过滤是一项扼杀公众创作自由的“监视义务”，[48]倒不如说是遏制恶意侵权行为、鼓励创作者投入更多个人独创性元素的激励机制。此外，即使存在作品符合合理使用规则但仍然被误删，创作者也完全可以借助反通知机制要求平台重新上传。由此可见，从平台数字作品的创作过程来看，引入版权过滤具有可行性。

五、“通知过滤”规则的解释路径

现行制度在应对大规模著作权侵权案件时亦并非无路可走，而是需要司法者更巧妙地进行法律适用，重新审视和运用“通知”规则的功能性与必要措施的开放性，从而推动版权过滤在我国的实践从“应知过滤”规则转变为“通知过滤”规则，充分运用避风港规则的优势，达到各方希望实现的效果。

（一）版权过滤场景下“通知”的再解释

通过厘清版权过滤的概念与运行机制，可以明确知道版权过滤的实施需要以相应的作品内容或必要信息为前提。在平台“明知”的情形下，权利人发送的通知将成为实施版权过滤的决定性因素。《民法典》第 1195 条第 2 款规定，网络服务提供者应当根据构成侵权的初步证据与服务类型采取必要措施。该条文对“通知”的要件仅作出概括性列举：构成侵权的初步证据与权利人真实信息。在只有明确与过滤措施相对应的合格通知的标准，才能使版权过滤在制度实践中不会产生目标偏离。因此，有必要对版权过滤对应的合格通知要件进行再解释。

合格通知在现行立法中的要求可以参照《最高人民法院关于审理利用信息网络侵害人身权益民事纠纷案件适用法律若干问题的规定》（以下简称《网络人身权益规定》）第 5 条与《信息网络传播权保护条例》第 14 条之规定，二者相同

---

〔47〕 参见崔国斌：《论网络服务商版权内容过滤义务》，载《中国法学》2017 年第 2 期。

〔48〕 Frosio, G., *The Death of "No Monitoring Obligations": A Story of Untameable Monsters*, Center for Open Science, 2017, https://doi.org/10.31235/osf.io/hy7fk.

的要件包括权利人的身份信息以及侵权内容的网络地址、定位信息。然而,无论是《网络人身权益规定》还是《信息网络传播权保护条例》的规定均难以直接适用版权过滤的情形,因为权利人仅提供侵权内容的网络地址或定位信息并不足以支撑版权过滤的实施。结合司法实践对"通知"规则的适用也可以发现,这两种规定仍然保留着原本"通知删除"规则采取定位清除措施的痕迹。具体到版权过滤的实施场景,司法实践可以通过对"初步证据"进行解释以明确合格通知的标准。

结合版权过滤的概念与运行机制,权利人提供的"初步证据"应当根据具体场景分类。一是营利性网络内容分享平台,[49] 初步证据应当包括权利人的作品完整内容、相应权利管理信息以及侵权内容的网络地址信息。营利性网络内容分享平台包含的平台类型也各不相同。在司法实践中,诸如短视频著作权侵权等案件事实,若仅仅通过关键词进行过滤筛选较容易导致误伤合法作品的发生。[50] 因此,对于此类情形,应当要求权利人严格遵循提供作品完整内容合格通知的标准。对于长视频平台、音乐分享平台、网络文学平台等较为容易认定作品侵权事实的平台,可适当放宽合格通知的标准,权利人只需提供相关作品名称的关键词与必要的识别信息。二是电商平台,初步证据应当包括权利人要求过滤的作品名称关键词、相应权利管理信息以及侵权内容的网络地址信息。此外,在"通知必要措施"规则的体系下,权利人向平台提供作品内容进行过滤并不意味着向平台提供授权。平台在接收到权利人提供的作品内容时应当基于遵守法律和商业道德,对作品内容进行保密,避免作品在未经权利人许可的情况下被泄露。

(二) 版权过滤符合必要措施的判断标准

"通知"与"必要措施"具有对应性,因此权利人通知的具体内容决定着网络服务提供者应当采取何种必要措施。根据合格通知的分类,版权过滤的具体实施措施也分为两类:一是内容过滤措施。当权利人提供了作品完整内容时,网络服务提供者应当将该作品纳入作品库,并借助扫描比对技术对平台内的侵权内容进行拦截。二是关键词过滤措施。网络服务提供者应当通过平台内搜索引擎找到匹配关键词的侵权内容并进行拦截。

---

〔49〕 营利性网络内容分享平台包括 UGC(用户创造内容平台)、视频分享平台、音乐分享平台等,相关论述参见徐淑萍、熊黎:《我国网络版权内容过滤措施的实施路径分析》,载《齐鲁学刊》2022 年第 3 期。

〔50〕 参见广州互联网法院民事判决书,(2020)粤 73 民终 5197 号。

根据网络服务提供者的技术能力分类，版权过滤的实施主体应当按照分级的思路进行审理，依据超级平台、大型平台与中小平台3类进行区别认定。[51]基于技术发展水平的考量，应当认定超级平台、大型平台具备相当的过滤技术能力，同时不宜对中小平台施加过高的注意义务。在司法审理过程中，若平台能够举证其不具备足以支持版权过滤的技术能力，法院也不宜要求其承担过高的注意义务。

最后，关于版权过滤措施的实施效果。版权过滤措施的实施目的在于制止大量、反复、集中的侵权行为。因此，法院在认定网络服务提供者是否已经采取必要措施时，不宜要求其实现百分之百的拦截效果，而应当从措施实施的有效性进行判断。[52] 例如，网络服务提供者实施版权过滤措施前后，其平台内的侵权内容数量是否有明显降低等因素。当网络服务提供者能够举证证明自身已经尽其所能，仍无法制止侵权时，也不宜认定其有过错。[53]

（三）反通知规则及其合理期限的界定

版权过滤义务被学界诟病的一大缺陷在于其“误删”合法作品的可能性。当权利人能够提供作品完整内容，要求平台过滤拦截具有重复性、集中性的侵权内容时，通常不会出现“误删”合法作品的情形，但也不排除存在少数确有使用原作品画面或音乐但符合合理使用规则的情形出现。对于使用关键词进行过滤的场景，亦是如此。《民法典》第1196条规定的反通知规则，正好能够弥补平台可能“误删”合法作品的少数情形带来的问题。反通知规则下的合理期限应交由网络服务提供者自行判断，该规则应当解释为一种提示性、注意性的规则。[54] 在版权过滤措施实施的场景下，对于合法作品遭到“误删”的用户，平台可以根据该作品以往的用户浏览、点赞等数据进行推荐以弥补其可能损失的流量、用户注意力。总之，对于“误删”作品的少数情形，网络服务提供者能够拥有较大的自治空间。在反通知规则的弥补下，平台用户亦无须过度担忧创作自由遭到限制。

---

[51] 《互联网平台分类分级指南（征求意见稿）》中对互联网平台分级的依据包括：平台规模、业务种类、经济体量与限制能力。

[52] 参见重庆市第一中级人民法院民事裁定书，（2021）渝01行保1号之一。

[53] 参见李艾真：《融媒体时代在线内容提供商过滤义务研究——兼评欧盟在线平台过滤义务的最新发展》，载《新闻界》2022年第9期。

[54] 参见薛军：《民法典网络侵权条款研究：以法解释论框架的重构为中心》，载《比较法研究》2020年第4期。

六、结　　语

面对大规模的网络著作权侵权行为,避风港规则越发呈现滞后性,亟须从解释论层面对“通知必要措施”规则进行解决方案的求索。在探讨是否应当引入版权过滤时,实质上也是在对科技如何融入法律这一命题进行思考。版权过滤作为一种新型的版权侵权治理工具,在学界、司法界一直争议不断。重新厘清版权过滤机制的本质,一方面能够纠正以往各方对版权过滤的认知偏差,另一方面也能更合理地明确版权过滤的功能定位与应然路径。从而取其所长,弃其所短,最小化技术本身存在的弊端。在人工智能技术迭代愈加迅速的时代,明晰版权过滤机制的应然定位,也有利于为人工智能服务提供者管理层面的立法提供更多参考。

技术原理下的 cookie 信息法律属性之辨

——以个人信息与个人隐私为框架[*]

高翔宇[**]

摘要：

作为一种网络数位足迹，cookie 信息在法律层面的属性至今未得到明确。从技术原理出发，cookie 信息具有“自动记录”和“定向推送”两种应用方式，具有本地化、副产品化等特殊属性。在狭义个人隐私层面，cookie 信息不因用户的“知情同意”而被当然地排除出个人隐私范畴；以不同应用方式下用户是否具有“不受 cookie 信息技术追踪”的合理期待为标准，可知只有定向推送方式下的 cookie 信息属于狭义的个人隐私范畴。在狭义个人信息层面，cookie 信息不属于个人信息范畴，但这并非《个人信息保护法》中对匿名化信息的排除规定所致，而是高度信息控制权带来的保护必要性降低、动态化属性带来的巨大识别成本以及溯源行为的弱联系性所致。因而，cookie 信息不应当属于狭义的个人信息范畴。

关键词：

cookie 信息；个人信息；个人隐私；技术原理；《个人信息保护法》

一、引　言

当前，互联网信息技术飞速发展、网络活动门槛不断降低，各种形式的网络服务逐渐渗入日常生活之中。然而，多样的信息形式在便利人们生活的同时也对信息保护提出了诸多挑战。在面对新技术时，如何从规范的视角评价诸如 IP 地址信息、云计算中的个人信息、匿名化信息等新类型信息，都是需要结合法律文本中的规范要素来进行解释的具体问题。

---

* 本文系 2023 年江苏省研究生科研与实践创新计划项目成果，项目号：KYCX23_1548。

** 高翔宇，男，南京师范大学法学院硕士研究生，研究领域为刑法学。

随着2021年8月《个人信息保护法》(以下简称《个保法》)的出台,"行踪轨迹信息"被正式纳入法律中作为敏感个人信息加以保护。此处的行踪轨迹信息指的是现实世界中的数个地点位置间形成的轨迹信息,其由于直接展示了特定自然人的具体地理位置而受到关注。这不由得引起笔者思考:在互联网构建的虚拟世界中,每个人化身数据驰骋其中,自然也留下了各自的"冲浪"痕迹,即"网络数位足迹信息"。那么,这些"网络数位足迹信息"与"行踪轨迹信息"有何区别?其特殊性体现在哪里?如何在规范视野下评价此类信息的属性?基于上述问题,本文选择以网络数位足迹信息中最具代表性的cookie信息[1]为研究对象,以cookie信息典型应用场景为研究起点,尝试为此类信息作出准确的定性。

二、问题的提出:cookie信息属性认定难题

作为一种新型的网络数位足迹信息,cookie信息在属性认定上的争议主要集中在个人信息与个人隐私两个方面。而在当前,无论是规范性文件还是司法判例,对这两方面的认定都呈现出一种纠结和模糊。

(一)对规范性文件的梳理

在现有的规范性文件中,个人信息有时与个人隐私相伴而行,存在属性上的交错。比如,《全国人民代表大会常务委员会关于加强网络信息保护的决定》规定"国家保护能够识别公民个人身份和涉及公民个人隐私的电子信息"。《全国民事审判工作会议纪要》第20条指出:"能够单独或者相互结合识别特定个人身份及行为隐私的信息构成网络公民个人信息(如网络用户的网络认证账户和密码、IP地址、上下线时间、网络浏览日志、网页地址、使用的搜索引擎关键词,公民个人的姓名、职业、家庭、婚姻、指纹、音频、视频等)。"

然而,也有相当一部分文件,将个人信息的认定集中于具体的数据类型和识别可能性等方面。比如,《电信和互联网用户个人信息保护规定》第4条明确用户个人信息指的是"电信业务经营者和互联网信息服务提供者在提供服务的过程中收集的用户姓名、出生日期、身份证件号码、住址、电话号码、账号和密码等能够单独或者与其他信息结合识别用户的信息以及用户使用服务的时间、地

---

[1] 由于广义的cookie信息本身可能包含在特定网站使用的账户密码、身份证号、手机号等具有高度识别性的信息,而不具有讨论的必要。因此本文所称cookie信息,特指网络浏览痕迹信息。

点等信息”。《最高人民法院、最高人民检察院关于办理侵犯公民个人信息刑事案件适用法律若干问题的解释》第 1 条明确指出:“……‘公民个人信息’,是指以电子或者其他方式记录的能够单独或者与其他信息结合识别特定自然人身份或者反映特定自然人活动情况的各种信息,包括姓名、身份证件号码、通信通讯联系方式、住址、账号密码、财产状况、行踪轨迹等。”《网络安全法》第 76 条第 5 项规定:“个人信息,是指以电子或者其他方式记录的能够单独或者与其他信息结合识别自然人个人身份的各种信息……”最新国家标准《信息安全技术个人信息安全规范》规定,个人信息是指以电子或者其他方式记录的能够单独或者与其他信息结合识别特定自然人身份或者反映特定自然人活动情况的各种信息,如姓名、出生日期、身份证件号码、个人生物识别信息、住址、通信通讯联系方式、通信记录和内容、账号密码、财产信息、征信信息、行踪轨迹、住宿信息、健康生理信息、交易信息等。《个保法》第 4 条第 1 款规定:“个人信息是以电子或者其他方式记录的与已识别或者可识别的自然人有关的各种信息,不包括匿名化处理后的信息。”

通过对规范性文件的梳理会发现,随着我国立法发展,公民个人信息的界定机制正逐步完善。在内容上,个人信息逐渐从“姓名、身份证号、住址”等信息类型发展出了“财产状况、行动轨迹”等更加多样的概念;在形式上,也从“能够识别个人”发展到“能够单独或者与其他信息结合识别”。同时,对于个人信息认定标准和个人信息与个人隐私之间的关系要呈现出纷繁复杂的样貌,而在这一过程中,网络数位足迹信息这一特殊信息的性质问题更是仅仅在会议纪要和国家标准文件中有所涉及,始终没有被明确规定在法律之中。

(二)对司法判例的检视

在司法实务中,针对以 cookie 信息为代表的网络数位足迹信息属性这一问题,也尚未达成一致。

首先,本文以“cookie”作为“全文”检索条件,“刑事”作为“案由”检索条件在北大法宝网站上进行检索,共检索到 32 篇裁判文书。[2] 其中,涉及 cookie 信息定性的主要有 3 件。[3] 在毛某某非法获取计算机信息系统数据案中,一审

---

〔2〕 https://www.pkulaw.com/advanced/case/pfnl/,最后访问日期:2023 年 8 月 31 日。

〔3〕 参见毛某某非法获取计算机信息系统数据案,广东省深圳市南山区人民法院(2014)深南法刑初字第 692 号;黄某某等非法获取计算机信息系统数据案,浙江省杭州市余杭区(市)人民法院(2014)杭余刑初字第 1231 号;徐某侵犯公民个人信息罪案,江苏省丹阳市人民法院(2018)苏 1181 刑初 1047 号。

法院认为被告人毛某某通过历史登录信息及正在登录信息解析得出190,598个用户的完整cookie信息,可用于获取该用户的系统权限,属于身份认证信息;在黄某某等非法获取计算机信息系统数据案中,一审法院认为用户使用淘宝账号密码登录时产生的cookie信息属于身份认证信息;在徐某侵犯公民个人信息罪案中,一审法院认为行为人在自营淘宝店出售百度贴吧账号密码和cookie属于出售公民个人信息。

随后,本文转而以"cookie"作为"全文"检索条件,"民事"作为"案由"检索条件在北大法宝网站上进行检索,共检索到45篇裁判文书。[4] 在本文检索到的判例中,实质涉及cookie信息定性的有4件案例。[5] 在该4件案例中,仅有陈某诉杭州阿里妈妈软件服务有限公司网络服务合同纠纷案和朱某与北京百度网讯科技公司隐私权纠纷案对于cookie信息(或网页浏览记录)本身的性质进行过认定,具体而言:

一类判决对cookie信息是否为个人隐私进行了认定:朱某与北京百度网讯科技公司隐私权纠纷案中,一审法院认为,朱某通过网络搜索活动在网络环境中形成的数位足迹,能够体现其对浏览内容的喜好和需求等信息,属于个人隐私,因此百度网讯科技公司构成侵权。在陈某诉杭州阿里妈妈软件服务有限公司网络服务合同纠纷案中,判决根据《网络安全法》第41条、第42条关于网络用户个人信息保护的规定,认为网络交易平台向网络用户明示收集并取得同意后,有权在遵循正当、合法、必要、最低限度原则的前提下进行使用,不视为侵犯个人隐私权。

另一类判决则对cookie信息是否属于个人信息进行了认定:朱某与北京百度网讯科技公司隐私权纠纷案中,二审法院认为,一审法院所称的当事人对浏览内容的喜好和需求虽然在一定程度上具有私密性,但难以识别到上述信息所指向的主体,不符合个人信息的"可识别性"要求,该cookie信息不属于个人信息,百度网讯科技公司的行为不属于侵权行为。陈某诉杭州阿里妈妈软件服务

---

[4] https://www.pkulaw.com/advanced/case/pfnl/,最后访问日期:2023年8月31日。

[5] 参见陈某诉杭州阿里妈妈软件服务有限公司网络服务合同纠纷案,杭州铁路运输法院(2017)浙8601民初3306号、浙江省杭州市中级人民法院(2018)浙01民终7505号;朱某与北京百度网讯科技公司隐私权纠纷案,江苏省南京市鼓楼区人民法院(2013)鼓民初字第3031号、江苏省南京市中级人民法院(2014)宁民终字第5028号;凌某某诉北京微播视界科技有限公司隐私权、个人信息权益网络侵权责任纠纷案,北京互联网法院(2019)京0491民初6694号;顾某与奇智软件(北京)有限公司等隐私权纠纷案,杭州市江干区人民法院(2013)杭江民初字第1267号、浙江省杭州市中级人民法院(2014)浙杭民终字第1813号。

有限公司网络服务合同纠纷案中，根据《网络安全法》第 76 条的规定，cookie 因具有识别到特定用户之可能，因而属于个人信息。

此外，朱某与北京百度网讯科技公司隐私权纠纷案的两审判决在具体概念的表述上也都含混不清：一审判决对于隐私权的客体究竟是“私人活动”还是“cookie 信息本身”未作答复；二审判决在认定 cookie 信息具有隐私性的同时又否认了该信息属于个人信息，对于个人隐私和个人信息的关系也未曾明确。

综上所述，cookie 信息的性质问题不仅在立法中没有得到明确的认定，司法实务中也鲜有案例涉及。在仅有的一些案例中，就这一问题也未达成一致。因此，本文意在明晰 cookie 信息运作原理的基础上，尝试为 cookie 信息的法律属性进行界定。

三、cookie 信息技术属性界定——基于技术原理的分析

cookie 信息作为一种网络数位足迹信息，在分析认定其属性时终归要以技术原理为基础，归纳这一类信息的特殊属性。一方面，应当首先说明 cookie 信息在技术层面的基本概念及其运作原理；另一方面，应当在具体的应用场景中对信息属性进行考察。

（一）技术概念梳理

cookie 信息指的是一种网络服务器维护用户端本地信息的方式，其以纯文本文件的形式存在，内部不具有可供执行的代码，仅仅是一种可供识别的内容。

就 cookie 信息运作原理而言，先由用户通过在其设备终端的浏览器进行网页浏览等活动，此时，用户端的浏览器会向特定网络服务器发送请求，随后网络服务器通过返回指令的方式，让浏览器将用户的本地内容存储在设备之中。由此，若该用户再次使用浏览器时，浏览器便可以自动搜索该用户的本地硬盘是否有曾经存储的信息内容，从而能够实现对用户身份的识别，继而输出特定的网页内容。[6]

（二）cookie 信息运作流程

在上述运作原理的基础上，cookie 信息的具体应用方式主要包括两种：一是对用户的网络浏览痕迹进行记录，最常见的应用场景就是历史记录提示、自

〔6〕 参见黄艳、张连：《Cookie 信息的法律属性与刑法适用规则》，载胡云腾主编：《司法体制综合配套改革与刑事审判问题研究——全国法院第 30 届学术讨论会获奖论文集（下）》，人民法院出版社 2019 年版。

动填入密码等功能的实现(以下简称自动记录方式);二是对用户的网络浏览痕迹进行二次利用,利用“行为定位”(behavioral targeting)技术跟踪用户的浏览记录,并且收集用户的浏览习惯。[7] 最常见的应用场景即为定向投放弹窗广告、个性化商业营销等(以下简称定向推送方式)。相较而言,自动记录方式下,cookie 信息运作流程较为简单,而定向推送方式由于涉及第三方对用户信息的处理与利用,行为性质更加复杂。因此,本文主要以定向推送方式的运作流程为例进行讨论。

具体而言,一个完整的定向推送流程是:首先,用户在 × 公司的搜索页面上搜索“健身”等内容,并在本地电脑上生成相应的 cookie 信息;随后,用户开始浏览其他网站,如果该网站是 × 公司的合作网站,就会自动通过 × 公司提供的程序代码对用户的本地硬盘进行扫描,来观察是否存有 × 公司的 cookie 信息。如果扫描到,便对该 cookie 信息进行解读,提取出“健身”等关键词并反馈到 × 公司的广告投放系统中。× 公司收到关键词后,通过一定的匹配算法,在广告发布系统中搜索与之最相近的商家关键词标签,再将标签所对应的广告内容投放到合作网站的预留广告位上。[8] 最终实现的效果就是,用户在 × 公司网站上搜索过“健身”相关内容,当用户退出 × 公司网站,却仍然能够在其他网站(× 公司的合作网站)上收到与“健身”相关的广告推送。

(三)cookie 信息特殊属性归纳

通过分析 cookie 信息的技术原理和基本运作流程,cookie 信息本身所具有的特殊属性也逐渐明晰。笔者将其归纳为以下几种特点。

1. 本地化

在 cookie 信息运作的两种方式中,无论是自动记录方式还是定向推送方式,调用 cookie 信息的方式都是通过用户的本地电脑来实现的。在自动记录方式中,能够接触用户 cookie 信息的只有 × 公司,其通过浏览器查询用户本地 cookie 信息,从而实现历史记录展示和密码自动填写等功能;在定向推送方式中,无论是商家还是第三方合作网站,读取行为始终是通过本地调起的方式实现的。这就意味着,在用户本地电脑之外不存在一个独立的“库”来存放用户的 cookie 信息,该信息始终处于在用户本人的控制之中。

---

〔7〕 参见石佳友:《网络环境下的个人信息保护立法》,载《苏州大学学报(哲学社会科学版)》2012 年第 6 期。

〔8〕 参见张晓阳:《基于 cookie 的精准广告投放技术及其法律边界刍议:以朱烨诉百度公司隐私权纠纷为视角》,载《电子知识产权》2015 年第 9 期。

相比之下,身份证号、联系方式、财产状况等信息均具有显著的独立性和外部性。这些信息一旦泄露,即使用户事后在某一使用场景中进行清除(如卸载特定 App),第三方使用者仍可以将已收集到的信息进行汇总和再利用。而 cookie 信息即使被第三方收集后,用户仍然可以快速清理本地 cookie 来消解这种获取行为的影响。

2. 副产品化

副产品化是指某一类信息在特定使用场景下仅作为核心行为的副产品产生,其本身是否存续不会对特定核心功能产生影响,这一现象主要发生在定向推送方式中。cookie 信息作为用户浏览网页产生的痕迹信息,其与浏览器的核心功能——搜索——并无直接关系。换言之,用户即使删除本地 cookie,也只会造成浏览器无法识别其身份的效果,但并不影响其作为搜索引擎这一功能的使用,浏览器对用户而言成为了单纯的检索工具,此时的 cookie 信息即为搜索行为产生的副产品。

当然,如果用户的核心需求并不只是浏览网页,还包括了在访问特定网站时能够快速填写账号密码、快速调起先前的工作进度——主要在自动记录方式下使用浏览器,那么此时,cookie 信息对于用户的使用行为而言就是决定性的,如果删除 cookie 信息,上述功能的确难以实现。但在这种情形下,用户实际上是完全接受浏览器对自己的痕迹信息进行收集并在相当程度上依赖这种收集行为提供的功能,因此,实际上不存在用户与浏览器之间的矛盾冲突。当然,用户完全也可能不希望经常访问的网站本身被第三方收集,但这已经超出自动记录方式的范围,这也是为什么本文强调副产品化主要发生在定向推送方式中的原因。

3. 动态化

cookie 信息本身用于记录用户的网络数位足迹,其随着浏览行为的发生而不断产生,相较而言,身份证信息、生物识别信息等个人信息之所以能够识别特定自然人,很大程度上源于此类信息与特定自然人之间的捆绑关系,这种关系依赖于该信息与自然人之间的稳定联系。相较之下,cookie 信息随着用户的浏览行为不断在后台产生,始终是一个动态的过程。

另外,需要说明的是,网络数位足迹和行踪轨迹虽然都具有动态性,但二者的认定逻辑不同,现行立法之所以认定行踪轨迹是个人信息,背后的逻辑前提是已知特定自然人,其行踪轨迹由于与人身安全密切相关,因而需要将其作为个人信息加以保护。这是一种事后的保护逻辑。而网络数位足迹并不具有显著的人身安全相关性,难以从事后保护的角度将之当然地作为个人信息。因此只能从事前识别的逻辑来认定其是否属于个人信息,即通过分析网络足迹,反过来识别浏览过这些网页的用户。因此,至少不能以行踪轨迹属于个人信息为由,当然地得出"cookie 信息也属于个人信息"这一结论。

4. 数据化

cookie 信息作为一种网络数位足迹信息,产生于网络环境下,完全以电子数据的形式呈现出来。相较于身份证号、联系方式等常规个人信息而言,cookie 信息不仅需要浏览器通过内部代码进行识别,且识别后的结果也只能通过浏览器内部展现出来。此外,不同于副产品化对应用场景的要求,数据化这一特点在自动记录方式和定向推送方式中均有体现。但需要说明的是,cookie 信息的数据化并不等同于匿名化或去标识化,这一点将在后文展开论述。

5. 溯源能力受限

溯源能力是指通过数据信息追溯到具体自然人的能力。在 cookie 信息场景下,这一能力主要受到两方面的限制:

一方面,在内容上,即使是汇总大量的 cookie 信息,最终也仅仅只能说明该用户是一个"具有何种偏好"的用户,但这种偏好信息却难以指向某个特定的人。毕竟,在大数据时代,同一用户会浏览不同的网站,不同的用户也完全可能浏览相同的内容。当然,通过大量的 cookie 信息来寻找同时热衷于某几类网站的用户,确实可以起到限缩范围的作用。但在本文看来,通过这种限缩的方式从无数用户中精准定位到特定的某个人,显然需要大量的数据处理和计算,即使最终成功溯源,背后的成本也难以估量。

另一方面,在形式上,cookie 信息的溯源行为最终指向的实际是固定的 IP 地址,这意味着即使通过大量信息的筛选后定位到了特定"用户",该"用户"事实上也仅仅是某一台特定设备终端或者是登录浏览器的某个特定账号,而非某个特定自然人。当然,在网络日益发达的当下,拥有个人专属终端的网络用户确实不在少数。但当数个自然人共同使用同一台设备浏览网页或数个自然人共用同一账号时,这种溯源行为对于寻找特定自然人所展现出的受限性也是无可争议的事实。

四、cookie 信息法律属性界定——基于规范视角的考察

(一)既有观点梳理

关于 cookie 信息的法律属性,当前学界主要有以下几种典型观点。

其一,隐私说。其内部包括两类观点。一种观点认为,隐私仅指那些私密

性的信息或私人活动,应当是个人不愿意对外公布的私密性信息,这一观点下隐私的范围相对较狭窄;[9]另一种观点认为,只要与私人生活相关的都属于隐私,对隐私这一概念进行了扩张。[10] 依照前一观点,只有极少数 cookie 信息属于隐私,依照后一观点,cookie 信息属于以数字形式存在的个人信息性隐私,应当通过隐私权予以保护。

其二,个人信息说。该说在承认 cookie 信息作为个人信息的前提下,又区分为两类观点。一类观点主张,个人信息是"可以识别个人身份的信息",在形式上体现为数据化的个人情况,能够记录个人的自然、社会轨迹;[11]个人信息不仅要求私密性——不愿为外人所知,还要求存在人格利益;[12]个人信息的核心标准是识别性,只要能够识别到特定个人即为个人信息;[13]而随着互联网的普遍使用,网络空间中具有识别性的信息也可属于个人信息。诸如个人的上网轨迹、上网习惯以及兴趣偏好等。[14] 另一类观点主张,cookie 信息作为一种数据化的个人信息属于一种公共物品,既不应当通过隐私权制度保护,也不应当通过财产权制度保护,个人应当将此类信息向社会进行一定的让渡以实现效率的要求。[15]

其三,网络数据说。该观点认为,"朱某与北京百度网讯科技公司隐私权纠纷案"的判决反映了 cookie 信息在性质上只是碎片化的网络信息数据,"上网轨迹"等信息并不符合个人信息的要求;[16]类似的一种观点认为,cookie 信息在未经过技术分析之前,在形式上仅是存储在计算机系统里面的零碎数据,同样不

---

〔9〕 参见王利明:《论个人信息权的法律保护——以个人信息权与隐私权的界分为中心》,载《现代法学》2013 年第 4 期。

〔10〕 参见王利明:《隐私权概念的再界定》,载《法学家》2012 年第 1 期。

〔11〕 参见张新宝:《从隐私到个人信息:利益再衡量的理论与制度安排》,载《中国法学》2015 年第 3 期。

〔12〕 参见王昭武、肖凯:《侵犯公民个人信息犯罪认定中的若干问题》,载《法学》2009 年第 12 期。

〔13〕 参见张玉华、温春玲:《侵犯公民个人信息安全犯罪解读》,载《中国检察官》2009 年第 8 期。

〔14〕 参见王利明:《论网络环境下人格权的保护》,载《中国地质大学学报(社会科学版)》2012 年第 4 期。

〔15〕 参见吴伟光:《大数据技术下个人数据信息私权保护论批判》,载《政治与法律》2016 年第 7 期。

〔16〕 参见涂燕辉:《"上网轨迹"信息的法律界定及其商业化利用界限——以朱烨诉百度 cookie 侵权案为例》,载《北京政法职业学院学报》2016 年第 3 期。

具备可识别性。[17]

整体上看,在cookie信息的定性问题上,主要观点有3类:个人信息、个人隐私以及纯粹的数据。在本文看来,数据化时代的来临已经使相当一部分数据被赋予了超出其形式的意义,不能作为纯粹的数据碎片来看待。至少,就cookie信息而言,在已经出现了"朱某与北京百度网讯科技公司隐私权纠纷案"这样的争议案例的情况下,不宜将其定位为无意义的数据碎片。那么,定性的关键问题就在于:cookie信息究竟属于个人隐私抑或个人信息?前述两种观点的分歧主要来自个人隐私和个人信息的范畴本身。如果对隐私这一概念采取扩张说,个人信息显然会因其与特定个人有关而被涵盖在隐私范围以内,通过隐私权加以保护。如果对隐私的范围作限缩解释,实际上就是将个人信息与隐私进行区分,对个人信息进行独立保护。

(二)个人信息与个人隐私的关系之辩

在界定cookie信息究竟属于个人信息还是个人隐私之前,有必要首先厘清这两个概念之间的关系。个人信息和个人隐私本身都各自具有多层面的含义,常常在称谓、界定、关系上暧昧不清。整体上看,关于二者之间的关系存在"个人隐私包容说""个人信息包容说""交叉说"3种观点。

"个人隐私包容说"认为,随着隐私概念本身的扩张,其逐渐发展为个人信息的上位概念,即个人信息一概属于隐私。[18] 隐私内部可以区分为个人信息隐私、个人私事隐私、个人领域隐私3个部分。[19] 另外有学者指出,域外对于隐私与信息的保护基本上采取"一元制"的模式,即对个人信息和个人隐私都纳入隐私的保护范畴,如美国、日本、我国台湾地区等。[20]

"个人信息包容说"认为,个人信息是个人隐私的上位概念,前者是后者的上位概念。在范围上,所有的个人隐私都可以评价为是一种个人信息,只是公民个人信息的一部分。[21]

---

〔17〕 参见吴沈括、薛美琴:《刑事司法视野下的"公民个人信息"》,载《中国信息安全》2017年第12期。

〔18〕 参见谢青:《日本的个人信息保护法制及启示》,载《政治与法律》2006年第6期。

〔19〕 参见汤啸天:《网络空间的个人数据与隐私权保护》,载《政法论坛》2000年第1期。

〔20〕 参见李永军:《民法总则》,中国法制出版社2018年版,第284页。

〔21〕 参见石佳友:《网络环境下的个人信息保护立法》,《苏州大学学报(哲学社会科学版)》2012年第6期;韦尧瀚:《侵犯公民个人信息罪在司法认定中的若干问题研究——兼评〈刑法修正案(九)〉第十七条》,载《北京邮电大学学报(社会科学版)》2016年第1期。

"交叉说"认为,个人隐私和个人信息在内容上存在交叉,不能相互包容。就二者的交叉部分而言,一方面,未公开的个人信息属于隐私;另一方面,具有身份识别特征的隐私属于个人信息。[22] 就二者的互斥部分而言,一方面,私生活安宁作为一种状态,显然不属于个人信息;另一方面,公开的个人信息由于不涉及私生活秘密,也不属于个人隐私。当然,这是以"隐私包括私生活安宁和私生活秘密"为前提的。[23] 也有学者认为,隐私包括个人信息(隐私信息)、个人私事(隐私活动)、个人领域(隐私空间)3 种形态。[24] 此时,隐私信息、隐私活动属于个人信息,隐私空间则不属于个人信息的范畴。可见,个人信息与个人隐私属于交叉关系。除此之外,学者们还指出了个人信息与隐私相比的众多特殊之处,如对载体的要求、与国家安全关系更密切以及具有财产价值等。[25]

之所以产生 3 种观点的分歧,很大一部分原因在于这 3 种观点是在不同意义上使用了个人隐私和个人信息的概念。因此,有必要作广义和狭义两个层面的梳理:个人信息分为广义的个人信息和狭义的个人信息,前者是指与特定人有关的一切信息,并不要求具有识别性;后者是指能识别个人身份的信息,如面容信息、指纹等信息。同样地,个人隐私也有广义和狭义之分。广义的个人隐私包括隐私信息、隐私活动、隐私空间等内容,狭义的个人隐私则将私生活安宁等隐私空间层面的内容排除出去,仅指隐私信息、隐私活动,并且此处的隐私活动也应当以信息的形式体现出来。[26] 在上述 3 种观点中,个人信息包容说显然采取广义的个人信息和狭义的个人隐私,即将隐私空间排除在外;个人隐私包容说则采取广义的个人隐私和狭义的个人信息;交叉说则认识到了二者的多层次含义,指出了其中的交叉关系,为本文所取。

因此,首先应当明确的是,本文在狭义层面使用个人信息和个人隐私这一组概念。个人信息强调识别性,仅指能识别个人身份的信息;个人隐私则强调秘密性和载体性,将私生活安宁排除在外的同时又应当以信息的形式表现出

---

〔22〕 参见王利明:《论个人信息权的法律保护——以个人信息权与隐私权的界分为中心》,载《现代法学》2013 年第 4 期。

〔23〕 参见张新宝:《从隐私到个人信息:利益再衡量的理论与制度安排》,载《中国法学》2013 年第 7 期。

〔24〕 参见杨立新:《中国民法总则研究》,中国人民大学出版社 2017 年版,第 638 页。

〔25〕 参见王利明:《论个人信息权的法律保护——以个人信息权与隐私权的界分为中心》,载《现代法学》2013 年第 4 期。

〔26〕 参见晋涛:《刑法中个人信息"识别性"的取舍》,载《中国刑事法杂志》2019 年第 5 期。

来。此外,有学者也指出,个人隐私只有能够识别出特定人时,才有给予司法救济的必要。因此,法律意义上个人隐私同样也应当具有身份识别性。[27] 基于上述特性分析,可知个人隐私和个人信息是存在交集的,这一交集即为“具有可识别性的秘密信息”。在明确个人信息与个人隐私的关系之后,需要将 cookie 信息对照两个概念分别进行讨论。

(三)cookie 信息是否属于个人隐私

首先,隐私通常指具有私密性的信息或活动,如健康状况、财产状况等,凡是个人拒绝对外公布且无关社会利益的内容,均可以评价成为个人隐私。[28] 当然,本文仅在狭义的层面使用个人隐私的概念,即排除了私生活安宁等内容。在这一基础上,本文将从两个层面讨论 cookie 信息与隐私的关系:在形式层面是否存在知情同意的表示;在实质层面是否值得作为隐私保护?

1. 形式层面——异化的“知情同意”

隐私所指向的信息并非单纯指特定的具有私密属性的信息,更是指权利主体不愿为他人所知的信息。那么,当信息主体在明确作出授权,允许相关信息被收集之时,就不宜再认定为个人隐私。知情同意原则,便是指只有在明确告知信息主体个人信息的收集和使用状况并取得其明确同意的情况下,第三方主体才可以对其个人信息进行收集和利用。[29] 在 cookie 信息场景下,实际上就是考察用户对于浏览器收集 cookie 信息的行为是否作出了知情同意的表示。在形式上,当用户勾选“确认”后,似乎就已经对浏览器就作出了相应的授权,理应就不存在隐私权方面的纠纷。然而,司法实务中的典型案件及其背后的争议裁判都在提醒我们:这种形式上的授权效力似乎并不像形式上那般明确。本文认为,当前的各类隐私协议,主要存在以下几种异化现象。

(1)强制同意

用户接触浏览器隐私协议后,面临的第一个问题就是:隐私协议体现为一种“强制同意”。强制同意也可以称为“同意的不可操作性”。[30] 若用户不同意

---

〔27〕 参见朱芸阳:《定向广告中个人信息的法律保护研究——兼评“Cookie 隐私第一案”两审判决》,载《社会科学》2016 年第 1 期。

〔28〕 参见王利明:《论个人信息权的法律保护——以个人信息权与隐私权的界分为中心》,载《现代法学》2013 年第 4 期。

〔29〕 参见龙卫球:《数据新型财产权构建及其体系研究》,载《政法论坛》2017 年第 4 期。

〔30〕 参见刘乃贵:《个人信息、社会数据与立法选择:大数据时代数据治理的法治进路》,西南财经大学出版社 2022 年版,第 68 页。

该隐私协议,就无法使用浏览器甚至直接被动离开当前浏览器页面。不同于GPS 导航服务中,用户如果不对自己的行踪信息进行数据化共享,就完全无法实现服务目的。而 cookie 信息具有副产品化的特性,使用浏览器的用户完全可能仅仅将浏览器作为临时性的搜索工具,并不需要自动储存和定向投放等服务。换言之,用户即使不共享自己的 cookie 信息,也可以满足自己的浏览需求。而这种强硬的格式条款使用户对隐私协议的同意范围超出了其对服务的需要范围,从而导致本应出于自愿的"知情同意"异化为"不得不同意"——用户为使用浏览器的功能,只能被迫接受这样的隐私条款,呈现出一种不完全真正意思表示的"知情同意"。[31]

(2)"一揽子同意"

尽管在 cookie 信息的应用场景上,我们人为地区分了自动记录方式和定向推送方式,但用户在对隐私协议进行确认时,却是以"一揽子同意"的方式进行的。"一揽子同意"是指用户只需要勾选一次"我已阅读并同意用户协议与隐私政策",网站便获得了全部两种应用场景下的"知情同意":一方面,浏览器公司获得了存储、收集网络浏览信息的"知情同意";另一方面,浏览器公司也同时获得了将这些网络足迹信息进行数据分析、利用的"知情同意"。[32] 在这一现状下,用户对于如何授权自己的 cookie 信息没有任何选择的余地,无论个人用户的本意是在多大程度上同意对 cookie 信息的收集,在最终的结果上也只能体现为一种全面的授权和同意。

(3)实质上的不可读性

隐私条款的第 3 个问题在于,其内容过于繁杂和冗长,导致用户在事实上难以真正阅读相关内容。美国的一项实证研究表明,美国网站上的隐私政策和数据风险提示条款平均篇幅为 2518 个单词,如果浏览完这些内容,人均每年需要阅读 1462 个提示条款,全美用户一年将花费 538 亿个小时,产生 7181 亿美元的机会成本(见表 1)。

---

〔31〕 参见李许坚:《隐私权侵害行为分级研究——基于我国隐私案例的实证分析》,载《中南大学学报(社会科学版)》2016 年第 6 期。

〔32〕 参见王黎黎:《Cookie 技术下知情同意规则适用之研究——兼评劳埃德诉谷歌案》,载《警学研究》2022 年第 2 期。

表1 美国网页隐私政策阅读时间、成本统计

项目	时间/成本
阅读单份隐私政策和风险提示条款的平均时长	10分钟
人均年花费总时长	1824小时
全美用户花费总时长	538亿小时
全美用户因阅读产生的机会成本	7181亿美元

注:DONALD A. M. ,CRANOR L. F. , *The Cost of Reading Privacy Policies*, A Journal of Law and Policy for the Information Society,2008(4):543. 转引自刘乃贵:《个人信息、社会数据与立法选择:大数据时代数据治理的法治进路》,西南财经大学出版社2022年版,第67页。

正如域外学者指出的那样,在现代社会,几乎没有人能够腾出时间将网上的复杂条款和同意条件全部浏览一遍,[33]"通知同意"规则实际上在服务商和用户之间形成了一个并不平等的有关隐私的谈判平台。一方面,服务商提供的是"要么同意要么离开"的、内容庞杂的隐私条款;另一方面,用户实际上仅仅有几秒钟的时间去作出决定。换言之,这是一种市场失效。[34]

综上所述,在这样的异化机制下,知情同意原则已经失去了其本来的含义。因此,用户在形式上作出的知情同意的表示,并不能当然地推导出"cookie信息不属于个人隐私"这一结论。

2. 实质层面——有限的"合理期待"

既然在形式层面仍然无法确认cookie信息是否属于个人隐私,那么就需要进一步在实质内容上进行讨论,明确cookie信息是否具备作为个人隐私的实质特性。而讨论个人隐私的实质,实际上就是讨论某一类信息是否值得作为隐私来加以保护。对此,有学者主张"合理期待"原则,即从主客观相统一的角度进行判断:主观上,个人需要对其要求的隐私存在真实的期待;客观上,该期待应

[33] Richards, Neil M. and King, Jonathan H. , *Big Data Ethics* (May 19, 2014), Wake Forest Law Review, 2014. Available at SSRN, http://ssrn.com/abstract=2384174, p. 413. 转引自吴伟光:《大数据技术下个人数据信息私权保护论批判》,载《政治与法律》2016年第7期。

[34] Report to The President Big Data and Privacy: A Technological Perspective, Executive Office of the President, President's Council of Advisors on Science and Technology, May 2014, https://www.whitehouse.gov/sites/default/files/microsites/ostp/PCAST/pcast_big_data_and_privacy_-_may_2014.pdf, xi. 转引自吴伟光:《大数据技术下个人数据信息私权保护论批判》,载《政治与法律》2016年第7期。

当是社会愿意承认的合理期待。就 cookie 信息而言,由于其在全球范围内得到大量使用,人们对其的合理期待范围也应当随之改变——除非用户采取明确举措如修改浏览器权限设置来拒绝采集 cookie 信息,否则很难认为用户存在“不受 cookie 信息技术追踪”的合理期待。[35] 就这一观点,本文认为不应一概而论,而是应当结合 cookie 信息运作方式分别进行讨论。

在自动记录方式下,浏览器的主要功能体现在保留历史浏览记录、自动填写账号密码等方面。对于网络时代的用户而言,对“网页浏览行为会产生浏览历史记录”这一事实理应有充分的认识。换言之,对于浏览行为会产生历史记录这一点,用户是存在明知的。这说明,至少在自动记录方式中,用户对于“不受 cookie 信息技术追踪”不存在合理期待。此外,用户能够接受这一信息追踪的另一个重要原因是,相关的历史记录只会在特定的浏览器中产生并且可以随时进行删除,这也是 cookie 信息特性中“本地性”的重要体现,反映出用户较强的信息控制能力。因此对于用户来说,这仍然是一个私密环境下的运作,其希望不会有任何第三人知晓自己的网页浏览记录。甚至更进一步讲,用户之所以同意 cookie 隐私协议,本就是为了获取快速登录、保留历史记录等服务,此时不仅不存在对于“cookie 信息不受采集”的期待,反而希望网络服务商尽可能准确、实时、完整地记录相关信息及更新并将相应的服务反馈给用户本人,如用户修改某一网站的登录密码时,浏览器应该及时作出反应,询问用户是否更新用于此页面的密码。总之,在自动记录方式下,用户对于这种“取之于己,用之于己”的信息收集行为基本持开放的态度,不存在“不受 cookie 信息技术追踪”的合理期待。

而在定向推送方式下,情况就有所变化。定向推送方式下存在着两个自始至终未与用户达成直接协议的主体——广告商及第三方网站,浏览器公司与广告商、第三方网站同盟之间建立相关协议,第三方网站根据访问用户对投放广告的点击率、浏览量等向浏览器公司收取广告位租金,浏览器公司则根据投放广告在第三方网站中的点击率、浏览量向商家收取广告费用。然而,这一过程并不为用户所知,对于用户而言,第三方网站及广告商是完全陌生的两方主体,用户无法理解为何自己私下搜索的“减肥”“流产”等信息会在其他相当数量的网站上以各类广告的形式被推送到自己面前。cookie 信息的应用从私密环境

[35] 参见朱芸阳:《定向广告中个人信息的法律保护研究——兼评“Cookie 隐私第一案”两审判决》,载《社会科学》2016 年第 1 期。

中脱离,被曝光在第三方合作网站之下,而究竟有多少网站与浏览器公司达成合作协议,用户却根本无从知晓,仅仅以百度公司为例,截至2022年,百度公司的广告联盟合作伙伴数量已达80万家。[36] 正是这种信息的失控性,说明了在自动记录方式之外,用户"不受cookie信息技术追踪"的合理期待已经产生了。

(四)cookie信息是否属于个人信息

在经过个人隐私的判断之后,对于cookie信息是否属于个人信息也需要进行展开。回顾本文第二部分对规范性文件的梳理,会发现"识别"这一表述始终被规定在定义之中,识别性这一标准是讨论个人信息范畴无可回避的一点。另外,个人信息的一个重要特点还在于其载体性,需要能够以信息的形式展现出来。[37] 基于这两个要素,本文试对cookie信息进行形式和实质两个方面的讨论。

1.形式层面——载体性

从2012年的《全国人民代表大会常务委员会关于加强网络信息保护的决定》到2021年的《个保法》,个人信息的定义逐渐从"国家保护能够识别公民个人身份和涉及公民个人隐私的电子信息"发展到"以电子或者其他方式记录的与已识别或者可识别的自然人有关的各种信息,不包括匿名化处理后的信息","以电子或其他方式记录的"这一载体性要素被添加了进来,作为个人信息的一项重要特征。而所谓载体性,实际上就是要求某一信息已被现实地记录、固定,并通过某种可感知的方式表现出来。不具有载体性的信息,如没被记录的口述信息以及未经录制的实时监控等不能成为个人信息。[38]

cookie信息的特殊属性之一即为本地性,这意味着无论是自动记录方式还是定向推送方式,在cookie信息产生之后,即以纯文本文件的形式储存在用户的本地硬盘中。换言之,即使在内容上表现为无意义的字符串,cookie信息在事实上也可以通过一个固定的本地文件来查阅,而不仅仅是未经记录的、游离在网络空间的数据碎片。这充分说明,在形式层面,cookie信息完全符合载体

〔36〕 参见砍柴网:《构建数据安全生态共同体——百度联盟广告SDK荣获中国信通院、公安部双项安全测评》,载百度网2022年8月4日,https://baijiahao.baidu.com/s?id=1740214235447758717&wfr=spider&for=pc。

〔37〕 参见王利明:《论个人信息权的法律保护——以个人信息权与隐私权的界分为中心》,载《现代法学》2013年第4期。

〔38〕 参见韩旭至:《个人信息概念的法教义学分析——以〈网络安全法〉第76条第5款为中心》,载《重庆大学学报(社会科学版)》2018年第2期。

性的要求。

2. 实质层面——识别性

经过形式层面的筛选之后,下一步需要进一步在实质层面判断 cookie 信息是否符合识别性的要求。从《个保法》的原文出发,个人信息是指"以电子或者其他方式记录的与已识别或者可识别的自然人有关的各种信息,不包括匿名化处理后的信息"。

(1)明确讨论的前提

第一,对"相关性"和"识别性"的区分。

从对规范性文件的梳理中会发现,在对个人信息进行定义时,在传统的识别性标准外,逐渐出现了相关性的标准:"行踪轨迹""财产状况"等关联性的信息也纷纷加入个人信息行列、《个保法》在定义个人信息时第一次使用了"有关"这一表述等都体现了这一趋势。这一系列的立法充分说明,信息不仅可以因其可识别,还可以因其相关性而被认定为个人信息。但对关联信息的保护是建立在识别性的问题已经解决的基础上的。在笔者看来,虽然具有关联性的信息未必具有识别性,但具有识别性的信息一定具有关联性。因此,识别性更有讨论的必要。本文在讨论 cookie 信息时,也将选择从识别性的标准进行展开。

第二,对"已识别"和"可识别"的区分。

就"识别性"而言,《个保法》原文已经明确了"已识别"和"可识别"两种含义。"已识别"也称直接识别,指无须借助其他信息即可识别出某一特定的人,例如身份证号码;而"可识别"则为间接识别,指需要与其他信息相结合识别特定人。[39] 对于认定个人信息而言,争议焦点显然还是集中在"可识别"之上。信息不仅要与具体个人关联,还需能够识别到具体个人,就本文讨论的 cookie 信息而言,显然应当放置在"可识别"标准下进行讨论。

综上所述,以《个保法》为背景,本文在关联性和识别性之中,着重探讨识别性。在识别性内部,又着重探讨可识别性问题。同时,cookie 信息作为一种网络数位足迹,在性质上有其特殊性。因此,需要以 cookie 信息技术属性为基础来进行认定。具体而言,主要从 cookie 信息的动态化、本地化、数据化属性以及溯源能力 4 个方面进行展开。

(2)cookie 信息本地化属性增强了用户控制能力

cookie 信息是一种高度本地化的信息。在用户本地电脑之外不存在一个独立的、用于存放 cookie 信息的"库",读取行为始终是通过本地调起的方式实

---

[39] 参见谢琳:《大数据时代个人信息边界的界定》,载《学术研究》2019 年第 3 期。

现的。这种高度的本地化带来的是用户对 cookie 信息的高度控制权。用户完全可以对本地 cookie 进行清除,在正常的网络活动中(排除非法读取手段),这种清除是彻底的,网络服务商无法依靠外部的任何条件重新读取。如此一来,用户就能以一个全新的面貌再次进入网络活动空间,继续产生新的 cookie 信息。通过这种定期清除行为,可以进一步降低被识别的可能。

而在这种高度控制权下,隐含着保护必要性的降低。行踪轨迹信息作为一种关联信息被纳入个人信息范围,背后的逻辑前提是已经存在可被关联的特定个人,该行踪轨迹由于与该特定个人的安全相关联,于是需要被保护。这一逻辑是以识别性为前提的,是一种事后保护必要性的判断。站在这一逻辑之下,同样具备关联性的 cookie 信息,按理说也应当作为一种行踪轨迹信息被保护。但 cookie 信息和行踪轨迹的最大区别就在于,行踪轨迹信息具有不可控性,当特定自然人的行踪轨迹被第三人记录,形成的轨迹信息完全不在该自然人的控制范围内,甚至被谁记录都不清楚。在这种情况下,信息的失控才是信息保护的核心原因。

综上所述,cookie 信息的本地化特性给用户带来了高度的信息控制权。站在识别性逻辑下,这可以帮助用户通过定期清除 cookie 的方式降低被识别的可能;站在保护必要性逻辑下,这也使 cookie 信息能够区别于行踪轨迹信息,无须被纳入个人信息之中加以保护。

(3)cookie 信息动态化属性提高了识别成本

cookie 信息相比身份证号、姓名等信息,更具有动态性,其随着用户的浏览行为不断生成,始终处于变化之中。举例说明,当用户 A 每多浏览一个网页,在对用户 A 进行识别时,任何曾浏览过该网页的用户都进入了审查的范围。换言之,识别用户 A 的难度就可能越大。反过来说,当用户 A 浏览的网站越多,也更能体现用户 A 的浏览偏好,对用户 A 的数据画像也就越准确。换言之,识别出用户 A 的难度又在降低。但无论如何,这种动态的过程都在不断影响着 cookie 信息与特定自然人之间的联系,这一点是无可否认的。

另外,识别可能性强调的是以合理的方式进行识别。若通过间接识别追溯到特定个人必须考虑到识别成本问题。仍以用户 A 为例,当用户 A 浏览的网站越多,随之产生的 cookie 信息越多时,对于用户 A 的大数据画像的确更加准确。但问题也很明显,那就是识别成本过高。识别者需要将所有曾浏览过该网页的用户都纳入审查的范围,通过收集海量数据,运用对信息的系统化处理能力,经过复杂的关联性分析,最终才可能识别到用户 A。而正如我国学者指出的,如果对于海量的信息的分析,需要付出大量人力物力并经过无数次技术处理后才能指向特定自然人的,不应当视为具有可识别性。[40]

因此,对于 cookie 信息而言,其动态性带来了对识别成本的极高要求,不应当视为具有可识别性的信息。毕竟,"有足够的精力和时间,蛛丝马迹都能识别到个人,这是私家侦探的工作方式,但并不应当是法律的工作方式"[41]。

(4)数据化的 cookie 信息不同于匿名化信息

《个保法》在规定个人信息概念时,明确指出"不包括匿名化处理后的信息"。匿名化是指个人信息经过处理无法识别特定自然人且不能复原的过程。[42] 此外,《个保法》还提到一种去标识化技术,即"个人信息经过处理,使其在不借助额外信息的情况下无法识别特定自然人的过程"[43]。与之相似,欧盟法中将虽然没有显示姓名但仍可与个人相联系的信息称为化名信息,将经处理后不可能再识别一个人的信息称为匿名信息,而唯独匿名信息不属于个人信息。[44] 然而,匿名化本就是为了保护个人信息,如果反而将匿名后的信息排除在个人信息保护体制之外,这显然是矛盾的。[45] 在笔者看来,匿名化后的个人信息被排除并非因为其不应当被保护,而恰恰是因为其足够安全而不需要保护。因此,认定匿名化信息的标准应当非常严格,只有完全无法恢复可识别性的信息才能够称为匿名信息,cookie 信息显然不属于此列。

此外,无论是去标识化还是匿名化,都是一种刻意为之的举动,是一种处理

---

〔40〕 参见周光权:《侵犯公民个人信息罪的行为对象》,载《清华法学》2021 年第 3 期。

〔41〕 Vladislav Arkhipov & Victor Naumov, *The legal definition of personal data in the regulatory environment of the Russian Federation: Between formal certainty and technological development*, Computer Law & Security Review, 2016, 32:871 – 887. 转引自韩旭至:《个人信息概念的法教义学分析——以〈网络安全法〉第 76 条第 5 款为中心》,载《重庆大学学报(社会科学版)》2018 年第 2 期。

〔42〕 《个人信息保护法》第 73 条第 4 款规定:"(四)匿名化,是指个人信息经过处理无法识别特定自然人且不能复原的过程。"

〔43〕 《个人信息保护法》第 73 条第 3 款规定:"(三)去标识化,是指个人信息经过处理,使其在不借助额外信息的情况下无法识别特定自然人的过程。"

〔44〕 参见[德]克里斯托弗·库勒:《欧洲数据保护法:公司遵守与管制》(第 2 版),杨会永、旷野等译,法律出版社 2008 年版,第 69 ~ 70 页。

〔45〕 Raphaël Gellert & Gutwirths, *The legal construction of privacy and data protection*, Computer Law & Security Review the International Journal of Technology Law & Practice, 2013, 29:522 – 530. 转引自韩旭至:《个人信息概念的法教义学分析——以〈网络安全法〉第 76 条第 5 款为中心》,载《重庆大学学报(社会科学版)》2018 年第 2 期。

过程,而非一种状态。就 cookie 信息而言,其作为一种网络数位足迹信息,产生于网络环境下,在形式上表现为纯字符组成的文本文件,看似符合匿名化的标准,但该信息自产生至利用的过程中未经过任何匿名化或去标识化处理,最终呈现出的“匿名化”样态并非刻意处理的结果,而仅仅是其作为数据信息的天然表现形式。在本文看来,数据化不等同于匿名化或去标识化。因此,cookie 信息不属于《个保法》所规定的“匿名化处理后的信息”,至少不能据此得出 cookie 信息不属于个人信息这一结论。

(5)cookie 信息溯源能力对识别性的影响。

在 cookie 信息的技术属性中,最直接关联识别性的即为溯源能力问题,主要体现在“群体指向性”和“设备指向性”两个方面。

“群体指向性”是指 cookie 信息体现的为一种偏好信息,对这种偏好信息进行溯源的结果是,只能找到一个“偏好浏览某些网站、偏好某些类别的商品服务”的群体。换言之,这种溯源行为最终指向的是“一类人”而不是“一个人”。因此,从内容上看,cookie 信息体现出一种弱识别性,难以将目标用户从群体中分离出来。当然,如果要以大数据筛查的方式不断从特定人群中向特定人限缩,就又涉及识别成本问题,而这种高成本不为本文所认可。

“设备指向性”是指 cookie 信息溯源行为最终指向的目标是一个 IP 地址,进一步说,指向的是某台设备。因此,与其说这是一种“用户画像”行为,不如说是“设备画像”行为。在这个意义上,确实可以说,cookie 信息是具有唯一指向性的识别符。[46] 但问题在于,即使成功识别到了一台特定的设备终端或账号,但当该设备为数个自然人共同使用或该账号为数个自然人共用时,溯源行为便戛然而止。无独有偶,美国法院之所以否定 cookie 信息的可识别性,其中一个重要的理由就是:这些信息最多能识别到一个 IP 地址,而一个 IP 地址只能识别到一个电脑。因此,用户的网络踪迹信息不是个人可识别信息。[47]

五、结　　论

cookie 信息作为一种网络数位足迹,其法律属性的认定理应从技术原理出发。在应用方式上,cookie 信息主要有“自动记录”和“定向推送”两种方式;在

---

〔46〕 参见谢琳:《大数据时代个人信息边界的界定》,载《学术研究》2019 年第 3 期。

〔47〕 参见张璐:《个人网络活动踪迹信息保护研究——兼评中国 Cookie 隐私权纠纷第一案》,载《河北法学》2019 年第 5 期。

特殊属性上,cookie信息主要具有本地化、副产品化、动态化、数据化等特殊属性。结合技术层面的应用方式和特殊属性,应对cookie信息性质作如下认定:

在狭义个人隐私层面,cookie信息不因用户在形式上确认过网站隐私协议而当然被排除出个人隐私范畴,应当结合cookie信息具体应用场景判断其是否符合个人隐私的实质要件。具体而言,在自动记录方式下,用户对cookie信息被利用这一事实有所认识,控制信息的能力也相对较强,因此在这一场景下不认为用户具有"不受cookie信息技术追踪"合理期待,因而不属于个人隐私;在定向推送方式下,cookie信息应用环境产生明显外部化,用户对于个人cookie信息可能被应用的场景无法预知,表现出明显的信息失控性,因此在这一场景下,用户已经具备"不受cookie信息技术追踪"的合理期待,因而属于个人隐私范畴。

在狭义个人信息层面,虽然cookie信息以纯文本文件的形式储存在用户的本地硬盘中,在形式上符合个人信息载体性的要求,且cookie信息的数据化特点不当然作为"匿名化信息"而被排除出个人信息的范围。但是,cookie信息的本地化特性给用户带来了高度的信息控制权,降低了信息被识别的可能性和保护的必要性;动态性特征则带来了对识别成本的极高要求,不应当视为具有可识别性的信息;"群体指向性"和"设备指向性"进一步排除了通过cookie信息和特定自然人之间的必然性关联。因此,cookie信息不属于具有可识别性的狭义个人信息范畴。

综上,cookie信息因其能够反映用户的网络活动轨迹及上网偏好,仅在"自动记录"情形下属于狭义个人隐私,但由于其技术原理带来的天然属性,难以通过合理的方式实现与特定个人的联系,因而不属于狭义的个人信息范畴。

破解数据要素市场化建设的交易困境
——基于传统赋权和数据信托的分析

贺誉洁*

摘要:

如何规范促进数据交易是数据要素市场化建设的核心难题,披露和价值之间的紧张关系使得数据面临阿罗信息悖论,研究现状表明,“数据赋权说”和“数据信托说”是两种主流解决路径,但数据本身具有的不确定性状态和信任引发的社会现实矛盾使得传统赋权模式并非解决数据交易问题的最优路径。而作为新兴服务业态的数据信托模式不仅能够促进数据要素的有效流通和高效释放,还能解决数据领域存在的不对称权力结构,赋能数字经济社会和数字经济强国的建设。通过引入以信义义务为核心的二元主体理论和以独立信托主体为核心的三元主体理论,从“法律层面的规则、国家层面的合作、企业层面的机构”三个维度出发,试图建立一种具有约束性、一体性、规范性特点的中国式数据信托框架,实现数据要素资源的最优分配。

关键词:

数据交易;数据确权;数据信托;信义义务;数据受托人

一、引　　言

2022 年 12 月,中共中央、国务院发布《关于构建数据基础制度更好发挥数据要素作用的意见》,指出要从 5 个方面加快推进数据要素市场化的建设,最大化释放数据红利。随着人工智能、元宇宙、区块链技术的不断发展,数字经济成为抢占国际贸易市场的关键一环,数据在数字化时代背景下已然成为驱动数字经济发展的核心生产力,然而“个人隐私泄露、社会结构失衡、信任危机蔓延”等现实问题的层出不穷使数据交易过程中的安全问题成为数据要素市场建设的难题之一。

---

* 贺誉洁,女,广东财经大学法学院硕士研究生,研究领域为智慧法治、法社会学。

数据交易存在阿罗信息悖论,经济学家肯尼斯·阿罗曾给出这样一个解释:在经济市场下,买方需要通过了解或获取数据和信息的方式来确定其具有的价值,而当数据和信息本身就作为交易产品时,传统确定交易产品价值的方式会使买方不劳而获地获取他人详细的数据和信息。[1] 交易过程中数据价值的确定需要通过披露实现,而数据的披露会丧失一部分数据交易的价值。基于此,理论学界对数据交易问题进行了积极探索。部分观点认为对数据进行类似传统有体物的确权处理可以解决阿罗信息悖论;[2]部分观点认为数据本身具有的独特属性会使数据权利性质不明晰,极有可能造成公共数据资源私有化等极端问题,相反,采取数据信托模型这种以其他法律调整手段或工具来解决交易问题的路径更具可行性。[3]

结合我国数据市场的发展现状和相关经典理论,对数据领域下的"传统确权方案"和"信托方案"进行分析,仅仅通过从传统赋予有体物权利延伸出的保护模式并非解决现阶段数据交易问题的最优路径,相反,以合意为基础的数据信托方案,其正当性基础更为稳固,[4]也更能在契合数据自身特征、平衡交易双方权利义务和保护数字市场良好运行的基础上实现数据价值潜能的最大化发挥,打破数字市场壁垒。

二、数据赋权方案的两大困境

(一)内部:数据具有不确定性状态

虽然知识产权保护制度的建立提高了经济市场中商家在发现信息商业价值、将其商业化、借助其降低搜索成本作用来吸引消费者等系列环节的积极性和参与度,[5]但数据价值在市场交易环境下具有的个体差异性和现有保护水平

---

〔1〕 Kenneth J. Arrow, *Economic Welfare and the Allocation of Resources for Invention*, 609 in The Rate and Direction of Inventive Activity: Economic and Social Factors 615(1962).

〔2〕 Robert P. Merges, *A Transactional View of Property Rights*, 20 Berkeley Technology Law Journal 1477. 1485(2005).

〔3〕 Miller P., *A Theory of Fiduciary Liability*, 56 McGill Law Journal 235, 251(2011).

〔4〕 参见姜宇:《数据要素市场化的一种方案:基于数据信托的数据交易所机制重构》,载《电子政务》2023 年第 7 期。

〔5〕 Henry E. Smith, *Intellectual Property as Property: Delineating Entitlements in Information*, Yale Law Journal 1742 –1744(2007).

将导致数据确权这一方案不能产生实际有效作用。

一方面,数据在经济市场下更适合用责任规则予以保护,而不是财产规则。卡拉布雷西和梅拉米德在1972年提出了责任规则与财产规则的区分理论,〔6〕财产规则指的就是一种在交易过程中需要经权利所有人同意后才可协商确定价格的事前保护,若未经同意而强行改变权利的归属,则会介入行政或刑事责任;责任规则指的就是一种在交易过程中因客观不能,双方选择根据之后的行情来确定价格的事后保护,若一方违约,则只能寻求民事侵权赔偿的救济路径。路易斯和史蒂文两位美国学者进一步在《财产规则与责任规则:经济分析》一文中提到:经研究发现,房屋、汽车这类具有稳定性特征的占有型领域通常会采取财产规则的保护,而交通事故、环境污染这类不确定较强、当下协商困难的突发型领域通常会采取责任规则的保护。〔7〕两类规则的区别就在于双方地位是否能做到相对平等,若能,则可以适用前者,若不能,则需要后者介入进行额外补偿。数据是一种特殊的生产要素,个体虽然是数据的主要产生者,但相较于企业这种数据使用者或控制者,双方在交易时的地位很难一直保持平等,因为并非人人都能时刻知晓个人数据的产生、存在以及价值层面上的消失。以ChatGPT这类典型的通用人工智能为例,其呈现的独立性、自主性和高效性特征主要依托于海量的数据池和Transformer算法模型,二者共同驱动智能机器的迭代更新,主要覆盖了数据训练环节和数据加工输出环节。而对于拥有数据优势地位的企业,其所拥有的初始数据池包括个人用户主动提交的数据、平台运行生成的数据、企业维护形成的数据等,其呈现的多样性、复杂性和流动性特点使数据难以被完全界定清楚权属关系。若此时将数据纳入传统占有范畴下予以保护,必定会因为数据获取、加工、运输等多种操作出现多重权利的重叠扭曲,〔8〕此时数字经济市场下的财产权利便会成为一种数据不确定性状态导致的空壳。

另一方面,数据在经济市场中呈现的价值不确定性使其无法成为一种标准化的大规模流转产品。"大数据不仅让我们不再期待精确性,也让我们无法实现精确性"〔9〕,数据的主要经济价值在于通过"识别、分析和预测"来辅助企业

---

〔6〕 Guido Calabresi & A. Douglas Melamed, *Property Rules, Liability Rules, and Inalienability: One View of the Cathedral*, 85 Harv. L. Rev. 1089(1972).

〔7〕 Louis Kaplow & Steven Shavell, *Property Rules Versus Liability Rules: An Economic Analysis*, 109 Harv. L. Rev. 713–790(1996).

〔8〕 参见周汉华:《数据确权的误区》,载《法学研究》2023年第2期。

〔9〕 [英]维克托·迈尔-舍恩伯格、肯尼思·库克耶:《大数据时代:生活、工作与思维的大变革》,周涛等译,浙江人民出版社2013年版,第56页。

或个人进行正确率更高的决策，这种“预测”未必总是能发挥正向积极作用，因为基于数据作出的决策是概率性的胜利而非绝对精确的胜利。同时数据的价值对具体场景也具有高度依赖性，离开场景化和服务化的数据本身只是一堆表格和数字，并无任何商业价值可言。[10] 虽然有的结构化数据已经能与企业自身形成的数据池进行兼容和整合，但这类数据属于企业需要且能够经过无数次加工的，是能够结合具体场景帮助企业做出更优质商业服务并促进企业发展的那部分限制性数据，因此，数据所呈现的价值不能像黄金、货币等传统资产一样在市场经济中具有普遍性，也不能像商品一样直接便捷地与其他传统生产要素进行等价交换。[11] 基于此，在剔除交易双方个性化因素后的数据仍然无法保持价值的相对稳定性，不同场景下的同一类数据将面临不同的价值估算，加之企业类型、消费者偏好、行业习惯和地域接受程度等外界影响因素的存在，目前很难形成一个适用于所有平台和用户的、出售价格和服务价格相对稳定的大型数据流量市场。

在这样一个不确定或待定状态下，即使法律对数据进行确权处理，也难以有效降低数据交易过程中供给方的信息成本和交易费用，因为不是每一条数据都能在法律确权下得到专门保护，可能单条数据在客观层面上所具有的价值微乎其微，但在数字化时代背景下，每一条数据结合特定的场景、特定的目的以及特定的个体，多多少少都会产生一定的社会价值、经济价值或市场价值。此外，随着互联网与人工智能等高新技术的发展融合，世界正在走向多维度数字复合，[12]数据正在以“零边际成本为无限多用户所获取”的优势覆盖全领域的平台企业，[13]一旦赋予大型龙头企业过多的权利，它们将占据绝对控制地位，可能削弱甚至剥夺社会其他主体对数据的加工利用和交易流通，形成数据交易领域下的半垄断局面，反向促进社会整体资源和福利以持续性竞争的方式走向私人占有化，导致公地悲剧发生。

---

〔10〕 参见杨琴：《数字经济时代数据流通利用的数权激励》，载《政治与法律》2021 年第 12 期。

〔11〕 参见丁晓东：《数据交易如何破局——数据要素市场中的阿罗信息悖论与法律应对》，载《东方法学》2022 年第 2 期。

〔12〕 参见崔志楠、［加］阿米塔夫·阿查亚：《中国与自由主义国际秩序的危机》，载《全球秩序》2018 年第 1 期。

〔13〕 See James Boyle, *The Second Enclosure Movement and the Construction of the Public Domain*, 33 Law and Contemporary Problems 42(2003).

(二)外部:传统赋权模式并不能有效解决信任危机

数据确权的解决路径是传统财产权利化模式在数据交易领域的具体运用,财产价值并不是数据的原生价值,而是数据在交易过程中产生的派生价值。数据主要来源于个体的生理特征和行为特征,一定程度上囊括了个体基于人本身而拥有的人格权益,虽区别于传统财产权所保护的有体财产和智力成果,数据在交易过程中会产生不同的经济利益,因此数据具有财产属性,〔14〕可以将其作为一种财产性利益给予法律保护。根据这一基础,众多学者开始在传统赋权模式框架下,从使用对象、使用范围等不同角度提出赋权方案,并试图通过直接完善相应法律规范中的数据空白来实现数据交易的整体秩序。

有观点认为数据权利应被界定为一种独立的新型权利。如程啸认为,为了更好地推动数据企业发展、促进数据间的高效流通,数据企业拥有的权利应属于一种独立于人格权、物权、债权和知识产权的新型财产权,〔15〕这种权利具体指数据企业对合法收集和处理的包括个人数据在内的数据具有支配性和控制性,即通过赋予绝对权这种形式来实现系统保护和数据流动之间的平衡,以降低数据交易过程中的时间成本和经济成本。龙卫球从数据新型财产权应呈现双向动态和以数据从业者为重心驱动的结构特点出发,提出大数据时代下数据主体应具有“人格权+财产权”的双重性数据权利、数据经营者应具有“经营权+资产权”的物权性数据权利。〔16〕

也有观点认为数据权利应被界定为一种知识产权,并依据数据类型特点进行分类调整。如孔祥俊认为,新型法益是否单独设权取决于实践需求,〔17〕随着数据在经济市场上的广泛交易和流通,商业数据权可以成为与商业秘密相对称的新型工业产权,实现在法律保障下安全开展数据的开发和流通,并根据商业秘密所具有的特征类比提出商业数据应符合“合法性、集合性、管理性、可公开性和商业价值性”的适格标准。而崔国斌认为,数据与现有知识产权的保护对象存在交叉重叠,故可以将独创数据纳入商业秘密、著作权等知识产权保护范畴内,同时对处于公开状态且非独创的数据提供有限的排他性保护,〔18〕阻止他

---

〔14〕 参见席月民:《数据安全:数据信托目的及其实现机制》,载《法学杂志》2021年第9期。

〔15〕 参见程啸:《论大数据时代的个人数据权利》,载《中国社会科学》2018年第3期。

〔16〕 参见龙卫球:《数据新型财产权构建及其体系研究》,载《政法论坛》2017年第4期。

〔17〕 参见孔祥俊:《商业数据权:数字时代的新型工业产权——工业产权的归入与权属界定三原则》,载《比较法研究》2022年第1期。

〔18〕 参见崔国斌:《大数据有限排他权的基础理论》,载《法学研究》2019年第5期。

人未经许可泄露具有实质性投入价值的数据内容。

尽管上述解决路径都能在数据交易过程中起到一定的规范抑制作用,但区别于商品、货币等传统财产要素,数据价值对具体应用场景的依附性和现有权利的重叠保护性将会导致部分数据的安全覆盖面不全,二次保护和没有保护的现象将会交叉产生,这不仅无法缓解大数据杀熟、数据歧视、数据盗用等现实问题,还会增加数据尤其是敏感数据暴露在外的时间,加重数字时代的信任赤字危机,难以实现对数据保护和可持续利用的推动。"信任"具有维护群体社会秩序和促进网格式经济发展的重要作用,"社会基于文化特征所形成的信任程度将决定一个国家是否繁荣、是否具有强大的国际竞争力"[19]。信任通常外化于一种基础的亲密关系,对于中国这样一个极其依赖家族血缘关系的低信任社会来说,经济市场下的信任链条和信任结构是脆弱的,因为利益会产生冲突,仅仅依靠利益连接的纽带并不牢固,所以中国人在生意场上很难做到完全信任除有近亲血缘关系以外的陌生群体,人与人之间会因为利益取向而产生怀疑和猜忌,进而产生信任赤字问题。

信任赤字现象在数据领域尤为明显,信任是将数据这座金字塔搭建牢固的核心力量,缺少信任的数据交易市场将导致双方主体权力关系的失衡,大量权力关系的失衡将使社会失去良性运转的动力。究其原因,是在于数据自身具有的可复制性和零成本性与其进入市场交易领域后产生的价值资产属性发生了内部碰撞,碰撞转化为一对具有阿罗信息悖论特点的社会矛盾:一方面,我国在数字经济转型的进程中需要持续性激发数据这种生产要素的活力,而交易和流通是最直观的方式之一;另一方面,大量的数据交易和流通将导致现有法律保护手段产生滞后性,仅仅对个人信息和隐私等方面进行重点保护已远远不够,从纵向空间来看,数据是支撑信息和隐私的最小单位,三者在同一价值下具有层层递进的相关性。[20] 在这样一个背景下,采取传统的泛化赋权模式将不能使信任赤字问题得到有效破解,[21]因为信任区别于控制,信任是双向的,而控制是单向的,个人所被赋予的数据权利将沦为企业平台这类占据绝对控制地位主体追求公正平等的表面说辞,失去对数据自主控制能力的个体拥有的只是一种名

〔19〕 [美]弗朗西斯·福山:《信任:社会美德与创造经济繁荣》,郭华译,广西师范大学出版社2016年版,第11页。

〔20〕 参见申卫星:《数字权利体系再造:迈向隐私、信息与数据的差序格局》,载《政法论坛》2022年第3期。

〔21〕 参见翟志勇:《论数据信托:一种数据治理的新方案》,载《东方法学》2021年第4期。

义所有权,[22]这种名义所有权并不能真正维护个人基本权利,更不能解决市场交易过程中数据要素发挥的安全与发展问题。

(三)小结

总体而言,数据具有区别于传统智力成果和有形财产的独特属性,这种独特属性所呈现的不确定状态和社会信任危机将导致数据确权模式下交易双方的权利义务配置失衡,同时也会打破私法领域立法的核心点——主体地位平等。[23] 此外,知识产权具有的排他性标志特征和数据具有的非排他性特征相矛盾,[24]尽管法律对知识产权制度的部分内容进行了宽泛规定,但其前提救济条件以登记和公开为基础,公开状态下的传统知识产权内容也在遭遇"专利鲨鱼、专利知识私有化"等恶意侵害,若将数据纳入知识产权的范畴进行保护不仅不能解决阿罗信息悖论,反而有可能因原创性、实用性等基础产权要求使数据的保护范围限缩,进一步加重交易过程中双方强弱地位的不平等局面,隐性剥夺一方以正当权利维护合法权益的希望。既然"旧瓶装新酒"式的确权方案会引发数据领域的强权现象发生,导致数据交易环节无法实现持续性的良性互动,一种从财产权益视角出发的新破解思路开始出现在大众视野中。

三、数据信托方案的引入——两种主流理论

作为一种新兴服务业态,成熟的信托框架叠加数据的价值属性将有助于黏合市场和政府间的缝隙,充分释放数据要素的内在潜能,实现数据保护和数据流通之间的平衡,巩固社会信任结构,维护数据主体的多元利益,推动数据要素市场化和规范化建设。

数据信托概念最早来自英美国家,美国从权利义务视角出发,提出了以信义义务为核心的信息受托人理论以矫正数据交易领域存在的权力失衡结构,而英国从规范管理视角出发,提出了创设单独受托组织以将数据集中汇入一个数据池的数据信托理论,两种主流理论都以保护个人隐私、解决数据在流通和交易过程中的规范问题为目标。

---

〔22〕 参见冯果、薛亦飒:《从"权利规范模式"走向"行为控制模式"的数据信托——数据主体权利保护机制构建的另一种思路》,载《法学评论》2020 年第 3 期。

〔23〕 王轶:《民法原理与民法学方法》,法律出版社 2009 年版,第 38 页。

〔24〕 Thomas W. Merrill, *Property and the Right to Exclude*, 77 Nebraska L. Rev. 730 (1998).

（一）信息受托人理论

完整提出信息受托人概念的是美国学者巴尔金，他认为线上平台公司在处理、使用、交易个人信息的过程中存在个人隐私泄露的风险，为了阻止这种风险增加，他主张线上平台公司与用户之间存在一种特殊的信任关系，这种关系也存在于法律领域和医学领域，因为律师和医生所遵守的职业道德需要他们时刻对自己的当事人和病人保持忠诚。基于此，他们不能作出未经许可向他人提供敏感信息的行为，也不能持着谋利的目的进行任何恶意交易。以此类推，线上平台公司在处理信息或数据的时候也应该承担这样一种特殊责任。〔25〕这种责任主要来自双方在知识、能力或权利方面的不对等，为了防止公司利用专业技术和已获得的数据进行非法牟利并侵害用户的权利，巴尔金提出要采取规定信义义务的手段对处于弱势地位的一方进行倾斜保护。虽然 Lina M. Khan 和 David E. Pozen 两位学者认为规定公司承担信义义务的行为并不能真正解决用户和公司之间的不对等地位，因为公司组织结构中的高管或董事需要对股东会拥有的利益负责，而数据领域下的信义义务又规定公司需要对用户的利益负责，一旦发生矛盾，作为信息受托人的公司将陷入两难的困境，〔26〕但巴尔金解释道若是将信息受托人应承担的信息义务规定在联邦法律的条文中，法律具有的位阶关系将消除信息受托人方案会产生双重困境的顾虑，因为法律和技术可以发挥调和作用，帮助公司在业务盈利和保护数据之间实现相对稳定，〔27〕避免冲突，从而提高用户一端在双方地位中的独立性和决定性。

自该理论被系统阐述以来，国内有不少学者赞同引入信义义务。吴泓从"理性人"理念出发，〔28〕认为在主客体二元对立的模型下，《个人信息保护法》只片面强调了对信息主体方的赋权，忽略了对信息控制方的义务规范。为了缓解信息主体和信息控制者之间的紧张对立关系，我国应在"信赖"理念的指引下，针对信息控制方创设一个信义义务制度，以弥补"理性人"理念指引下制度的内生缺陷。解正山从个人隐私角度出发，〔29〕认为数据驱动时代下的隐私保护正面

---

〔25〕 Jack M. Balkin, *Information Fiduciaries and the First Amendment*, 49 U. C. DAVISL. Rev. 1205(2016).

〔26〕 Lina M. Khan & David E. Pozen, *A Skeptical View of Information Fiduciaries*, Harv. L. Rev. 502(2019).

〔27〕 Jack M. Balkin, *The Fiduciary Model of Privacy*, 11 Harv. L. Rev. 22(2020).

〔28〕 参见吴泓：《信赖理念下的个人信息使用与保护》，载《华东政法大学学报》2018 年第 1 期。

〔29〕 参见解正山：《数据驱动时代的数据隐私保护——从个人控制到数据控制者信义义务》，载《法商研究》2020 年第 2 期。

临挑战,传统强调个人控制和赋权的立法模式因过于相信或依赖个人的主观自洽能力而实现不了有效保护数据隐私的目的,因此,建议将信义义务引入数据主体和数据控制方的关系中,增强数据控制方的自我约束性和问责性,以填补数据主体自治能力的不足。张丽英等从电子商务平台与用户这一具体法律关系类型出发,〔30〕认为信托模式下要求电子商务平台对用户的隐私数据承担忠实义务可以禁止大数据杀熟等价格歧视行为,同时也提供了一种新的数据监管思路。

也有学者认为信息受托人理论在主体范围方面存在缺陷,〔31〕由于受信主体是数据使用者,其数量和类型过于宽泛,难以确立一个统一的资格标准,会导致信义义务的泛化。当数据主体的数据遭到泄露时,由于经手的数据占有者很多,违反信义义务的主体不具有唯一性,进而无法追究明确的法律责任。关于这一问题,可以参考《印度个人信息保护法草案》的做法,该草案针对"数据受托人"和"重要数据受托人"的划分规定了不同程度的信义义务内容。我国若采用数据使用者充当信息受托人角色这一模式,可以建构数据受托人分类制度,以所持有数据的敏感及重要程度为划分标准,针对不同的数据类型规定不同层次的信义义务内容,消除主体缺陷带来的影响。

(二)数据信托理论

区别于给数据使用者规定一个特殊信托义务,英式的数据信托方案主张创设一个独立的第三方受托组织,通过建立"数据主体、第三方信托机构、数据使用者"的三元主体模型,将数据集中汇入一个独立的数据池进行专门管理,实现数据主体能够真正参与进数据交易中。关于数据信托的性质,英国内部存在法律机制和集合体两种不同的立场,前者认为数据信托是一种法律机制,〔32〕其目的是恢复数据主体在信托法律框架内的个人权利,抑制企业等数据使用者对个人数据的控制;后者认为数据信托更准确的表达是数据信任,是一种以可重复框架为基础,由一系列关系组成的集合体。不管是从法律层面讨论还是工具层面讨论,抽象意义上的解释将其定义为"数据领域下提供的一种

〔30〕 参见张丽英、史沐慧:《电商平台对用户隐私数据承担的法律责任界定——以合同说、信托说为视角》,载《国际经济法学刊》2019年第4期。

〔31〕 参见邢会强:《数据控制者的信义义务理论质疑》,载《法制与社会发展》2021年第4期。

〔32〕 参见丁凤玲:《个人数据治理模式的选择:个人、国家还是集体》,载《华中科技大学学报(社会科学版)》2021年第1期。

独立管理结构"[33],具体而言,英式方案以"谁来管理数据"为核心解决问题,"独立管理结构"不仅意味着受托对象是作为新兴要素的数据,还意味着数据信托区别于传统信托,二者不具有关联性。

为解决个人数据领域的隐私问题,发展和支持数据领域中的信任行为,Sean McDonald 在 2015 年首次提出"公民信托"概念,即个人将自己具有较大增值的数据一次性委托给具有相应资质的第三方组织机构,委托方经授权后可以作为代表代为交易和协商,以更专业的角度发挥数据的商业化价值,帮助个人维护利益。在交易过程中,第三方组织机构将充当客观独立的"个人数据掮客",通过协商共同制定授权范围、管理程序、监督职责等内容,巧妙地成为数据主体和数据使用者之间的纽带,[34]并通过自身拥有的专业知识和技术来弥补个人在交易过程中存在的局限性,同时与合作的营利性数据企业达到一个抗衡状态,自下而上地为单个数据主体发声,确保数据交易过程中的透明度和正当性。

基于该理论,国内有部分学者开始支持在数据领域设立独立的第三方信托组织。冉从敬等认为数据信托属于用户权益型信托,个人可以通过设立数据信托产品的方式将部分权利授权给可信赖的信托组织,该组织再根据数据类型制定访问形式、收益反馈等机制内容,以此满足个人和企业在数字化时代下的发展需求。[35] 张小松则认为数据信托是数据资产信托财产的一个闭环,[36]是重新调整和分配社会总体信托利益的一个循环过程,通过创设独立的信托法律关系,使信托组织享有数据管理权限,同时也更好地监督企业作为数据交易方的使用行为。

(三)小结

相较而言,后者这种自下而上的数据信托方案对我国数据交易市场发展的借鉴意义更大,隐私本身存在一种工具性的价值,[37]在数字社会中,隐私不仅可以促进个人智识身份的独立形成,还可以保障国家整体的民主自由、公共社会

---

[33] Kieron Ohara, *Data Trusts: Ethics, Architecture and Governance for Trustworthy Data Stewardship*, University of Southampton Institutiinal Repository, 1 – 27(2019).

[34] Kieron Ohara, *Data Trusts: Ethics, Architecture and Governance for Trustworthy Data Stewardship*, University of Southampton Institutiinal Repository, 4(2019).

[35] 参见冉从敬、唐心宇、何梦婷:《数据信托:个人数据交易与管理新机制》,载《图书馆论坛》2022 年第 3 期。

[36] 参见张小松:《数据信托》,载《中国科学基金》2021 年第 3 期。

[37] 彭诚信主编、[美]尼尔·理查兹:《隐私为什么很重要》,朱悦、嵇天枢译,上海人民出版社 2023 年版,第 7 页。

权力的合理分配,虽然信息受托人方案在我国个人数据领域具有可实操性,但对其他数据领域,尤其是对公共数据而言,可适用性不大,因为信息受托人理论是站在自上而下的单一角度,更多强调的是数据控制者本身在采集、使用、流通数据过程中所应负有的信义义务,更多时候起的是一个倾斜保护数据主体尤其是平台用户的补充作用而非主要规范作用。同时,在一个家族式社会背景下,以没有利益关系的第三方信任为基础纽带,建立"委托方—受托方—使用方"三方主体结构的信托模式更能提高数字经济市场信任度,降低数据获得交易成本,增加数据资源效用,符合经济学意义上的帕累托优势,而国家也可以依托此方案,结合经济成本、社会效益、运用领域等因素对数据池进行分类管理,设立不同类型的数据信托,确立不同区间的兜底契约曲线,保护个人权利的同时实现数据增值螺旋式上升和数据交易市场的良性运作。

四、中国式数据信托方案的基础框架搭建

在我国完善数据治理道路上,从法律、国家、企业3个层面出发,去构建一种以三元主体框架为基础、以信义义务为核心的复合型数据信托方案(见图1),其不仅可以降低数据安全风险、优化数据运行管理、提高数据流通效率,还可以矫正基于信任怀疑产生的失衡权力结构,以信义义务为载体推动数据三权分置理论作用于实践,有效发挥数据作为生产要素的作用价值和承载着的多元利益,[38]进一步实现数据要素资源下的帕累托分配,加快赋能数字社会和数字市场的建设。

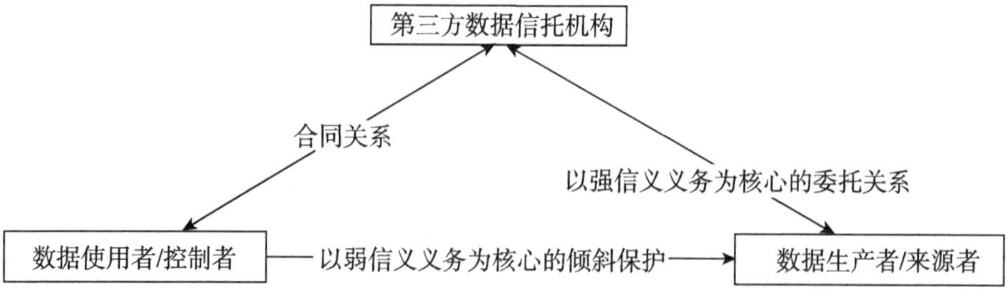

图1 复合型数据信托方案

---

〔38〕 参见蔡丽楠:《数据信托参与数据治理:理论逻辑与实现机制》,载《金融评论》2022年第1期。

(一)法律层面:信义义务规则的约束贯彻始终

信义在词性意义上含有道德属性,意指受信任的人需要承担的一种特殊义务。[39] 随着数字化时代的到来,作为传统信托行为基础标准的信义义务规则,其适用范围和主体正在不断扩大,这一趋势在数据领域显得尤为重要。

信义义务主要包括忠实义务和注意义务两大内容。忠实义务的核心理念是保持忠诚,由于数据交易过程中数据主体和数据使用者之间的地位悬殊较大,为了防止恶意侵害行为发生,数据使用方应该坚持以保护数据价值为目的,避免发生利益冲突。注意义务的核心理念是合理注意,考虑到数据在具体场景中具有的价值差异性,可以在安全原则下依据数据类型、使用领域、数据使用方社会地位等现实因素综合设定义务内容。由于我国现有法律法规并未明确规定数据使用者的信义义务,在保护个人权益和数据利益上还有滞后性,因此,可以根据数据分级分类的标准对数据使用者进行基础和具体两个方面的信义义务规定。在如《民法典》《数据安全法》《网络安全法》等上位法中明确规定数据信托机构应负有强信义义务,数据使用者或控制者应负有弱信义义务;而地方出台的有关于数据安全发展的条例或办法中可以更加细致地规定不同领域、不同属性、不同环节下的信托机构和使用者分别应履行何种消极的忠实义务和何种积极的注意义务,同时还可以增加"当事人另有约定除外"的合意条款。与义务相对应的是权利,在数据要素市场化建设的热潮下,中共中央、国务院发布《数据二十条》,提出建立数据领域的"三权分置",以数据要素进行立体切割,提炼出"数据资源持有权、数据加工使用权、数据产品经营权"三大概念。而在数据信托方案下,处于弱势地位的数据生产者/来源者将与数据信托机构建立一种以数据资源持有权为核心的委托关系,而想要使用数据本体进行训练或开发的第三方技术公司或互联网企业(数据使用者/控制者)将与数据信托机构建立一种以数据加工使用权为核心的合作共赢关系,基于数据本体的衔接,数据使用者与数据生产者间依旧需要构建信任,区别于信托机构的高信任度,数据使用者基于市场下的诚实信用原则和安全发展并重原则,理应对数据生产者负有一般注意义务。[40] 而需要构建高信任度的数据信托机构则应承担更高标准、更严苛的注意义务和忠实义务。

---

〔39〕 参见徐化耿:《信义义务的一般理论及其在中国法上的展开》,载《中外法学》2020年第6期。

〔40〕 See Chirag Arora, *Digital Health Fiduciaries: Protecting User Privacy When Sharing Health Data*, 21 Ethics and Information Technology 183(2019).

具体来说,消极的忠实义务应遵循“最佳利益原则”,与最佳利益原则相反的是唯一利益原则,唯一利益原则是指双方形成信托关系后,受托方针对信托产品做出的任何行为都只能以委托方利益为唯一基础,如果这个行为属于利己又利他的行为,依旧会被界定为违反了忠实义务,这显然不符合当今世界所提倡的合作共赢理念。反观最佳利益原则,结合司法实践中常出现的双方利益重叠现象,兰贝恩教授认为应对受托人做出的利他利己行为体现一定的包容,[41]当受托人与委托人成为共同获利方时,依据“委托方最大利益”原则进行解释说明能够实现数据信托的正当性。积极的注意义务应遵循“分类讨论原则”,在理性人水平的基础上,数据使用者和数据信托机构所具有的社会影响力越大、使用或储存的数据越敏感、价值越高、场景化需求越大,所承担的注意义务就应越详细,避免核心数据暴露在大众视野中。同时本着诚实信用原则,第三方数据使用者和数据信托机构应以理性投资人的角色去进行数据领域的交易业务,第三方数据使用者应履行如实告知的弱约束义务,即如实告知原数据信托机构或数据主体该类数据在市场交易和流通过程中可能产生的风险,并在此后以保护数据主体最大利益为前提进行善意决策和二次交易,若在交易或使用过程中因故意或重大过失违反信义义务的,应承担相应法律后果。

(二)国家层面:打造区域“一体式”数据交易模式

依托国家顶层设计,发挥过程控制导向作用,对市场数据交易标准进行基础规定,推动各区域根据具体适用经验出台和细化数据交易规范、审查、定价等指导性基础文件,明确绝对禁止型交易数据和相对禁止型交易数据的情形,[42]提高国内高新技术企业采取数据信托模式的积极性,尽可能发挥国家激励作用,带动中小型数据企业在智能化、网联化时代下快速成长发展,建立“市场—社会—政务”互动的优质数据生态圈。同时,鼓励政府牵头成立以“一键式联动、智能化管理、分级式授权、全过程监管”为核心的数据交易指挥中心,实现“数据+N”一体化开展,整合公共数据市场优势资源,加强企业与政府、企业与高校、政府与高校的多方合作,建立长期、可信、牢固的网状式联动关系,在大数据、区块链、人工智能基础上提供更为全面、系统、可信、成熟、安全的数据技术手段,确保数据交易细节能够追溯跟踪,共同建立规范的数据交易产业结构,解

---

[41] See John H. Langbein, *Questioning the Trust Law Duty of Loyalty: Sole Interest or Best Interest*, 114 The Yale Law Journal 929(2005).

[42] 参见李依怡:《论企业数据流通制度的体系构建》,载《环球法律评论》2023年第2期。

决数据垄断问题，实现交易环境的透明公开，提高数据市场参与主体的信任度和积极性。

（三）企业层面：符合一个合格信托机构的标准要求

数据收益能否实现由短期变为长期主要取决于数据信托管理机构的运作能力，一个合格的信托机构除了要坚持信任尊重原则，还要符合技术、组织、制度三方面的硬性要求。

首先，应强化高新技术研发能力，建立数据安全体系，防止数据失控，避免数据泄露危机的产生。数据分类方面，应根据不同的介入程度，分为“原始数据”、“伴生数据”和“加工数据”。原始数据个人依附性较强，具有人格和财产上的双重属性。伴生数据结合了数据主体的主观能动性和数据使用者在采集、整理数据过程中所付出的劳动和资源。[43] 加工数据则是将前两类数据经过多次加工处理后形成的数据总称；数据存储方面，驱动技术创新的同时安排数据维护小组定期更新和升级系统，优化防护密钥、补丁等软件，确保公平正义等核心价值嵌入技术设计与应用的算法部分，保证数据透明度的稳定值，将风险置于可控范围内；数据安全体系建设方面，从动静着手，静态上可以抽象提炼出数据交易过程中风险频率较高的场景，结合所用数据的全生命周期，设定“低、中、高”的风险等级标准和相应的预警机制，如医疗领域的数据企业应设定比一般数据企业更高的风险等级和预警提醒。动态上可以依托具体业务特性，搭建一个“规划—建设—评估—运营”循环使用的框架，规划方面包括因顶层设计变化而变化的阶段性建设目标内容，建设方面统筹智能技术开发和智慧人员培养，评估方面综合考虑企业能力能否应对突发安全事件，运营方面包括数据态势的监测、数据利用的策略优化等，通过这一系列环节，保证数据交易市场下的互联互通、公开透明。

其次，要健全组织架构，明确操作流程和访问规则，培养工作人员的数字思维、数字技能和数字素养，结合《民法典》《数据安全法》等法律规定，实行数据责任追究制。定期开展有关数据侵权方面的法律知识和技术知识专题讲座，对不再具有相关使用价值的数据进行销毁阶段的规范培训，确保诚实信用原则和权益保护原则贯彻始终，杜绝工作人员因一己私利将处于非公开状态的数据私自出售给他人，同时依据实际造成的后果明确非法访问系统所承担的责任内容，建立跨部门、跨企业、跨地域的数字人才资源共享机制，创造加快建设数据

---

〔43〕 参见田奥妮：《第三方数据信托：数据控制者义务的困境及其破解》，载《图书馆论坛》2022 年第 8 期。

化要素市场的人力资源环境。

最后,制定数据安全管理制度和透明化交易制度。一方面,应重视各方主体在参与数据交易过程中的期望与诉求,建立多方参与的联合磋商机制,[44]营造民主、自由、可信、可控的数据治理氛围;同时建立内外综合监管体系保证数据交易的合规性和独立性,鼓励用户在发现工作人员欺诈、操纵、滥用等行为后及时向数据信托机构成立的监管小组举报。另一方面,结合数据在具体应用场景下产生的价值,定期对数据委托方进行利益反馈,根据数据使用频率、脱敏程度、价值分布图等分析因素搭建一个立体化、可视化的网状反馈库,以半年为长期单位向社会公开机构在数据交易中产生的资金情况和使用报告,保证数据信托资金链的可见性。

五、结　语

在数字社会和科技社会中,数据就是社会权力的加速剂,面对这类人工智能的异化,人作为人的传统社会地位和生活方式逐渐被侵蚀,数据像一种"病毒"在人类社会交往中肆意生长,智能系统和智能算法对个人数据的提取和分析使人类的自由和命运被关在巨大的不确定性中,人被迫与各种智能机器共生,[45]隐私变成幽灵悬浮在城市上空,而数据、信息、隐私三者密不可分,传统的赋权救济模式过于泛化抽象,无法在实践层面让数据生产者成功证明任何环节中的任何一个数据使用者或控制者的侵权行为、损害后果、因果关系以及主观过错,这种低效无代价的方式会让侵权者变本加厉,滥用甚至强制占用个人数据,最终形成数据壁垒、数据垄断的局面。因此,为了更好地矫正数据生产者在经济交易市场下的劣势地位,规制个别高新技术企业实施不正当竞争行为或垄断行为,降低数据要素市场建设成本,加速我国人机交互、人机协同的同步实现,结合英式数据信托理论和美式信息受托人理论,在我国数据要素市场培育进程中,试图建构一种破解当前数据交易困境、重塑社会信任结构的帕累托改进方案——复合型数据信托(见图2),在数据使用者和数据生产者中介入独立的数据信托机构,人为调整市场交易双方的强弱地位,用强信义义务和互利共赢原则连接作为受托人的数据信托机构和作为委托人的数据生产者,用信托机构的专业能力

---

〔44〕 参见夏义堃、管茜、李纲:《数据信托的内涵、生成逻辑与实现路径——基于数据流通视角的分析》,载《图书情报知识》2022年第5期。

〔45〕 参见孙伟平:《人工智能与人的"新异化"》,载《中国社会科学》2020年第12期。

和授权范围来制衡作为交易方的数据使用者和利用者，不仅如此，充当“保险官”的数据信托机构还可以根据数据池中不同数据产生的社会价值，与当地政府进行合作，提高智慧政务服务的质量和效率，助力国家数字化复合发展全覆盖。当然，在这个技术不断迭代更新的加速社会下，传统的法律框架和伦理规则被不断颠覆或重塑，突破现有法律救济模式的数据信托也将在实际运行中遭遇各种挑战，中国式数据信托方案的形成仅仅是一个起点，如何确立数据信托机构的划分标准和准入标准，如何实现数据分级分类下数据主体和数据信托机构的利益平衡，如何分行业分领域提高数据主体的自主性，这都是未来学术界需要进一步研究和思考、实务界需要进一步探索和尝试的方向。

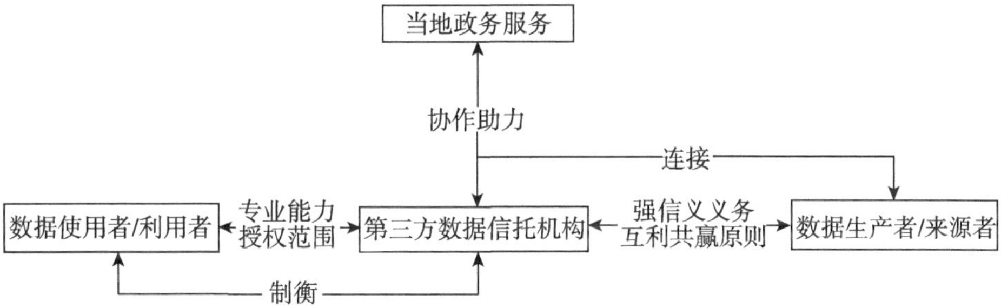

图 2　复合型数据信托

数字时代通信权保护范围的界定

王才京*

摘要:

《宪法》第40条对通信权采取了“加重法律保留”的规范模式。数字时代通信实现新的发展,实践中通信权保护陷入了法院、交警能否调取用户信息的宪法困境。根据基本权利限制的审查框架,回应实践上的争议首先要对通信权的保护范围进行界定。学界对于通信权的保护范围存在“宽泛界定”说和“狭窄界定”说,二者的观点均存在不足之处。借鉴基本权利保护范围界定的思路,采用文义、历史、体系、目的等传统法律解释方法,对通信权进行多方位的分析,可以廓清通信权的保护范围。具体而言,界定通信权的保护范围需要分别判断通信的私人性标准、与通信内容相关联性标准、维护通信系统的可信赖性三个标准。

关键词:

通信权;基本权利保护范围;基本权利限制;法律解释方法

“凡可连接的,都要联网;凡可收集的,都是数据。”[1]大数据对社会生活的方方面面产生了前所未有的影响,也在各个法律部门中引发了许多值得研究的新问题。[2] 通信权的保护问题,在数字时代就是一个值得关注和研究的问题。通信权是一项基本权利,我国《宪法》第40条确立了对通信权的保护。[3] 从规范上看,通信权的限制只限定在“因国家安全或者追查刑事犯罪的需要,由公安机关或者检察机关依照法律规定的程序对通信进行检查”的严苛条件下,排除

---

* 王才京,男,吉林大学法学院硕士研究生,研究领域为宪法学、行政法学。

〔1〕 冯象:《我是阿尔法:论法与人工智能》,中国政法大学出版社2018年版,第180页。

〔2〕 程啸:《论大数据时代的个人数据权利》,载《中国社会科学》2018年第3期。

〔3〕 《宪法》(2018年修正)第40条规定:“中华人民共和国公民的通信自由和通信秘密受法律的保护。除因国家安全或者追查刑事犯罪的需要,由公安机关或者检察机关依照法律规定的程序对通信进行检查外,任何组织或者个人不得以任何理由侵犯公民的通信自由和通信秘密。”

了在该限制范围以外的法律限制空间。这种条款在理论上属于“加重法律保留”条款。[4] 随着科技的进步和发展,公民之间通信方式由传统的书信通信转向了电子通信,通信产生的各类信息也变得丰富,通信涉及的场景更加多元,通信具有的私人属性逐渐渗入公共属性。由此产生了《宪法》第 40 条对公民通信权的加重法律保留的模式与数字时代通信越来越强的公共属性之间难以协调的困境,在实践和理论中均引发了一定的争议。其中争议的焦点在于涉及通信的所有信息是否都应该纳入《宪法》第 40 条所规定的通信权的保护范围。根据目前逐渐发展成学界通说的基本权利限制案件分析框架,[5]通信权保护范围的界定是解决通信权相关争议案件不可逾越的第一步。因此本文将着眼于数字时代通信权保护范围界定的困境,按照基本权利保护范围界定的思路为数字时代通信权保护范围提出具体界定的标准。

一、数字时代通信权保护范围界定的困境

(一)通信保护的实践困境

数字时代的通信的过程中会形成无数的“通信元数据”。“元数据”是指说明信息特征内容结构化的数据。在现代通信中,通信元数据是指电话号码、通讯记录、通话详单、IP 地址、GPS 信息等与通信活动密切相关的数据。[6] 这些数据通常在通信服务提供商处长时间存储,存在被第三方调取利用的可能。为了避免通信数据被非法获取和利用,依照宪法,《电信条例》第 65 条第 1 款作出了类似《宪法》第 40 条的严格保护规定。[7] 但是由于电子通信的广泛应用,相关的通信信息在很多的争议案件中是重要的证据。《民事诉讼法》第 70 条第 1

[4] 参见陈新民:《德国公法学基础理论(下)》,山东人民出版社 2001 年版,第 351 页。

[5] 相关理论介绍参见李建良:《基本权利理论体系之构成及其思考层次》,载《人文及社会科学集刊》1997 年第 1 期;赵宏:《限制的限制:德国基本权利限制模式的内在机理》,载《法学家》2011 年第 2 期;张翔:《基本权利限制问题的思考框架》,载《法学家》2008 年第 1 期。

[6] 参见杜吾青:《论通信秘密的宪法保障——以电子通信元数据切入》,载《甘肃政法大学学报》2021 年第 6 期。

[7] 《电信条例》第 65 条第 1 款规定:电信用户依法使用电信的自由和通信秘密受法律保护。除因国家安全或者追查刑事犯罪的需要,由公安机关、国家安全机关或者人民检察院依照法律规定的程序对电信内容进行检查外,任何组织或者个人不得以任何理由对电信内容进行检查。

款赋予了法院调查取证权,[8]在民事行政案件中,法院依法调取通信信息的行为,超越了《宪法》第40条规定的职权范围。[9] 另外,实践中还存在交警能否查阅当事人通话记录的问题。[10]《宪法》第40条仅规定了公安机关因国家安全或追查犯罪的需要才能进行通信检查,但是实践中交警是为了调查交通事故案件而调取当事人的通信信息,有悖于该条规定的职权范围之嫌。通信权作为一项基本权利,应该得到充分的保护。但是法院依职权或依申请调取相关证据也是查明事实、作出公正合理审判的必需;警察执法也不可避免涉及固定收集证据的问题。实践中的困境体现了司法权、行政权的行使与通信权保护之间的冲突。

面对实践中的困境,实务界和理论界讨论热烈,但是至今没有达成广泛共识。实际上,根据基本权利的保护程度和保护范围成反比的法理,[11]解决实践中的困境应该首要明确通信权保护范围的界定问题。通信权的保护范围问题是解决实践问题的基础性问题。这一基础问题不能得到解决,则难以走出实践的困境。

(二)通信权保护范围界定的理论困境

长期以来,学界对通信权的保护范围问题并没有进行深入的讨论,学界长时间的认识停留在宽泛且具象的三方面,认为通信权的保护范围既包括通信内容信息,又包含通信活动信息,还涵盖通信主体信息。[12] 对于这些信息为什么应该纳入《宪法》第40条的保护,是否应该全部纳入《宪法》第40条的保护,应该适用什么样的标准去界定《宪法》第40条保护的通信权的范围等问题,学界

[8] 《民事诉讼法》(2023年修正)第70条第1款规定:人民法院有权向有关单位和个人调查取证,有关单位和个人不得拒绝。

[9] 有学者通过检索2010~2020年11年间公开的关于人民法院调取通信信息的争议案件达39件。参见熊静文:《通信记录的调取与“通信秘密”的宪法含义》,载《中国法律评论》2021年第6期。

[10] 参见刘嫚:《交警可查通话记录?纠正!》,载搜狐网2019年3月2日,https://www.sohu.com/a/298583022_161795。

[11] 具体理论介绍参见杜强强:《基本权利的规范领域和保护程度——对我国宪法第35条和第41条的规范比较》,载《法学研究》2011年第1期。

[12] 最早提出这3个方面的是张杰、李长喜,之后周伟、刘素华均表达过类似观点。参见张杰、李长喜:《通信秘密法律保护研究》,载《云南大学学报(法学版)》2005年第2期;刘素华:《论通信自由的宪法保护》,载《法学家》2005年第3期;周伟:《通信自由与通信秘密的保护问题》,载《法学》2006年第6期。

长期以来并没有进行深入的探究。2019 年,杜强强教授发文对通话记录属于我国宪法规定的通信权保护范围的通说提出了质疑,[13]进而引发了学界对通信权保护范围进行了一定深度的讨论。目前来看存在两种观点,分别主张通信权保护范围的宽泛界定和狭窄界定。但是这两种观点均存在不足之处,不能很好地回应实践中的困境。

1. 通信权保护范围宽泛界定的理论困境

(1)宽泛界定的主张

主张通信权保护范围宽泛界定的代表性学者是秦小建教授和张翔教授。秦小建教授通过分析通信权在基本权利中的体系逻辑,指出通信权的保护内含对人的尊严的尊重,因此通信权保护的范围是私人通信空间而非空间的内容。他认为界定通信秘密的"秘密"具有较强的主观性,难以形成明确的客观标准,不如采取宽泛界定的做法,将通信秘密和私人通信空间等同,非法进入通信空间即视为侵犯了通信秘密。[14] 张翔教授则认为界定基本权利的保护范围不应该过早地窄化,应该将基本权利保护范围尽可能作出较为宽泛的解释,这样才能充分保护基本权利。[15] 因此他主张通信权的保护范围应当宽泛认定。但为了破解《宪法》第 40 条的困境,应当作出"通信内容"与"非内容信息"的分层构造,对于前者适用《宪法》第 40 条的加重法律保留进行保护而后者适用单纯的法律保留进行保护。为解决《宪法》第 40 条的困境,张翔教授并没有在基本权利限制"三阶层"审查框架的第一阶层"保护范围"方面提出方案,而是在第二阶层"限制"和第三阶层"限制的合宪性论证"方面提出了"'通信检查'是示例性规定,不排除其他干预的可能性"和"'通信内容'和'非内容信息'分层构造,并建立相应的规范体系和审查模式"的方案。[16]

(2)宽泛界定理论难以突破通信权保护的"铜墙铁壁"

目前通信权保护面临的实践争议焦点在于法院等相关公权力主体调取通信信息是否符合《宪法》第 40 条的规定。通过分析《宪法》第 40 条的规范结构,

---

[13] 参见杜强强:《法院调取通话记录不属于宪法上的通信检查》,载《法学》2019 年第 12 期。

[14] 参见秦小建:《新通信时代公民通信权的实践争议与宪法回应》,载《政治与法律》2020 年第 7 期。

[15] 参见张翔:《基本权利限制问题的思考框架》,载《法学家》2008 年第 1 期。

[16] 参见张翔:《通信权的宪法释义与审查框架——兼与杜强强、王锴、秦小建教授商榷》,载《比较法研究》2021 年第 3 期。

不难发现这种“加重法律保留”的模式对通信权的限制规定了非常严格的主体、程序、理由上的条件。首先,进行通信检查的主体只能是公安机关或者检察院;其次,程序上必须遵照法律规定的程序;最后,理由只能是“因国家安全或追查刑事犯罪的需要”。除非满足以上条件,任何公权力主体都不能随意侵犯公民的通信权。这样高强度的保护可以说给通信权铸造起了“铜墙铁壁”,仅留下缺口很小的外部限制空间。通信权宽泛界定的理论放弃了对通信权保护范围的界定,即不在通信权内部建构起对通信权的限制,而是试图谋求通信权保护的外部限制进行合宪性解释。但是,由于通信权保护的“铜墙铁壁”,外部限制理论难以去突破,无法解决实践中面临的困境。

具体而言,秦小建教授主张通信权的保护范围是私人通信空间,为了解决实践中的困境,需要对宪法进行修改,将《宪法》第40条的“加重法律保留”修改为“一般法律保留”。[17] 这样的方案存在以下两方面的问题:第一,秦小建教授将通信权的保护范围界定为私人通信空间过度扩张了通信权的保护范围。私人通信空间相对于通信具体信息而言是一个较为广泛的范畴,私人通信空间中存在与通信密切联系的信息,也存在相当一部分静态的通信元数据,例如电话号码、邮箱地址、通信双方的用户信息以及辨识通信终端所产生的数据。后者数据虽然在通信中不可或缺,但是无法与具体的通信建立起具体联系,不涉及通信的核心。如果将通信权的保护范围界定为私人通信空间,势必所有与通信相关的信息都将被纳入通信权的保护范围,这样将加剧与《宪法》第40条对通信权高强度保护的矛盾,引发更多实践中的争议。第二,针对秦小建教授提出的修宪方案,且不论方案本身的合理性,修宪本身现实操作可能性比较低。首先,宪法是我国的根本大法,其制定和修改都有极为严格的程序,修宪的难度极大。其次,从法律客观解释论的立场来看,制定法的理性,不取决于制定者的意图,其一旦生效,就只能从制定法自身来理解。[18] 这说明法律自身有其固有的理性,法律一旦制定出来了就应该跳脱出制定者的主观意图和制定时代背景的约束,通过解释去适应社会发展与变化。从这一角度来看,在没有对法律进行充分的解释之前,解释论应当优先于立法论来考虑。最后,站在法教义学的角度上看,解释论也应该优先于立法论进行思考。面对现实中急迫的司法困境,寻求立法论方案去解决问题将会造成“远水解不了近渴”的尴尬局面。

张翔教授通过分析宪法中规定的基本权利的限制模式,认为我国宪法对自

---

〔17〕 参见前引〔14〕,秦小建文,第93页。

〔18〕 [德]卡尔·拉伦茨:《法学方法论》,黄家镇译,商务印书馆2020年版,第45页。

由权的限制方式是列举式的,而不排除其他的限制方式,进而认为《宪法》第40条除了“通信检查”外,仍然存在其他法律限制的可能。这一观点存在明显的文义障碍和解释方法上的瑕疵。首先,从文义上看,《宪法》第40条相对于其他基本权利条款形式上存在明显的差异。在限制模式的选择上,许多基本权利条款确实采用了列举式,并不排除列举范围之外的限制,如《宪法》第13条规定的公民财产权的限制方式只有“征收”和“征用”,但是对于财产权的限制还有法定的其他方面,如“机动车限行”等。[19] 但是通信权的规定与其他基本权利条款存在明显不同之处是宪法对通信权采取了“加重法律保留”的规范模式。分析《宪法》第40条条文,不难发现,在列举通信权的限制方式为“通信检查”后,最后一句中强调的两个“任何”在文义上已经杜绝了其他方式对通信权进行限制的可能。因此,从文义上来看,“检查之外尚有限制”的观点对于理解《宪法》第40条存在明显的文义障碍。其次,从解释方法上分析,“检查之外尚有限制”的解释乃是对通信权限制方式的扩张解释。在运用扩张解释时,必须以文义为基础。[20] “检查之外尚有限制”这一结论的得出缺乏对“检查”这一文义解释的基础,已经滑向了目的性扩张的法续造。如此解释的后果在于有损法律条款本身的确定性。对于基本权利的限制而言,盲目扩张基本权利的限制方式将限缩基本权利的行使空间,不利于基本权利的行使与保护。另外,张翔教授提出的“分层构造”的方案逻辑起点在于《宪法》第40条只是对通信内容给予了严格保护,而对非通信内容的保护缺乏预见,进而导致了宪法漏洞,“分层构造”乃是对这一宪法漏洞的弥补。这样的看法实际上是对《宪法》第40条理解的偏差,下文将详述之。

2. 通信权保护范围狭窄界定的理论困境

(1)狭窄界定的主张

持此观点具有代表性的学者是杜强强教授和王锴教授。杜强强教授主张基本权利保护范围与其保护程度成反比。他认为《宪法》第40条对公民的保护程度甚高,因此不宜过分扩张其保护范围。他以信件和信封作比喻,通话记录等信息类似信封上的信息,而信封上的信息暴露在外,不具有秘密性。因此主张通信权的保护范围只及于通信内容,通话记录等非内容信息不属于通信权的

---

[19] 参见张翔:《财产权的社会义务》,载《中国社会科学》2012年第9期。

[20] 参见魏治勋:《扩张解释与限缩解释的思维进路与操作机制——兼及区分“类推”和“扩张解释”的理论难题与根本解决之道》,载《法学论坛》2018年第5期。

保护范围,而属于隐私权的保护范围。[21] 王锴教授从通信权的保护目的是保护私人交流的可信赖性的角度出发,认为应当限缩通信权的保护范围。其主张判断相关的通信信息是否属于通信权的保护范围,以通信信息储存的位置为标准,如果相关信息储存在交流的中介手中,那么该相关信息就属于通信权的保护范围,如果相关信息储存在通信主体的手中,就不再受通信权的保护。[22]

(2)狭窄界定理论解释说服力不足

杜强强教授提出的应当限制通信权保护范围的观点对于理解宪法对通信权的加重法律保留具有积极意义,同时也有利于简单直接解决实践中的具体困境。但是杜强强教授在界分通信权保护范围时,仅以"信件""信封"作比喻,认为通信内容属于信件具有秘密性,因此属于通信权保护范围,而信封裸露在外不具有秘密性,因而不属于通信权保护范围。这一说理虽然形象,但是较为简单而片面,说服力不足,张翔教授对此提出了批评。[23] 王锴教授运用目的解释的方法,对通信权的保护范围作出了客观的界定,具有较强的启发意义。但是,王锴教授针对通话记录这一保护对象,区分置于不同权利保护下,张翔教授批评这样的区分最终会被实践利用而使得宪法高强度保护的规范目的落空。[24]

受到宪法高强度保护的通信权,合理界定其保护范围是必要的。杜强强教授和王锴教授尝试限缩通信权保护范围的思路是正确的,但是数字时代意味对通信权的理解要跳出时代技术的局限,作更为一般化的理解。[25] 他们并没有全面把握数字时代通信的新发展,导致其理论解释说服力不足。具体而言,数字时代的通信有非常复杂的运作机理,通信内容和非通信内容并非如杜强强教授所比喻的"信件""信封"一般清晰明确。另外,数字时代通信场景、通信数据的多元化使我们在界定通信权保护范围时不能不予以综合考虑,王锴教授仅考虑通信信息存储位置去界定通信权保护范围问题是片面的。界定通信权的保护范围,需要更加综合全面的思路与方法。

---

〔21〕 参见前引〔13〕,杜强强文,第83~87页。

〔22〕 参见王锴:《调取查阅通话(讯)记录中的基本权利保护》,载《政治与法律》2020年第8期。

〔23〕 参见前引〔16〕,张翔文,第37~39页。

〔24〕 参见前引〔16〕,张翔文,第40页。

〔25〕 张龑、徐嘉鑫:《数字时代通信权的重释》,载《齐鲁学刊》2022年第5期。

二、数字时代通信权保护范围界定的思路

(一)通信权保护范围界定的一般思路

目前,国内对基本权利保护范围的界定的研究方兴未艾。[26] 参照既有理论,界定通信权的保护范围,一般需要遵循以下思考进路。

判断通信权的保护范围是事实上形成的保护范围还是法律上形成的保护范围。事实上形成的保护范围指自然权利的保护范围。自然权利是指人与生俱来的,不需要宪法的认可就当然享有的基本权利,主要体现为各类自由权。法律上形成的保护范围是指国家创设和确立的基本权利保护范围,最典型的是财产权、婚姻和家庭权利以及参政权、程序权等权利的保护范围。由于权利性质的区别,这两类保护范围的差别主要体现在界定方式上。事实上形成的基本权利主要通过法律解释确定,而法律上形成的基本权利主要由立法界定。通信权作为自由权,需要通过法律解释的方法揭示其固有的保护范围。

宽泛界定与狭窄界定的价值取舍。宽泛界定是指在审查某种行为、利益或者状态时,尽可能地降低审查标准,只要该行为、利益或者状态存在与基本权利一定程度的关联,那么就可以判断其属于该权利的保护范围。狭窄界定则认为并非与基本权利有关的一切都值得保护,应当通过分析具体的行为、利益或状态精准界定基本权利的保护范围。采纳哪种观点,在界定基本权利保护范围前需要进行价值的取舍。本文认为通信权应当采用狭窄界定的思路,主要有两个理由:一是我国《宪法》第40条对通信权保护十分严格,但是数字时代通信元数据越发多样,并非所有的数据都应该纳入通信权的保护范围,否则会出现越来越多的实践争议。二是《宪法》第40条对通信权的高强度保护几乎已经杜绝了除特定情形下外部限制的可能。在外部限制有限的情况下,只能通过内部限制的方式限缩通信权的保护范围进而避免通信权的膨胀行使。

尽量避免通信权与其他基本权利之间竞合。基本权利竞合,即某类行为、利益或状态同时符合多个基本权利的构成要件进而受到不同基本权利的保护。[27] 在界定通信权的保护范围时,如果通信权的保护范围同其他基本权利相重叠,

---

〔26〕 具体理论参见王锴:《基本权利保护范围的界定》,载《法学研究》2020年第5期。张翔、田伟:《基本权利案件的审查框架(二):保护范围》,载《燕大法学教室》2022年第5期。

〔27〕 关于基本权利的竞合的系统研究,参见林来梵、翟国强:《论基本权利的竞合》,载《法学家》2006年第5期。

那么将会不可避免地导致司法论证负担加重。从目前的理论和实践观点来看,与通信权可能发生竞合的权利是隐私权与个人信息权,但是这两项权利在我国宪法中并未予以列举,因此不会产生基本权利竞合的问题。

注重传统法律解释方法的运用。对于通信权保护范围的精确界定离不开对传统法律解释方法的运用。传统的法律解释方法包括文义解释、历史解释、体系解释、目的解释,以下将做具体展开。

(二)通信权保护范围界定的具体展开

1. 通信和通信权的文义解释

根据《现代汉语词典》的解释,"通信"的"通"既能作动词,有"连接、传达"之意,又可表状态,意为"连接的、无阻塞的"[28]。而"信"的意思是"人民按照习惯将想要说的话写下来给指定对象看的东西",即为言语的载体。[29] 通信,即通过媒介进行信息的交流,从广泛意义上来说,通信是指在符合双方或者多方意愿的情况下,通过采用任意媒介进行多向传递或者单向传递,该过程包括信息的发出、传输与接收。早期人们的通信方式主要局限于书信的形式。随着网络技术的发展,通信迈向了电子化、数据化的变革,通信的内容不再局限于文字,还有语音、图像、视频、符号等。通信具有以下几个特征:第一,特定性。通信是发生在两个或两个以上的特定主体之间的信息交流。如果信息交流的主体是不确定的多数人,那么就不属于通信。例如,演讲、广播、在社交平台发帖等虽然也存在信息交流,但是不属于通信。第二,私密性。这体现在通信的相关信息只为通信主体所知晓,通信主体之外的人无从知晓。第三,中介性。通信和面对面的交谈不同,通信需要第三方的介入才能完成,传统的书信通信方式需要邮局等传递才能完成信息交流,如今的电话、互联网通信需要通信公司和网络服务提供商的帮助才能使通信顺利进行。

通信权包括通信自由和通信秘密两项权利,通信自由更倾向于保护通过通信手段表达意志的自由,而通信秘密保护的是通信的私密性,包括公民通信免受监听、公开、销毁、篡改的利益。[30] 通信秘密和通信自由二者相辅相成,共同构成了通信权的完整内容。正如许崇德教授所说:"如果只承认通信自由权,而

---

〔28〕 参见中国社会科学院语言研究所词典编辑室编:《现代汉语词典》(第7版),商务印书馆2016年版,第1309页。

〔29〕 同上书,第1460页。

〔30〕 见前引〔12〕,周伟文,第58页。

无通信秘密权，公民的通信自由还是得不到保障；相反，如果只承认通信秘密权，而无通信自由权，公民的通信权也就无法实现。”[31]

2. 通信权保护的历史解释

关于通信权的保护，1954 年《宪法》就已经作出了规定，但是 1954 年《宪法》只简单地规定“通信秘密受法律的保护”。如今的《宪法》第 40 条成文于 1982 年，第 40 条的条文规定到今天只字未改。在修宪讨论时，班禅委员提出，现代通信技术发达，电话窃听是否包括在通信权的保护的规制范围，彭真回应道“这里只讲通信，其他另谈吧”。[32] 可见在立宪者看来，《宪法》第 40 条所指的“通信”针对的是书信形式的通信而不包括其他形式的通信。有学者认为制宪者连当时已经出现的电话都未纳入通信权的保护范围，因此制宪者存在严重的预见不足，导致宪法漏洞。[33] 本文认为这样的观点失之偏颇。制宪者在制定《宪法》第 40 条时并非没有预见到其他可能存在的通信方式，而是有意识地专门针对特定的通信方式进行保护进而达成特定的保护目的。不从制宪史的角度去探究，则难以对制宪者的原意形成正确的理解。

3. 通信权保护的体系解释

首先，从《宪法》第 40 条的条文内部进行分析。该条一共有两句话，第一句明确了通信权的内容包括“通信自由”和“通信秘密”，并且通信权的保护是法律保留，即除法律以外的规范不得对通信权的行使加以限制。第二句则是对第一句法律保留作出的主体、程序、理由的进一步限制。这两句在逻辑上应该是递进关系而非并列关系。[34] 其次，分析《宪法》第 40 条和其他基本权利条款的关系。宪法理论一般将公民通信自由与狭义的人身自由、人格尊严、住宅自由相并列，将其作为广义的人身自由的一种权利类型。[35] 在宪法规范上，《宪法》第 37 条规定了狭义的人身自由，即行动自由，这是人最基本的身体需求；《宪法》第 38 条规定了人格尊严属于人格自由。人作为独立的人，在于其有独立的人格，人格自由意味着人格尊严的独立和不受侵犯，这体现了人作为独立

[31] 许崇德主编：《中国宪法》，中国人民大学出版社 2010 年版，第 322 页。

[32] 参见蔡定剑：《宪法精解》，法律出版社 2006 年版，第 265 页。

[33] 参见前引〔16〕，张翔文，第 44 页。

[34] 熊静文、杜吾青在分析《宪法》第 40 条条文结构时主张该条的两句是并列关系，应当分别理解。详细论述参见前引〔9〕，熊静文文，第 194 ~ 195 页；前引〔6〕，杜吾青文，第 108 ~ 109 页。

[35] 参见前引〔14〕，秦小建文，第 87 页。

个体的人格需求。《宪法》第39条和第40条分别规定了住宅自由和通信自由,意在保护个人的私人生活空间。在私人生活空间中,人可以获得精神上的安宁,这是人的发展的精神需求。因此,公民的人身自由体系呈现身体到人格再到精神的由浅到深的规范层级。基本权利的正当性基础是人的尊严,人的尊严是我国宪法中的不成文规范。〔36〕 通信权作为体现人身自由权深层次要求的规范,内含人的尊严这一价值基础。

4. 通信权保护的目的解释

通过对通信权保护的文义、历史、体系解释,已经在一定程度上揭示了通信权的规范目的。第一,通信权的保护是为了维护特定主体之间的通信自由和通信秘密;第二,通信权保护通信内容不被非法侵犯;第三,通信权的保护是为了维护人身自由,捍卫人的尊严。但是基本权利规范具有高度简洁、抽象和开放的特性,文义、体系和历史解释方法在界定保护范围上能够提供的解释力有限。很多时候,即便穷尽这3种方法,我们仍会发现,许多基本权利条款还是可以容纳多种解释的可能。〔37〕 这在通信权上的体现为文义、历史、体系解释仅揭示了通信权某一面向的保护目的。尤其对于历史解释而言,数字时代通信的新发展使得立法者的保护目的难以适应现实的保护需求。具体来说,数据时代人们的通信以数字的形式在通信介质中传递,在通信过程中产生了大量通信元数据,其中的通讯时间、通讯过程、文件传输、储存位置等元数据直接描述了通信内容的状态。〔38〕 公权力机关可以借助这些信息描述个人的社会关系网络,甚至在现有的技术水平下,一些非内容信息的通信元数据还可以被加以利用实现对个人的定位甚至实时监控。〔39〕 可见,在新通信时代下,通信内容保护目的的实现,需要打破"通信内容"和"非通信内容信息"二元界分的固有认知。

5. 解释方法的运用与通信权保护范围的界定

通过对通信权保护的文义、历史、体系、目的分析,可以厘清我国宪法加重法律保留保护的通信权特定的保护范围。通信权文义的解释廓清了通信与通

---

〔36〕 参见李海平:《宪法上人的尊严的规范分析》,载《当代法学》2011年第6期。

〔37〕 参见前引〔26〕,张翔、田伟文,第67页。

〔38〕 参见陈浩:《即时通讯记录的司法认定》,载《国家检察官学院学报》2016年第6期。

〔39〕 具体技术介绍参见肖恒辉、林惜斌等:《基于通话记录的无线定位方法及其应用》,载《电信科学》2010年第7期;刘阳、吴章成、辛炜博:《通话记录在网络运营中的应用探讨》,载《中国新通信》2011年第18期。

信权的基本特征,通信的特定性、秘密性、中介性3个特点为进一步深入讨论数字时代的通信权保护范围提供可思考的起点和框架。具体来说,新通信时代下对通信会产生三点思考:一是通信的特定性强调通信乃特定主体之间的信息交流,但是现代通信发达,适用的主体和领域也越发宽泛,是否不同主体和领域的所有通信都受通信权的保护?二是通信的秘密性强调通信不为人所知的特征,数字时代的通信产生的信息十分庞杂,哪些信息值得通信权来保护?三是通信的中介性体现了通信与其他信息交流方式的独一无二的特性,通信权的保护范围如何与通信的中介性相联系?以上3个问题的答案,能界定通信权的保护范围。通信权的历史解释揭示了确立通信权的规范目的乃是保护通信自由和通信内容。通信权的体系解释揭示了通信权内涵的人的尊严的价值基础。通信权的目的解释归纳了通信权的保护目的。通信权的历史解释、体系解释、目的解释进一步回答了文义解释下的3个问题,为深入思考通信权的保护范围提供了理论基础。以上述3个问题为思考框架,结合通信权的历史、体系与目的解释,可得出数字时代通信权保护范围界定的3个标准,分别是通信的私人性标准、与通信内容的关联性标准、维护通信系统的可信赖性标准,下文将对此进行展开。

三、数字时代通信权保护范围界定的标准

(一)通信的私人性标准

本文认为,通信权的保护范围,只覆盖私人性质的通信,而不包括职务性质的通信。根据体系解释,通信权内含人的尊严价值,并非所有的通信行为都能体现这一价值。由于每个人在社会中扮演的角色不同,在不同的通信场景中进行的通信类型也不相同。例如,一个人可以跟亲朋好友聊天分享日常所见所闻所感,也可以代表工作单位跟第三方洽谈工作上的事宜。前者纯粹与私人生活相关,具有私人性,而后者并非干涉到私人生活,不具有私人性而具有职务性。有学者将宪法学中的通信秘密界定为“人们进行社会交往,传达感情与信息的一种手段,属于人身自我支配的一种特殊形式”〔40〕。这强调了通信纯粹的私人性的特征。通信权属于广义人身自由权上的权利,彰显个人的尊严和价值,而私人的生活空间为每个人的尊严提供了安放的场所。在私人通信中,个体可以在公共生活之外得以放松和懈怠,能在让自己感到安全的环境中自由地表达自

〔40〕 徐显明主编:《公民权利义务通论》,群众出版社1991年版,第164页。

我,这是通信权内含尊严价值的具体表现。而在非私人通信中,通信的主体往往是为了履行特定的职业义务而进行信息沟通,例如商人之间的商业商谈、医生和病人或者家属针对病情进行的交流。在这样的通信中,通信的行为具有职务性,因而会受到相关职业伦理规范的制约,进而丧失了私人性,不能体现通信权所保护的人的尊严的价值。例如,我国《证券法》第170条和我国《证券投资基金法》第113条明确授权证券监管机关有权查阅、复制与被调查案件有关的通讯记录等资料。根据该判断标准,与证券案件相关的通信主体往往指向相关企业的工作人员,这一类型的通信并不具有私人性。因此证券管理机构依照法律规定,无论是调取通信的内容还是与内容相关的元数据,都不应该存在宪法上的障碍,原因在于这一类型的通信欠缺私人性而没有落入宪法上通信权的保护范围。

当然,不可否认的是,由于个体的差异和社会关系的复杂性,不可避免会出现私人通信和非私人通信交织的情况,例如某公司的经理跟客户在微信上既聊业务上的事情,又聊私生活的话题。在这样的情形下如何区分私人通信和非私人通信,并实现对私人通信的保护呢?笔者认为,可以通过建立严格的审查机制来进行区分及保护。具体而言,首先,相关的公权力主体调取查阅通信信息要有法律的依据;其次,需要对通信主体的身份、通信场景和目的、案件待证事实等进行严格审查,如此得出是否属于私人通信的判断结论;最后,对于调取查阅通信信息的行为应该建立健全救济的途径。未经法定的程序,没有合法合理的理由,不得对公民的通信进行检查,这样才能尽可能对私人通信进行周延的保护。

(二)与通信内容的关联性标准

根据历史解释,通信内容的保护是《宪法》第40条设立的初衷。虽然现在通信的形式发生了巨大变化,但是通信内容仍然是通信的核心信息,通信权保护范围的界定,需要围绕通信内容这一核心展开。在传统的书信通信形式下,非通信内容的信息记载在信封上,内容单一且同内容信息彼此独立。但是在数字时代的电子通信、网络通信中,伴随通信的进行,会产生大量的通信元数据。通过对一些通信元数据的技术性分析和处理,甚至能够进行通信内容的分析和通信追踪。因此,有必要将不属于通信内容但是跟通信内容紧密相关的通信元数据纳入通信权的保护范围,给予加强的法律保护。至于哪些通信元数据跟通信内容相关,则需要具体分析不同类型的通信元数据。

根据不同数据的作用,通信元数据可分为描述性通信元数据、结构性通信元数据和管理性通信元数据。描述性通信元数据主要包括电话号码、邮箱地址、通信双方的用户信息以及辨识通信终端所产生的数据;结构性通信元数据是描述通信对象内部结构和关系的数据,可用于描述通信的内部结构和关系,如网络 IP 地址、MAC 地址、访问权限信息等;管理性通信元数据主要用于记录通信过程的信息,如通信时长、GPS 信息、基于不同基站服务产生的位置服务信息、通信识别码信息(Cell-ID)等。[41]

从与通信内容的关联性出发,描述性通信元数据不属于通信权的保护范围。原因在于描述性通信元数据仅显示通信双方的姓名、电话号码、电子邮箱等信息,这些信息的功能主要体现在开启下一次的通信,而无涉之前通信的内容。例如,可以通过获取他人的手机号码、微信号、邮箱地址等与该人进行联系,很难认定这样的行为侵犯了通信权。尽管这些信息对于通信主体来说可能具有秘密性,但是这只是从通信主体主观角度去认识,而忽视了通信权客观保护通信内容的初衷。

从与通信内容的关联性出发,结构性通信元数据和管理性通信元数据中的部分数据属于通信权的保护范围。结构性通信元数据和管理性通信元数据同描述性通信元数据相比,突出的特点是这类信息会根据通信的变化而变化,而不像描述性通信元数据一样具有固定性的特征,这决定了这两类数据与通信内容具有紧密的关联。具体而言,首先,通信 IP 地址、GPS 定位信息、基站定位信息等可以定位到通信主体确切位置以及可以通过技术手段恢复或者实时监听通信内容的管理性通信元数据因它们与通信内容有着十分紧密的联系,属于通信权的保护范围,应受到《宪法》第 40 条加重法律保留的保护。其次,如通信时长、通信频率、通信过程等结构性通信数据,虽然与通信内容没有直接的关联,但是这类信息反映了某人特定的通信状态。通过对这类信息进行分析,可以推断某人的社会关系。而人的社会关系同通信内容一样具有高度隐私性与私人性,同样承载了人性尊严的价值,这与通信权保护的价值内核一致。因此,这类记载通信状态的信息属于通信权的保护范围,应受到《宪法》第 40 条加重法律保留的保护。

(三)维护通信系统的可信赖性标准

根据文义解释,通信相对于其他信息交流方式的独特之处在于,通信具有中介性,即通信需要在通信系统的支持下才能完成。关于通信权性质的认识,

---

〔41〕 转引自前引〔6〕,杜吾青文,第 104 ~ 105 页。该分类来自 Richard Gartner, *Metadata: Shaping Knowledge from Antiquity to the Semantic Web*, Switzerland: Springer International Publishing, 2016, p. 6 - 8。

理论界主流观点认为通信自由和通信秘密被表达自由权和隐私权所包含;〔42〕实务界不少案件中法院在说理时也认为通信秘密属于隐私权范畴。〔43〕但是通信的独特性使通信权同表达自由权和隐私权存在微妙的差别,厘清这些差别有助于精准界定通信权的保护范围。首先,同表达自由相比较:第一,表达自由所针对的对象是不特定的多数人,而通信是特定主体之间的信息交流;第二,表达自由可以不依靠第三方的帮助就能实现,而通信自由的实现有赖于通信服务从业者以及通信系统的支持。其次,同隐私权相比较:第一,隐私权中理解的“秘密”具有主观性,而通信秘密中的“秘密”不仅体现在主观上,更体现于客观秘密性。这表现在通信服务从业者依法保守用户的通信秘密,不受制于通信主体的认知。〔44〕第二,隐私权的义务主体是不特定多数人,而通信权作为宪法上的基本权利,从主观权利性质上理解的义务主体是国家公权力。第三,通信秘密仅依靠通信主体无法实现,还有赖于通信服务从业者的支持,这是隐私权所不具备的。综上,通信权相对于表达自由和隐私权虽然存在一定范围和程度的交叉,但是并不能被这两个权利所涵盖。〔45〕通信权显然是具有独立性质的权利。

通信的实现和权利的保护离不开通信服务从业者履行特定的义务,这是通信权具备独立性质的关键。在保护范围的界定上,通信权与其他权利的不同之处在于通信权对应着人们对于安全可靠的通信系统的信赖。这种信赖体现在通信权的实现和保护离不开安全可靠的通信系统的支持。在数字时代的通信中,通信结束后包括通信内容在内的许多数据不仅储存在通信主体的设备上,同时在通信系统中也有备份。通信主体只能对自己控制设备的通信信息享有

---

〔42〕 例如,蔡定剑认为通信权既体现了国家对公民个人隐私权的保护,同时也是公民实现言论自由和思想自由的重要形式,参见蔡定剑:《宪法精解》,法律出版社 2006 年版,第 264 页;周伟、刘素华确定了通信权和表达权的紧密联系。参见前引〔12〕,周伟文,第 58 页;前引〔12〕,刘素华文,第 73 页。

〔43〕 例如,在“叶某与罗某隐私权纠纷”一审判决书中,法院就认为“隐私权包括个人信息保密权、个人通讯秘密权”。参见广西壮族自治区柳州市鱼峰区人民法院民事判决书,(2017)桂 0203 民初 812 号。

〔44〕 例如,《邮政法》第 35 条、《电信条例》第 66 条规定了通信服务人员保护通信秘密的义务。

〔45〕 参见陈道英:《网络时代的通信秘密:性质、范围及限制》,载《暨南学报(哲学社会科学版)》2022 年第 7 期。

支配权，对于通信系统里的信息则没有掌控能力，这决定了安全可靠的通信系统对于通信权的保护的重大意义。在判断通信权的保护范围问题上，相关行为是否侵害了公民对于通信系统的信赖成为判断该行为是否落入通信权保护范围的标准。具体而言，如果公权力机关从通信主体处调取通信信息，那么该行为因为没有侵害公民对通信系统的信赖而不属于《宪法》第40条的规制对象。但是，如果公权力主体调取通信系统中的通信信息，那么该行为因为侵害了公民对通信系统的信赖，因此有可能落入《宪法》第40条的规制范围。这里之所以强调“可能”，因为除了信赖性标准，还需依据私人性标准和与内容相关联标准去判断公权力主体的行为是否受《宪法》第40条规制。

(四)小结

上述界定通信权保护范围的三个标准从通信保护的价值基础、通信保护的核心、通信保护的特征三个方面分析得出，分别对应私人性标准、与内容相关联标准、维护通信系统可信赖性标准。私人性标准区分了私人与非私人的通信类型，只有符合私人性标准的通信才能落入通信权的保护范围；与内容相关联标准区分了通信中不同类型的信息，只有与通信内容存在密切关联的通信信息才能被通信权保护；维护通信的可信赖性标准区分了不同可能侵犯通信权的行为，数字时代的新通信条件下，只有利用通信系统侵犯了公民的通信权，这类行为才能被《宪法》第40条规制。在具体适用上，这三个标准并非择一适用而是缺一不可。相关的行为、利益需要通过这三个标准的衡量，才能落入通信权的保护范围。

四、结　　论

本文通过整理和归纳实践和理论的争议，针对基本权利案件审查框架的第一步“基本权利的保护范围”问题，借鉴基本权利保护范围界定的有关理论，对我国《宪法》第40条规定的通信权保护范围展开了教义学上的分析，提出了数字时代下界定通信权保护范围的3个标准。理论界对于实践中出现的有关于通信权保护的合宪性争议，往往不重视通信权保护范围问题的讨论，而是从基本权利限制审查框架的第二、第三阶层进行讨论。实际上，基于“基本权利的规范领域同保护强度成反比”的法理，通信权的保护范围有限，可以通过对通信权保护范围的审查，将不属于通信权保护范围的案件排除进一步的宪法审查。以实践中的法院调取通信信息是否违反《宪法》第40条的争议为例。对这一争议的回答，可以先利用本文提出的3个标准，衡量法院的行为和调取的通信信息是否属于通信权的保护范围。首先,要判断法院调取的信息是私人通信信息还是非私人通信信息;其次,要判断法院调取的信息是否和通信内容存在密切的关联;最后,要判断法院是从通信主体处调取还是从通信系统中调取。按照以上 3 个标准进行判断,可以判断法院的调取行为是否存在合宪性争议。

学理探索与法治实践

什么是解除的溯及力
——兼论溯及力与恢复原状义务的关系

许孟冉*

摘要：

解除有无溯及力之争久矣，但就什么是解除的溯及力，却鲜有正面定义。广义的解除包括仅适用于一时性合同且产生恢复原状义务的解除，与仅适用于继续性合同且通常不产生恢复原状义务的解除。解除的溯及力可被定义为第一种类型的解除所具有的效力，该效力能够使原合同已履行部分的效力回溯至合同成立前之状态。原合同已履行部分的效力由此消灭。是否具有溯及力与是否产生恢复原状义务无先天必然联系，溯及力理论仅是构建恢复原状义务的后天路径之一，存在其他构建恢复原状义务的理论路径。有无溯及力仅能够影响恢复原状义务的性质——是物权请求权与不当得利返还请求权，还是不同于二者的独立的债权请求权。因当事人可以自主决定合同解除后的恢复原状法律效果，故有无溯及力对恢复原状义务性质的影响仅在意思自治范围之外。

关键词：

解消；解除；终止；溯及力；恢复原状义务

一、正面定义的缺失

在谈到解除的溯及力问题时，学界争议集中于“解除是否具有溯及力”，[1]

---

* 许孟冉，男，吉林大学法学院博士研究生，研究领域为合同法学。

[1] 就解除是否具有溯及力，崔建远教授持“直接效果说”，认为合同因解除而溯及既往消灭。参见崔建远主编：《合同法》（第3版），法律出版社2003年版，第198页。崔建远教授认为原《合同法》第97条是按照“直接效果说”设计的。参见崔建远：《解除权问题的疑问与释答（下篇）》，载《政治与法律》2005年第4期；崔建远：《债权：借鉴与发展》（修订版），中国人民大学出版社2013年版，第582页。崔建远教授认为，违约解除有无溯及力，应作具体分析。参见崔建远主编：《合同法》（第7版），法律出版社2021年版，第185页。在违约解除的

而对“什么是解除的溯及力”却甚少提及。此外,学者多是在“溯及力与原合同效力的关系”或“溯及力与恢复原状义务的关系”这两种意义上使用“溯及力”这一概念。〔2〕解除的溯及力这一概念被争议(是否存在)、被使用,但就概念本身却

情况下,对一时性合同的解除原则上具有溯及力,对继续性合同的解除原则上无溯及力。参见崔建远:《合同法总论》(中卷),中国人民大学出版社 2016 年版,第 768、771 页;崔建远:《合同法》(第 4 版),北京大学出版社 2021 年版,第 314、316 页。认为解除具有溯及力的观点另见蔡立东:《论合同解除制度的重构》,载《法制与社会发展》2001 年第 5 期;王利明:《合同法新问题研究》(修订版),中国社会科学出版社 2011 年版,第 568 页;李锡鹤:《民法原理论稿》(第 2 版),法律出版社 2012 年版,第 626 页;冉克平:《论违约解除后的责任承担》,载《法律科学(西北政法大学学报)》2013 年第 5 期;王利明:《合同法研究》(第 2 版),中国人民大学出版社 2015 年版,第 361 页;王洪亮:《债法总论》,北京大学出版社 2016 年版,第 358 页;江平主编:《民法学》(第 4 版),中国政法大学出版社 2019 年版,第 648 页;王利明、杨立新等:《民法学》(第 6 版),法律出版社 2020 年版,第 724 页。韩世远教授持“折中说”,认为已经履行的债务不因解除而消灭。参见韩世远:《合同法总论》(第 4 版),法律出版社 2018 年版,第 671 页。相同观点参见朱广新、谢鸿飞主编:《民法典评注:合同编通则》(第 2 册),中国法制出版社 2020 年版,第 209 页;李永军主编:《中国民法学》(第 3 卷),中国民主法制出版社 2022 年版,第 320 页;杨代雄主编:《袖珍民法典评注》,中国民主法制出版社 2022 年版,第 512 页。一些学者持“清算说”,亦认为已经履行的债务不因解除而消灭。参见申海恩:《论解除权效力之法理构成》,载《政法论丛》2010 年第 2 期;陆青:《合同解除效果与违约责任——以请求权基础为视角之检讨》,载《北方法学》2012 年第 6 期;马俊驹、余延满:《民法原论》(第 4 版),法律出版社 2016 年版,第 606 页。认为解除不具有溯及力的观点另见朱广新:《合同法总则》(第 2 版),中国人民大学出版社 2012 年版,第 529 页;朱广新:《合同法总则研究(下册)》,中国人民大学出版社 2018 年版,第 637 页。

〔2〕 例如,崔建远教授认为:“合同解除有溯及力,是指解除使合同关系溯及既往地消灭,合同如同自始未成立。合同无溯及力,是指合同解除仅仅使合同关系向将来消灭,解除之前的合同关系仍然有效。”参见崔建远:《合同法总论》(中卷),中国人民大学出版社 2016 年版,第 767 页;崔建远:《合同法》(第 4 版),北京大学出版社 2021 年版,第 314 页;崔建远:《合同法》(第 7 版),法律出版社 2021 年版,第 184 页。此是在“溯及力与原合同效力的关系”这一意义上使用“溯及力”这一概念,并认为有或无溯及力是对解除使或不使合同关系溯及既往消灭这一现象的描述或简称。例如,王利明教授所言:“如果合同解除有溯及力,就要发生恢复原状的法律后果;如果没有溯及力,则解除以前的债权债务依然存在,当事人对已经履行的部分不负恢复原状的义务。”参见王利明:《合同法新问题研究》(修订版),中国社会科学出版社 2011 年版,第 568 页;王利明:《合同法研究》(第 2 卷),中国人民大学出版社 2015 年版,第 360 页。此是在“溯及力与恢复原状义务的关系”这一意义上使用“溯及力”这一概念,并认为有无溯及力决定是否发生恢复原状的法律后果。

缺少正面定义,有的仅是从侧面描述这一概念与其他概念之间的关系。笔者认为,之所以缺少正面定义,系因溯及力这一概念不具有或仅具有极少法律意义上的重要性。

当认为原合同效力在解除后消灭或恢复原状义务在解除后产生时,欲对二者进行归因,于是便得出“原合同效力的消灭或恢复原状义务的产生是因为解除具有溯及力”这一结论。溯及力这一概念被创造的目的就是解释为什么原合同效力会消灭或为什么恢复原状义务会产生。但这一概念囿于客观上的功能而无法实现对前述二者的解释,从而形成了客观功能对主观目的的不满足。

申言之,解除与原合同效力这一对概念本不具有天然的逻辑关系,溯及力将二者“连接”,使解除为因、原合同效力消灭为果,两个本无自然规律意义上因果关系的概念便由此被结合;解除与恢复原状义务这一对概念亦是如此被溯及力“连接”。溯及力的客观功能即“连接”解除与原合同效力或解除与恢复原状义务,但其无法“解释”原合同效力为什么会消灭或恢复原状义务为什么会产生。尽管其看似实现了解释这一目的,实则经不起推敲——既然原合同效力的消灭或恢复原状义务的产生是因为解除具有溯及力,进一步追问,什么是解除的溯及力?为何溯及力能够使原合同效力消灭或恢复原状义务产生?因此,若将原合同效力为什么消灭的问题或恢复原状义务为什么产生的问题简单归因于解除的溯及力,则过于肤浅,因为在逻辑顺序层面,并非先存在解除的溯及力而后存在原合同效力的消灭或恢复原状义务的产生,而是先存在原合同效力的消灭或恢复原状义务的产生而后通过解除的溯及力这一概念对二者进行简单归因。原合同效力为什么会消灭的问题或恢复原状义务为什么会产生的问题因存在循环论证之嫌〔3〕的归因而无法获得具有实质意义的回应。

因此,与其认为可以凭借溯及力“解释”原合同效力为什么消灭或恢复原状义务为什么产生,不如认为溯及力仅是被创造用来“连接”解除与原合同效力或解除与恢复原状义务的非自然的人造“桥梁”。溯及力这一概念几乎不提供解

〔3〕 原合同效力消灭或恢复原状义务产生的原因是解除具有溯及力。解除具有溯及力的原因是其被需要以解释原合同效力为什么消灭或恢复原状义务为什么产生。二者互为因果,故存在循环论证之嫌。

释原合同效力问题或恢复原状义务问题的“解释价值”〔4〕,其依附于原合同效力或恢复原状义务而存在,仅提供连接解除与原合同效力或解除与恢复原状义务的“连接价值”〔5〕,然这一价值不具有或仅具有极少法律意义上的重要性,〔6〕故导致了正面定义的缺失。

但依笔者之见,对概念进行精确定义有利于正确使用概念从而避免源于对概念的混乱使用而引发的非必要争论,亦有利于在使用者对概念形成基本共识

---

〔4〕 笔者认为,如果一个概念具有“解释价值”,则其可以为价值判断结论提供解释力,使作出价值判断结论的主体、因价值判断结论不同而受到不同影响的主体以及与价值判断结论无直接关系但对之进行思考的主体均信服某一价值判断结论以至于排斥与该价值判断结论相反的其他结论。例如,就“民事主体是否享有法定解除权”这一价值判断问题,“根本违约”这一概念即对“民事主体享有法定解除权”这一价值判断结论具有“解释价值”。“解释价值”存在有无与强弱之分,即概念对价值判断结论的解释力存在有无与强弱之分。一些概念不具有对价值判断结论的解释力或仅对价值判断结论具有极低的解释力。笔者认为,“溯及力”这一概念即对“原合同效力应当消灭”这一价值判断结论或“恢复原状义务应当产生”这一价值判断结论不具有解释力或仅具有极低的解释力,因为:其一,“溯及力”与“原合同效力应当消灭”或“恢复原状义务应当产生”不具有自然科学意义上的因果关系,例如力是改变物体运动状态的原因,此时“力”为原因、“物体运动状态改变”为结果;其二,“溯及力”与“原合同效力应当消灭”或“恢复原状义务应当产生”亦不具有道德意义上的因果关系,例如故意侵害其他主体利益而使之遭受损失的主体应当对之进行赔偿,此时“故意侵害其他主体利益而使之遭受损失”为原因,“对之进行赔偿”为结果。使用“溯及力”去解释“原合同效力应当消灭”或“恢复原状义务应当产生”时,主体在自然理性与道德理性层面均无法获得信服,故其不具有解释力或仅能提供极低的解释力。

〔5〕 “连接价值”是附属于“解释价值”的概念,其不具有独立意义。笔者使用“连接价值”这一表述系为传达如下含义,即“溯及力”仅将“解除”与“原合同效力消灭”或“恢复原状义务产生”进行“连接”,而对原合同效力为什么会消灭或恢复原状义务为什么会产生不具有解释力或仅能提供极低的解释力。似乎“溯及力”这一概念只是被生硬地被搬出以使人们对原合同效力为什么会消灭的问题或恢复原状义务为什么会产生的问题获得认知上的暂时满足而放弃继续思考。

〔6〕 具有“解释价值”的概念,更准确而言,具有强“解释价值”的概念,因其对法释义学的意义较不具有“解释价值”的概念或仅具有低“解释价值”的概念更为突出,故其更容易被关注,亦更容易被认为具有法律意义上的重要性。溯及力这一概念因无法提供“解释价值”或仅能提供极低的“解释价值”,故在这一含义上可被认为不具有或仅具有极少法律意义上的重要性。

的基础上营造理性的讨论环境从而裨益于解决围绕这一概念而展开的问题。所以,即便某一概念因不存在“解释价值”或仅存在极低的“解释价值”而在此含义上不具有或仅具有极少法律意义上的重要性,其仍应当被给予正面的精确定义。“溯及力”这一概念即是如此。

二、定义的前提语境与使用语境

“同一个语言符号在不同的语境中往往会有不同的意思。”〔7〕如果不为定义限定使用语境,则容易造成对定义的误解与错用。例如,民法上的“恶意”在不同语境下便具有不同意义:一是在信赖保护语境下与主观诚信(“善意”)对立,指知道或应当知道某种信赖事实;二是在信赖保护语境下与客观诚信对立,指知道或应当知道实施的行为违背诚实信用原则,《民法典》第500条第1项的“恶意进行磋商”即为此义;三是在归责原则语境下相比于“故意”而被使用,指恶性较大的故意,《民法典》第154条的“恶意串通”即为此义。〔8〕如果不限定语境而对“恶意”这一概念进行定义和使用,则不免会生张冠李戴的滑稽局面。例如,在出卖人无权处分的情况下,如果买受人不构成善意第三人,其为恶意。若将该恶意理解为归责原则语境下的恶意,则意味着满足了侵权责任的成立要件之一,此时思考的似乎系“买受人是否应当承担侵权责任”这一问题。但该恶意仅为信赖保护语境下的不存在主观诚信,仅关涉“买受人是否受权利外观制度保护”,与“买受人是否应当承担侵权责任”无关。如果不为定义限定使用语境,有时不仅会造成对定义的误解与错用,甚至会致使定义无意义。例如,质量瑕疵担保责任是一种履行责任,其功能指向债权人在债务人不适当履行的情况下获得救济。若在意思责任(意思表示瑕疵责任)的语境下定义与使用质量瑕疵担保责任这一概念则无意义,因为其功能仅限于债务履行领域而无法染指意思表示领域。所以,对“溯及力”这一概念进行定义时亦要构建使用语境以避免定义的误解、错用与无意义。

溯及力作为经常与解除“绑定出现”的概念,对其定义,应以解除作为前提语境。而解消和终止作为与解除关联密切的概念,溯及力是否可以在解消和终

---

〔7〕 郑成良:《法律之内的正义——一个关于司法公正的法律实证主义解读》(第2版),法律出版社2022年版,第177页。

〔8〕 参见朱广新:《合同法总则研究(上册)》,中国人民大学出版社2018年版,第212页。

止这两种语境下被定义？欲回答这一问题以构建更精确的使用语境,有必要厘清解消、解除和终止之间的关系。

解消是解除和终止的共同上位概念。[9] 作为解消的下位概念,解除和终止是并列且择一的关系。解消是指在合同成立后,当事人作出的旨在使原合同未履行部分的效力消灭的意思表示。[10] 依据是否就原合同已履行部分产生恢复原状义务,解消可被分为解除和终止。解除使已履行部分产生恢复原状义务,而终止则通常不产生恢复原状义务。[11] 因为二者不存在包含与被包含的关系,亦不存在交叉关系,所以二者是并列关系。因为不可能既产生恢复原状义务,又不产生恢复原状义务,故解除和终止不能同时出现,所以二者是择一关系。

解除和终止的共同之处在于,若原合同被解除或终止,则原合同效力均向将来消灭,未履行部分无须再被履行。[12] 解除和终止的不同之处不仅在于是否产生恢复原状义务,还在于可适用的合同性质不同——解除仅可适用于一时性

---

〔9〕“所谓契约解消,包括契约解除及契约终止。”参见陈自强:《契约法讲义Ⅳ——违约责任与契约解消》,台北,元照出版有限公司2018年版,第191页。

〔10〕该意思表示能否使原合同未履行部分的效力消灭是另一问题。当事人可以通过要约与承诺的方式达成合意,以此使原合同未履行部分的效力消灭;当事人亦可提前约定产生解消权的条件,待条件成就时行使解消权,以此使原合同未履行部分的效力消灭;当事人亦可基于法律规定而享有法定解消权,以行使法定解消权的方式使原合同未履行部分的效力消灭。

〔11〕契约解除,当事人双方互负恢复原状之义务;而终止唯向将来发生效力。参见史尚宽:《债法总论》,中国政法大学出版社2000年版,第564、574页。契约一经解除,如已履行者,则发生恢复原状义务;至于终止后是否发生恢复原状义务,应作否定。参见郑玉波:《民法债编总论》(修订2版),中国政法大学出版社2003年版,第335、344页。解除的效果系就已履行者发生恢复原状之义务,而契约的终止不产生恢复原状之问题。参见孙森焱:《民法债编总论(下册)》,文太印刷企业有限公司2010年版,第755、790页。契约终止后无恢复原状之问题,而契约解除后存在恢复原状之问题。参见陈猷龙:《民法债编总论》,台北,五南图书出版股份有限公司2011年版,第257页。终止亦可能产生恢复原状义务。参见黄立:《民法债编总论》,台北,元照出版有限公司2006年版,第562页。但终止产生恢复原状义务乃例外而非原则,故笔者使用“通常”这一表述。

〔12〕正因二者存在共同之处,所以二者才可被统合于同一概念之中。该概念亦因此具有二者的共同之处,即解消使原合同未履行部分的效力消灭。

合同,而终止仅可适用于继续性合同。[13] 这一不同之处在《民法典》中亦有体现,第566条的"根据合同性质"即区分一时性合同与继续性合同,在一时性合同的情况下解除产生恢复原状义务,在继续性合同的情况下解除通常不产生恢复原状义务。[14] 存在一种观点,认为若一时性合同可分,则不宜认定解除一律产生恢复原状义务。[15] 笔者认为,此非解除产生恢复原状义务之例外,应当理解为:解除必然产生恢复原状义务,但在一时性合同可分的情况下,当事人就一时性合同中具有给付利益或获得预期效用的部分不享有解除权。"解除是否产生恢复原状义务"与"民事主体是否享有解除权"是两个问题,不可混淆。

就《民法典》中的"解除"之含义而言,有时指前文所述的解除。例如,《民法典》第557条第2款规定,"合同解除的,该合同的权利义务关系终止"。有时指前文所述的终止。例如,根据《民法典》第563条第2款的规定,以持续履行的债务为内容的合同可被解除,此解除实乃终止。[16] 有时既可指前文所述的解除,又可指前文所述的终止。例如,《民法典》第566条规定的"解除"应依"合同性质"判断是解除还是终止。就《民法典》中的"终止"之含义而言,有时指法人或非法人组织丧失作为民事主体的资格,不再具有民事权利能力;[17] 有时指

---

[13] "契约关系若分为一时性与继续性契约关系,契约经合法解消,解消前已届清偿期且已为之给付,在一时性契约关系,得请求返还……此解消为解除;于继续性契约关系,称为终止,不影响契约关系消灭前已发生之给付关系。"参见陈自强:《契约给付之返还关系——契约法之现代化Ⅵ》,台北,元照出版有限公司2021年版,第91页。《德国民法典》第313条第3项规定:"就继续性债务关系而言,通知终止权代替解除权。"由是,在德国法中,继续性债务关系不适用解除,仅适用终止。

[14] 参见前引[1],韩世远书,第90、674页;前引[1],朱广新、谢鸿飞书,第210页;前引[1],李永军书,第320页。

[15] 参见前引[13],陈自强书,第91页。陈自强教授所举的比较法例证为《德国民法典》第323条第5项,该项规定:"债务人已履行部分给付的,仅在债权人对该部分给付无利益时,债权人才能解除整个合同。"以及法国2016年债编修正第1229条第3项规定:"若契约履行过程中,当事人从互为之给付逐渐获得预期效用,则契约解除后之返还仅针对未为之给付。"参见前引[13],陈自强书,第91～92页。

[16] 参见崔建远:《合同法》(第4版),北京大学出版社2021年版,第293页。

[17] 例如,《民法典》第59、68、72、73、95、98条的"法人终止",第174条第2款的"非法人组织终止",第934条的"委托人终止"和"受托人终止",第977条的"合伙人终止"以及第1154条的"遗嘱继承人终止"和"受遗赠人终止"。

行为或状态停止或行为应当被停止;[18]有时指法律关系、权利义务或法律效力消灭。[19] 就其中的合同效力(法律效力)消灭这一含义,笔者认为,无法仅通过对《民法典》相关条文的字义解释即可就"合同效力消灭是全部消灭还是仅向未来消灭"这一问题作出无争议的回应。应当结合个案情况、综合多种解释方法以具体确定合同效力的消灭状态。

可见,我国多不使用解消这一概念,且不严格区分解除与终止。此外,解除与终止的含义众多,《民法典》在使用"解除"与"终止"的表述时亦不对之进行分辨与解释。这种对概念的粗糙使用易导致含义混乱,对精确理解规范造成困扰、对精确适用规范造成不便,徒生争议。笔者认为,"是否严格区分解除与终止"乃纯粹民法学问题中的解释选择问题,[20]其无真假对错之分,故不能认为不区分即是"错误"的,且不区分解除与终止也并不意味着《民法典》中不存在对解除与终止的分别规定。[21] 但就这一问题的回应亦不可怠慢,因为在民法规则与非民法规则处于竞争关系的背景下,如何就纯粹民法学问题中的解释选择问题作出结论,承担着让民法规则更便于被传播、更便于被掌握、更便于获取广泛认同,从而使其在与非民法规则的竞争中取得优势地位的任务。[22] 在这一意

---

〔18〕 例如,《民法典》第152条第2项、第1052条第2款的"胁迫行为终止"即胁迫行为停止,第1082条的"终止妊娠"即怀孕状态停止;第566条的"终止履行"即履行行为应当被停止。就第566条的"终止履行",存在观点认为该"终止"指尚未履行的合同权利义务关系消灭。参见徐涤宇、张家勇主编:《〈中华人民共和国民法典〉评注(精要版)》,中国人民大学出版社2022年版,第621页。但笔者认为,这里的"终止"为动词,指向"履行"这一行为,宜将该"终止"理解为履行行为应当被停止。

〔19〕 例如,《民法典》第5条、第133条和第464条的"终止民事法律关系",第38条和第39条的"监护关系终止",第160条的"终止期限",第171条、第172条、第173条、第174条、第175条和第190条的"代理终止",第507条、第924条、第934条、第936条、第949条、第950条、第977条和第978条的"合同终止",第557条、第558条、第559条、第575条和第576条的"债权债务终止",第567条和第580条第2款的"权利义务关系终止"以及第1069条的"赡养义务终止"。

〔20〕 就纯粹民法学问题中的解释选择问题,参见王轶:《民法典编纂争议问题的类型区分》,载《清华法学》2020年第3期。

〔21〕 我国的合同解除制度既包括解除权的行使,又包括终止权的行使。参见龚赛红:《论民法典中的合同的解除与合同终止》,载《北京化工大学学报(社会科学版)》2006年第4期。

〔22〕 参见王轶:《论民事法律事实的类型区分》,载《中国法学》2013年第1期。

义上,能够最为简洁、清晰地在学术层面上描述民法规则的解释选择结论,才是更优的、更为可取的结论。[23] 在这一意义上,因解除与终止含义众多且含义存在重叠部分,不区分二者,所以更难在具体情境下确定解除或终止之所指,对规范的理解与适用更添障碍,故其非最优、最为可取的解释选择结论。但囿于表述习惯积重难返,笔者称解消为广义的解除,称仅适用于一时性合同且产生恢复原状义务的解除为第一种类型的解除,称仅适用于继续性合同且通常不产生恢复原状义务的解除为第二种类型的解除。[24] 广义的解除包括第一种类型的解除与第二种类型的解除,即通过对解除进行类型区分以实现对"解消—解除—终止"体系的本土化表达。

"溯"本指沿水逆流而上,可引申为追求根源或回归过去。"及"有达到之意。故"溯及"可被理解为回到过去的某个时间节点或过去的某种状态。在广义解除的语境下,溯及可能指原合同效力回到过去,合同效力因此自始消灭;[25] 也可能指现利益关系因恢复原状而回到过去,利益关系如同自始没有发生变动。若在这两种意义上理解"溯及",则第二种类型的解除因仅使原合同效力向未来消灭且通常不产生恢复原状义务而无法被认为具有溯及力。只有第一种类型的解除,才存在讨论原合同效力是否由现在回到过去或现利益关系是否因恢复原状而回到过去这两个问题的可能,即才存在讨论有无溯及力的可能。但"什么是溯及力"与"有无溯及力"是两个问题,同样地,"定义的前提语境"与

---

〔23〕 参见前引〔22〕,王轶文。

〔24〕 第一种类型的解除即大陆法系通常使用的"解除",第二种类型的解除即大陆法系通常使用的"终止"。

〔25〕 于"现在"这一时间节点中,合同被假设有效并生效。于"过去"这一时间节点中,合同未成立,故此时合同尚未具有效力。从"现在"回到"过去",合同从生效回到尚未具有效力,合同效力从有到无,即消灭。存在众多"过去"的时间节点,依与"现在"的距离由近及远,分别为:合同未被履行、合同成立但尚未生效、合同尚未成立。第一种类型的解除指向的"过去"是合同尚未成立这一时间节点。"合同解除与自始没有合同相同。"参见胡康生主编:《中华人民共和国合同法释义》,法律出版社 1999 年版,第 161 页;王利明:《合同法新问题研究》(修订版),中国社会科学出版社 2011 年版,第 568 页;王利明:《合同法研究》(第 2 卷),中国人民大学出版社 2015 年版,第 361 页。"合同一经解除……当事人回到未订立合同时的状态。"参见江平主编:《民法学》(第 4 版),中国政法大学出版社 2019 年版,第 648 页。"解除使……合同如同自始未成立。"参见崔建远:《合同法总论》(中卷),中国人民大学出版社 2016 年版,第 767 页;崔建远:《合同法》(第 4 版),北京大学出版社 2021 年版,第 314 页;崔建远:《合同法》(第 7 版),法律出版社 2021 年版,第 184 页。

“定义的使用语境”是两种语境。不能因为第二种类型的解除无溯及力即认为无法在第二种类型的解除这一语境下定义溯及力,仅可认为不应在第二种类型的解除这一语境下使用溯及力这一概念。

由上可知,广义解除是定义溯及力的前提语境。第一种类型的解除与第二种类型的解除均在这一前提语境的范围之内。依溯及力这一概念可能指向的含义,就第一种类型的解除而言,存在进一步讨论有无溯及力的可能;但就第二种类型的解除而言,其应当被认为不具有溯及力。所以,虽然第一种类型的解除与第二种类型的解除均是定义溯及力的前提语境,但唯第一种类型的解除是溯及力这一概念的使用语境。

三、区分解除的溯及力与履行恢复原状义务的溯及结果

从文义出发,“溯及”可被理解为回到过去的某个时间节点或过去的某种状态。如果对“溯及”作此理解,则“溯及力”似乎可被定义为第一种类型的解除这一法律行为所具有的能够使得原合同效力或现利益关系回到过去的效力。[26] 但如此定义,疑存在对解除的溯及力与履行恢复原状义务的溯及结果之混淆,不可不辨。笔者认为,“现利益关系回到过去”是履行恢复原状义务的溯及结果而非解除的溯及力,故溯及力之效力应当仅表现为使原合同效力回到过去(原合同已履行部分的效力因此消灭),而不包括使现利益关系回到过去。

合同解除后的恢复原状义务之宗旨系将当事人之间的利益关系恢复至合同履行前的状态。[27] 若这一应然状态被实现,则可谓原状被恢复,这一意义上的“恢复原状”非指义务,而是指恢复原状义务被完全履行后的结果。[28] 履行

---

〔26〕 法律行为是当事人旨在根据意思表示的内容获得相应法律效果的行为。参见朱庆育:《民法总论》(第 2 版),北京大学出版社 2016 年版,第 80 页。第一种类型的解除是法律行为,当事人旨在根据该解除的意思表示获得恢复原状的法律效果。黄立教授认为解除与终止应以意思表示为之,参见黄立:《德国新债法之研究》,台北,元照出版有限公司 2009 年版,第 190 页。相同观点参见杜景林:《德国债法总则新论》,法律出版社 2010 年版,第 131 页。第一种类型的解除可能是双方法律行为,例如当事人之间达成解除合意;第一种类型的解除亦可能是单方法律行为,例如当事人以通知的方式行使约定或法定的解除权。

〔27〕 参见朱广新:《合同法总则研究(下册)》,中国人民大学出版社 2018 年版,第 637 页。

〔28〕 “恢复原状……是请求权的结果,而非请求权。”参见[美]彼得·海:《美国法概论》(第 4 版),许庆坤译,北京大学出版社 2020 年版,第 157 页。

恢复原状义务的结果具有溯及性,其表现为将现利益关系溯及至之前的状态。此时的“溯及”仅与履行恢复原状义务的结果有关,无涉解除的溯及力。申言之,不是解除的溯及力使现利益关系回溯,而是恢复原状义务被履行才使现利益关系回溯。解除的溯及力与利益关系的回溯不存在因果关系。如果不严格区分“解除的溯及力”与“履行恢复原状义务的溯及结果”。换言之,如果不独立看待“履行恢复原状义务的溯及结果”,则会认为是解除的溯及力使现利益关系被溯及至之前的状态,从而得出“利益关系因溯及力而回溯”的结论。此时,解除的溯及力被认为是“因”,利益关系回溯被认为是“果”。二者之间并不具有因果关系。解除的溯及力问题与履行恢复原状的溯及结果问题是不同背景下的不同的两个问题——在“解除的溯及力”这一背景下讨论“溯及”问题时,实际讨论的是原合同已履行部分经解除后是否仍然有效的问题;在“履行恢复原状义务的溯及结果”这一背景下讨论“溯及”问题时,实际讨论的是恢复原状义务应当实现何种应然状态(利益关系应当回溯至何种状态)以及该应然状态是否被全面实现(利益关系是否实然地全面回溯)的问题。如果以解除的溯及力为背景讨论利益关系的回溯,实则超出了在该背景下可讨论问题的范围,如同以解除的溯及力为背景讨论法的溯及力那般,是一种非理性的讨论。〔29〕

由上可知,广义解除是定义解除溯及力的前提语境,在这一前提语境下,溯及可能具有两种含义:一是原合同效力被溯及至之前状态,二是现利益关系被溯及至之前状态。因后者是履行恢复原状义务的溯及结果,与解除的溯及力不存在因果关系,故在区分“解除的溯及力”与“履行恢复原状义务的溯及结果”的前提下,解除的溯及力仅指原合同效力被溯及至之前的状态。至此,便可对解除的溯及力这一概念进行定义——虽然广义解除是定义解除溯及力的前提语境,但唯第一种类型的解除是溯及力这一概念的使用语境,故解除的溯及力是第一种类型的解除所具有的效力,该效力能

---

〔29〕 法的溯及力关涉新法对它生效前的行为和事件是否可予适用的问题。参见张文显主编:《法理学》(第 5 版),高等教育出版社 2018 年版,第 95 页。而解除的溯及力关涉原合同已履行部分的效力是否消灭的问题。二者均涉及“溯及”,但难以认为在解除的溯及力这一背景下讨论法的溯及力是合乎理性的讨论。因为除均使用“溯及”这一表述外,二者不存在其他关系。对法的溯及力进行讨论,超出了解除的溯及力这一背景下可讨论问题的范围;或者说,应当在其他背景下讨论法的溯及力,如此才是合乎理性的。

够使原合同已履行部分的效力回溯至合同成立前的状态。原合同已履行部分的效力由此消灭。

四、解除的溯及力与恢复原状义务的关系

存在观点认为,解除的溯及力与恢复原状义务的产生具有因果关系。是否具有溯及力决定是否产生恢复原状义务——具有溯及力即产生恢复原状义务,不具有溯及力则不产生恢复原状义务。〔30〕 就"有无溯及力"这一问题,第一种类型的解除被认为具有溯及力,而第二种类型的解除被认为不具有溯及力。〔31〕 故第一种类型的解除产生恢复原状义务,而第二种类型的解除不产生恢复原状义务。然而笔者以为,是否具有溯及力与是否产生恢复原状义务不具有必然联系。

(一)不是必然,亦非唯一

依上文对第一种类型的解除之定义,第一种类型的解除乃适用于一时性合同且产生恢复原状义务的法律行为。根据这一定义,第一种类型的解除必然产生恢复原状义务。不是因为第一种类型的解除具有溯及力而产生恢复原状义务,而是第一种类型的解除这一概念本身即包含恢复原状义务。同理,不是因为第二种类型的解除不具有溯及力而不产生恢复原状义务,而是第二种类型的解除这一概念本身即不包含恢复原状义务。对"为什么会产生恢复原状义务"这一问题进行此种定义归因,即"之所以如此,是因为定义如此",似乎无法令人满意。貌似只有在定义之外找到恢复原状义务的产生原因,才能令人信服。于是"具有溯及力"便成为这一定义之外的原因。但是,这一原因却经不起推敲:即便认为第一种类型的解除具有溯及力,也仅可得出如下结论,即"具有溯及力"是第一种类型的解除这一概念区别于其他概念

〔30〕 参见王利明:《民商法研究》(第3辑),法律出版社1999年版,第541页;宁踢坡:《合同解除溯及力探讨——兼论合同终止》,载《当代法学》2003年第8期;王利明:《合同法新问题研究》(修订版),中国社会科学出版社2011年版,第568页;王利明:《合同法研究》(第2卷),中国人民大学出版社2015年版,第360页;王利明主编:《民法(下册)》,中国人民大学出版社2022年版,第180页。

〔31〕 参见前引〔26〕,杜景林书,第130页;王利明:《民法分则合同编立法研究》,载《中国法学》2017年第2期。

的特有属性(种差)。然“适用于一时性合同”和“产生恢复原状义务”亦是第一种类型的解除这一概念的特有属性,二者与“具有溯及力”之间的逻辑关系是并列关系。仅存在并列关系的“具有溯及力”与“产生恢复原状义务”为何又存在因果关系?此有待进一步证明。在未经证明的情况下认为“具有溯及力”是“因”而“产生恢复原状义务”是“果”,无异于强行对“为什么会产生恢复原状义务”这一问题的思考画上句号,亦无法令人信服。实际上,是否具有溯及力与是否产生恢复原状义务之间无必然的因果关系。不具有溯及力也可能产生恢复原状义务——第二种类型的解除,即通常所言的终止,不具有溯及力,但合同终止亦不妨恢复原状义务之产生,例如出租人可以在租赁合同终止后请求承租人返还租赁物。

溯及力这一概念未实质性地回答为何合同解除后会产生恢复原状义务这一问题。如果认为唯具有溯及力方可产生恢复原状义务,逻辑的出发点实则不是溯及力而是恢复原状义务本身,即不是因为解除具有溯及力进而产生恢复原状义务,而是恢复原状义务被期待产生进而解除被认为具有溯及力。换言之,当合同解除后,被期待的情况是因之前履行合同而发生移转的利益被复归,为证成这一期待的正当性,可以认为原合同已履行部分的效力因解除而溯及既往地消灭。此时,因履行原合同而获得的利益不具有合法性,故其应当被复归至原权利人。由此,原状被恢复的目的得以实现。可见,溯及力这一概念只是证成产生恢复原状义务的说理路径,恢复原状义务之有无不是天然地由溯及力之有无决定,而是后天采取的说理路径如此认为。

既然恢复原状义务与溯及力不存在逻辑关系层面的必然联系,则这一义务的构建基础亦可脱离溯及力的桎梏,即解除具有溯及力只是证成产生恢复原状义务的说理路径之一,而非唯一,不一定要以解除具有溯及力为基础构建合同解除后的恢复原状义务。例如,在德国法上,解除不使原合同已履行部分的效力消灭,但解除无溯及力却不妨产生恢复原状义务。解除后,原合同已履行部分的效力虽未消灭,但其内容变化;变化后,当事人的给付义务各自改变方向,彼此互负返还义务。[32] 在德国法上,解除不像撤销那样使原合同已履行部分的效力消灭,而是将当事人从未履行的给付义务中解脱出来,并且在继续存在的合同框架下通过“重新控制”(Umsteuerung)将原合同已履行部分的关系回转为

〔32〕 参见前引〔26〕,杜景林书,第129页。

清算关系(Abwicklungsverhältnis)。[33] 此种清算关系根基于原合同已履行部分的关系,其内容虽有所改变,但二者的同一性仍维持不变。[34] 又如,以意思自治为恢复原状义务的产生提供正当性证成——解除后的恢复原状义务系基于当事人意思所生,故解除后的恢复原状法律关系为意定关系,与不当得利返还关系等法定关系迥然有别。[35] 可见,对解除后的恢复原状义务进行学理构建非必须以解除有溯及力为基础,即便解除无溯及力,恢复原状义务的产生亦可通过其他路径被构建。

(二)不决定有无,仅影响性质

是否具有溯及力虽无法决定是否产生恢复原状义务,却能够影响恢复原状义务的性质。笔者之所以使用"影响"这一表述,是因为真正能够"决定"恢复原状义务性质的,不是有无溯及力,而是当事人的意思。《民法典》第566条可以理解为法律赋予当事人自主权利以决定解除后的法律效果,[36] 解除后的法律效果包括恢复原状义务的性质,故其性质可依当事人意思决定。纵然不对第566条作此理解,即当事人未被第566条赋予自主决定恢复原状义务性质的权利,当事人亦可通过约定的方式排除适用第566条,进而就恢复原状义务性质另作安排。倘若该约定仅涉及当事人之间利益而不损害他人或公共利益,则该约定有效。当事人亦得以此方式实现对恢复原状义务性质的意思自治。在此

---

〔33〕 Vgl. Peter Schlechtriem/Ingeborg Schwenzer, Kommentar zum Einheitlichen UN-Kaufrecht, 4. Aufl. 2004, S. 783. 转引自卢谌、杜景林:《论合同解除的学理及现代规制——以国际统一法和民族国家为视角》,载《法学》2006年第4期。此说现为德国通说。参见前引〔11〕,黄立书,第552页;王泽鉴:《不当得利》(第2版),北京大学出版社2015年版,第298页。"清算关系"又曰"恢复债务关系"。参见[德]迪尔克·罗歇尔德斯:《德国债法总论》(第7版),沈小军、张金海译,中国人民大学出版社2014年版,第300页。"清算关系"亦可曰返还(性)债务关系(Rückgewahrschuldverhältnis)。参见[德]迪特尔·梅迪库斯:《德国债法总论》,杜景林、卢谌译,法律出版社2004年版,第392页;杜景林、卢谌:《德国民法典——全条文注释(上册)》,中国政法大学出版社2014年版,第250、252页;[德]海因·克茨:《德国合同法》(第2版),叶玮昱、张焕然译,中国人民大学出版社2022年版,第287、303页。

〔34〕 参见王泽鉴:《债法原理》(第2版),北京大学出版社2013年版,第82页。所谓同一性,即债之效力不变;不仅其原有的利益(例如时效利益)和各种抗辩仍然存在,其从属权利(例如担保权利)原则上亦仍然存在。参见前引〔11〕,郑玉波书,第431页。

〔35〕 参见前引〔13〕,陈自强书,第285页。

〔36〕 参见陆青:《合同解除效果的意思自治研究——以意大利法为背景的考察》,法律出版社2011年版,第122页。

意义上，《民法典》第 566 条是能够被当事人排除适用的任意性规范。[37] 唯当事人未对恢复原状义务性质进行约定或约定不明时，有无溯及力才能在此范围内对恢复原状义务的性质产生影响。

如果当事人未对恢复原状义务性质进行约定或约定不明，在债权形式主义的物权变动模式下，[38] 若认为第一种类型的解除有溯及力，则原合同效力溯及既往地消灭，物权变动效力也随原合同效力溯及既往地消灭。如此，物权于解除生效时即刻复归给付人，给付人可依物权请求权获得原物返还。[39] 当然，给付人亦可依不当得利返还请求权获得原物返还。[40] 就二者在《民法典》第 566 条的对应表述，因第 566 条的"恢复原状"强调实物形态的恢复原状，而"采取其他补救措施"强调价值形态的恢复原状，[41] 故宜将"恢复原状"认定为物权请求权，将"采取其他补救措施"认定为不当得利返还请求权。当给付标的非为有体物时，例如劳务或金钱，抑或有体物毁损、灭失时，给付人可主张"采取其他补救

---

〔37〕《德国民法典》第 346 条规定了合同解除后的效果，该条亦被认为是任意性规范。参见前引〔33〕，杜景林、卢谌书，第 255 页。

〔38〕债权形式主义的物权变动模式指物权因法律行为发生变动时，除当事人债权合意外，尚需践行登记或交付的法定方式。在这一物权变动模式中，债权合同是物权变动的内在动力和根本原因。我国现行立法及审判实践一般采取债权形式主义的物权变动模式。参见王轶：《物权变动论》，中国人民大学出版社 2001 年版，第 30～31、74 页。因我国立法与司法一般均采债权形式主义的物权变动模式，故笔者以此展开论述。

〔39〕物权请求权乃绝对权请求权，不同于传统意义上以损害赔偿与恢复原状为内容的侵权请求权。但在我国，以侵权请求权取代物权请求权的方式实现对物权的保护，已成为我国民事立法的组成部分，成为裁判者民法思考的组成部分，成为我国民法传统的组成部分。参见王轶：《民法典如何保护物权》，载《中国法律评论》2019 年第 1 期。故可以认为我国已将物权请求权包含于侵权请求权中，《民法典》建立的是"大一统式"的侵权责任制度。在这一意义上，此处的物权请求权亦可被理解为侵权请求权。

〔40〕物之占有或登记虽非权利，但可被理解为利益。参见林诚二：《债法总论新解——体系化解说(上)》，瑞兴图书股份有限公司 2020 年版，第 249 页。若物之占有或登记无法律依据，则为不当得利，给付人得依不当得利规范请求受领人移转占有或配合复原登记。此时不妨认为物权请求权与不当得利返还请求权竞合，给付人可择一主张。参见石冠彬：《论出卖人返还财产请求权的属性及限制——以合同被撤销为切入点》，载《政治与法律》2021 年第 1 期。

〔41〕参见前引〔1〕，韩世远书，第 675 页；前引〔1〕，朱广新、谢鸿飞书，第 208 页；前引〔1〕，李永军书，第 320 页。

措施”,即不当得利返还请求权。既然“采取其他补救措施”是不当得利返还请求权,则可为得利丧失抗辩。在有体物毁损、灭失的情况下,受领人可就所受利益主张不存在,且此时不问受领人有无过错。[42]

如果当事人未对恢复原状义务性质进行约定或约定不明,在债权形式主义的物权变动模式下,若认为第一种类型的解除无溯及力,由于原合同已履行部分的效力未消灭,基于法律行为而产生的物权变动效力亦未消灭,受领人于解除生效时仍享有物权,此时给付人无法依物权请求权获得原物返还。由于原合同已履行部分的效力仍然存在,受领人享有利益的法律依据便仍然存在,此时给付人亦无法依不当得利返还请求权获得原物返还。故宜将《民法典》第566条的“恢复原状”和“采取其他补救措施”认定为不同于物权请求权和不当得利返还请求权的独立的债权请求权。既然该债权请求权非不当得利返还请求权,则可不受得利丧失抗辩规则制约。即便有体物毁损、灭失,受领人仍应返还由此丧失的利益。[43]

由上可知,如果当事人未对恢复原状义务性质进行约定或约定不明,在债权形式主义的物权变动模式下,若认为第一种类型的解除有溯及力,则合同解除后的恢复原状请求权[44]由物权请求权和不当得利返还请求权组成;若认为第一种类型的解除无溯及力,则合同解除后的恢复原状请求权非物权请求权,亦非不当得利返还请求权,而是独立的债权请求权。在当事人未对恢复原状义务

---

〔42〕 参见前引〔33〕,王泽鉴书,第261页。

〔43〕 韩世远教授明确区分了解除场合的利益返还与基于不当得利原理的返还。强调前者不限于返还现存利益,是一种全面返还;而后者仅系对现存利益的返还。参见韩世远:《合同法总论》(第4版),法律出版社2018年版,第685页。王家福教授持相同观点:“同不当得利返还相比,恢复原状在效力及范围上有自己的特性,在我国法律上尤其如此……这种返还要达到与合同未订立时同样的状态,并且,该返还范围不被受领人善意或恶意左右。”参见王家福主编:《中国民法学·民法债权》,法律出版社1991年版,第378页。相同观点参见前引〔11〕,黄立书,第552页。但有的学者认为这一全面返还请求权的构成要件与不当得利返还请求权的构成要件一致,只是前者的返还范围更大,这一现象可被解释为对不当得利返还范围的特殊规定。如此,这一请求权仍是不当得利返还请求权。参见宋旭明、邓叶芬:《论合同解除后恢复原状请求权的性质——以物权变动模式的选择为基础的考察》,载《河北法学》2006年第10期。

〔44〕 合同解除后的恢复原状权利表现为对受领人行为的请求且需受领人配合,故为请求权。权利与义务是相对应的关系,有义务,则有对应的权利。参见夏勇:《权利哲学的基本问题》,载《法学研究》2004年第3期。恢复原状权利的对应概念为恢复原状义务。

性质进行约定或约定不明的情况下,第一种类型的解除是否具有溯及力能够影响合同解除后的恢复原状义务之性质。

五、超越有无溯及力之争

第二种类型的解除无溯及力,不产生争议。而就第一种类型的解除是否具有溯及力的争论,依笔者之见,其本质是就恢复原状义务产生原因的争论。认为第一种类型的解除有溯及力者无非是将溯及力视作恢复原状义务得以产生的唯一原因,在其看来,有溯及力,则有恢复原状义务;无溯及力,则无恢复原状义务。认为第一种类型的解除有溯及力者非欲对有无溯及力这一问题作出回应,而是在其看来,唯有这般认为,恢复原状义务的产生才符合逻辑。认为第一种类型的解除无溯及力者则否定溯及力之有无对恢复原状义务之有无的决定作用,在其看来,第一种类型的解除本身即恢复原状义务得以产生的原因。两派之争实系恢复原状义务产生原因之争,更准确而言,系溯及力是否为恢复原状义务产生原因之争。

虽然两派就恢复原状义务的产生原因存在分歧,但在两派看来,在第一种类型的解除后均应产生恢复原状义务。可见,在第一种类型的解除的情形下,恢复原状义务才是被真正期待的,而第一种类型的解除有无溯及力与这一期待相比并不重要,其重要性仅在于第一种类型的解除有溯及力是恢复原状义务得以产生的说理路径之一。然而,不论第一种类型的解除是否具有溯及力,均可指向同一结论,即产生恢复原状义务。正如朱虎教授所言:"直接效力和间接效力的争议并不必然导致对实践问题的价值判断差异,更多的是一种对同一价值判断结论的解释的选择。"〔45〕笔者以为,无须在确定产生恢复原状义务的背景下对"第一种类型的解除有无溯及力"这一问题做过多纠缠,因为:不论基于何种原因产生恢复原状义务,该义务之产生既已确定。在这一既定事实面前,重要的不是争论原因,而是如何解释合同解除后的恢复原状制度以使之更好地维护双方当事人之间的利益平衡。〔46〕简言之,在解除后,相比恢复原状义务的产

〔45〕 王利明主编、朱虎副主编:《中国民法典释评——合同编·通则》,中国人民大学出版社 2020 年版,第 503 页。第 566 条释评为朱虎教授执笔。

〔46〕 参见陆青:《合同解除有无溯及力之争有待休矣——以意大利法为视角的再思考》,载《河南省政法管理干部学院学报》2010 年第 3 期。《民法典》已为合同解除后的恢复原状制度奠定了实定法基础,争论如何设计该制度已无意义,重要的是如何解释该制度。

生原因,恢复原状制度的内容才是更值得关注的问题。[47] 就恢复原状制度的内容,绝非单纯溯及或不溯及力的理论即可迎刃而解,溯及或不溯及之对立于此所能提供的"解释价值"极其有限。[48] 在这一意义上,似乎可言有无溯及力之争有待休矣。

然有无溯及力之争并非毫无意义。如果当事人未对合同解除后的恢复原状义务进行约定或约定不明,则有无溯及力影响恢复原状义务之性质。若认为有溯及力,则恢复原状请求权由物权请求权和不当得利返还请求权组成;若认为无溯及力,则恢复原状请求权是不同于物权请求权及不当得利返还请求权的独立的债权请求权。意思自治限制了有无溯及力对恢复原状义务之性质产生影响的空间,唯在这一空间内,有无溯及力之争尚有意义。

有无溯及力之争有待休矣?笔者认为,虽然这一争论仍具有意义,但意义有限。《民法典》已为裁判者提供了合同解除后的恢复原状规范,以此为前提,更亟待解决的是如何解释该规范以及厘清该规范与其他相关规范之间的关系,从而构建出更加完善的恢复原状规范体系,最终实现对冲突利益的妥当安排。溯及力理论不是解决前述问题的"万能钥匙",为此,有必要超越有无溯及力之争的局限。

---

〔47〕 恢复原状义务仅是恢复原状制度的组成部分之一。就恢复原状制度的内容所涉问题,在笔者看来,包括但不限于:其一,合同解除后的恢复原状制度与物权请求权、不当得利返还请求权及侵权责任的关系为何?其二,当不能返还时,产生的法律后果是补偿义务抑或赔偿责任?如果产生补偿义务,该义务应当在合同解除后的恢复原状制度内被理解,还是不同于合同解除后的恢复原状制度的独立的补偿制度?如果产生赔偿责任,该责任应当在合同解除后的恢复原状制度内被理解,还是不同于合同解除后的恢复原状制度的独立的责任制度?若为后者,该赔偿责任同违约损害赔偿责任及侵权损害赔偿责任的关系是什么?此外,受领人能否就不能返还得利丧失抗辩?若能,抗辩的构成要件是什么?其三,合同解除后的恢复原状方式有哪些?仅限于返还原物(包括孳息)、复原登记和给付金钱(包括利息)吗?合同解除后的恢复原状方式之间是否存在适用的先后顺序?能否被同时适用?

〔48〕 See *G. H. Treitel*, Remedies for Breach of Contract: A Comparative Account, *Oxford University Press*, 1988, *p*. 383; *Nils Jansen & Reinhard Zimmermann*, Commentaries on European Contract Laws, *Oxford University Press*, 2018, *p*. 1387 – 1388. 转引自前引〔13〕,陈自强书,第289页。

六、结　　语

第一种类型的解除有无溯及力？在当事人未对之进行约定或约定不明的情况下，依对这一问题的回答不同，当事人的利益会受到不同影响。例如，如果认为第一种类型的解除有溯及力，则物权于解除生效时即刻复归给付人，此时受领人对标的物所为之处分系无权处分；若第三人不构成善意，则该处分行为对给付人不生效力。如果认为第一种类型的解除无溯及力，则物权在公示要件被满足前未复归，此时受领人对标的物所为之处分系有权处分；无论第三人是否善意，给付人均受该处分行为拘束。可见，对这一问题的回答不同，给付人的利益会受到不同影响。所以，第一种类型的解除有无溯及力乃民法问题中的价值判断问题。[49]在讨论价值判断问题时，有必要找到“最低限度的价值共识”[50]。倘若未能寻得这一共识，对比域外立法例、进行法律解释或使用其他论证方法得出的结论便可能会因方法使用者的前理解不同而不同。如此，有无溯及力之争更像是前理解之争，争论的主体都努力地想让对方接受“各人不同的东西”[51]。

目前尚不能言就“有无溯及力”这一问题已达成“最低限度的价值共识”，故笔者无意通过本文对这一问题作出“有或无”的回应。但笔者以为，在讨论“存在与否”前，应当先厘清“要讨论的存在是什么”。就如同讨论“今天是否晴朗”前，我们应当先明确“晴朗”的定义。因此，在讨论“有无溯及力”前，应当先对溯及力这一概念作出精确定义。

之所以鲜有定义，是因为溯及力这一概念对原合同效力为何消灭与恢复原状义务为何产生这两个问题实则不能提供“解释价值”或仅能提供极低的“解释价值”，故在这一意义上溯及力这一概念可被认为不具有法律意义上的重要性。然对概念进行精确定义可避免源于对概念的歧义理解与混乱使用而导致的无益争论，从而有利于营造理性的讨论环境，故仍有必要对之进行定义。

依笔者之见，定义的精确程度取决于定义者所构建的定义使用语境的精确程度。解除是定义溯及力的前提语境，应对其作精确的分析，即辨明解除与相

---

〔49〕 就民法问题中的价值判断问题，参见前引〔20〕，王轶文，第10～11页。

〔50〕 参见王轶：《民法价值判断问题的实体性论证规则——以中国民法学的学术实践为背景》，载《中国社会科学》2004年第6期。

〔51〕 “通过解释者的前理解，文本在解释过程中变成了各人不同的东西。”参见郑永流：《出释入造——法律诠释学及其与法律解释学的关系》，载《法学研究》2002年第3期。

关概念——解消及终止之间的关系,以构建更为精确的定义使用语境。解消是解除与终止的共同上位概念,适用于一时性合同且产生恢复原状义务的解消乃解除,适用于继续性合同且通常不生恢复原状义务的解消乃终止。因我国多不使用“解消—解除—终止”的表述体系,故笔者称解消为广义的解除,称适用于一时性合同且产生恢复原状义务的解消为第一种类型的解除,称适用于继续性合同且通常不产生恢复原状义务的解消为第二种类型的解除,以此实现对这一体系的本土化表达。经前述分析后,可得出更精确之结论,即广义解除是定义溯及力的前提语境。在这一语境下,依“溯及”可能指向的语义,于第二种类型的解除之情况无讨论有无溯及力之可能,唯有第一种类型的解除之情况可讨论溯及力之有无。所以,虽然广义解除是定义溯及力的前提语境,但唯有第一种类型的解除是溯及力这一概念的使用语境。

在广义解除的语境下,“溯及”具有两种含义:一是原合同效力被溯及至之前状态,二是现利益关系被溯及至之前状态。然而后者是恢复原状义务被履行后的结果,即履行恢复原状义务的溯及结果,与解除的溯及力无直接因果关系。在严格区分“解除的溯及力”与“履行恢复原状义务的溯及结果”的前提下,溯及力的含义仅包括使原合同效力被溯及至之前状态。至此,便可对解除的溯及力这一概念进行定义——因为唯有第一种类型的解除是溯及力这一概念的使用语境,故解除的溯及力是第一种类型的解除所具有的效力,该效力能够使原合同已履行部分之效力回溯至合同成立前之状态。原合同已履行部分之效力由此消灭。

解除的溯及力与恢复原状义务关联密切。因此,二者之间的关系是定义与阐释溯及力这一概念时无法回避的问题。笔者认为,是否具有溯及力与是否产生恢复原状义务无必然的先天联系,溯及力理论仅是构建恢复原状义务的后天路径之一。故在确定产生恢复原状义务的背景下争论溯及力之有无,似有待休矣。有无溯及力之争的意义仅在于对恢复原状义务性质的影响,然而当事人可自主决定合同解除后的恢复原状法律效果,这一争论的意义因此受到局限。何况真正重要的问题应是如何解释合同解除后的恢复原状规范以及厘清该规范与其他相关规范之间的关系,从而构建出更加完善的恢复原状规范体系以实现对冲突利益的妥当安排,而此非仅凭溯及力理论便可得到解决。有无溯及力之争的意义由此进一步受到局限。

综上,本文尝试对解除的溯及力这一概念作出定义,并尝试辨析其与恢复原状义务之间的关系,以期为有无溯及力之争营造理性的讨论环境、为寻得“最低限度的价值共识”提供“定义的抓手”。

公私益关系视域下检察民事公益诉讼惩罚性赔偿的“双轨制”适用

王雪竹*

摘要：

法院对于检察机关具有惩罚性赔偿请求权的正当性论证呈现两种截然相反的路径：一是公益与私益分离；二是公益与私益耦合。私益与公益的关系映射于公益诉讼独立性的讨论中，可将公共利益分为“寄生型”公共利益与“分离型”公共利益，前者以受损私益存在为前提，后者则无此要求。恢复性司法追求“最优威慑”，其预防性理念为两类公益诉讼惩罚性赔偿相异的财产罚威慑路径奠定基础。“寄生型”公益诉讼中，检察机关借助诉讼担当获得诉讼实施权，其判决效力及于权利主体，赔偿金亦应归属于私主体。“分离型”公益诉讼中，检察机关的惩罚性赔偿请求权近乎公权，上缴国库的惩罚性赔偿金与刑事罚金、行政罚款具有同质性，可相互折抵。

关键词：

公共利益；私人利益；惩罚性赔偿；“双轨制”适用

一、问题的提出

自惩罚性赔偿从私益诉讼迁移至公益诉讼便争议不断，惩罚性赔偿的归属主体、价款计算、赔偿基准等规则适用差异明显。公益诉讼能否独立于私益诉讼而存在是制度设计的先决性问题，其判断将直接影响制度的整体框架与后续运行。司法机关对于公益诉讼独立性之态度蕴含于检察机关惩罚性赔偿请求权正当性之讨论中，由于公益诉讼检察的制度和理论供给尚不充分，[1]司法机

---

* 王雪竹，女，南京大学法学院硕士研究生，研究领域为诉讼法、民商法。

〔1〕 参见胡卫列：《当前公益诉讼检察工作需要把握的若干重点问题》，载《人民检察》2021年第2期。

关通常借助目的解释、体系解释和类推解释将私法规定有限制地扩张,进而呈现两种矛盾的路径:一是公益与私益分离路径,如滁州市中级人民法院及九江市中级人民法院认为"从目的解释方法而言,经营者生产、销售假冒产品,既会对购买、消费该产品的特定消费者群体个人造成私益侵害,也会对不特定社会主体公共利益、公共秩序等造成损害,这种与特定消费者群体无关的公共利益损失,无法通过特定消费者提起的私益诉讼予以弥补"[2]。二是公益与私益耦合路径,"从体系解释、类推解释的方法而言,惩罚性赔偿是制止市场失灵、克服负外部性的重要手段,食品公益诉讼与食品私益诉讼中的惩罚性赔偿有着类似性,符合类推适用的解释条件"[3]。鉴于类推适用的前提为两社会关系的关键法律事实相同、仅在不影响法律定性的事实上存在差异,[4]丽水市中级人民法院实际认为公私益诉讼惩罚性赔偿请求权的提出具有共同的事实基础。

分离路径的适用悖论在于诉的利益与诉权、诉讼权利、利益归属的分离。《最高人民法院关于审理消费民事公益诉讼案件适用法律若干问题的解释》(以下简称《消费民事公益诉讼解释》)将社会公共利益规定为"众多不特定消费者合法权益"或"消费者人身、财产安全",[5]"消费领域公共利益"等同于"不特定消费者合法权益"是前述语句的平义解释,且法院所言之诚信经营秩序、公共卫生安全秩序等均立基于经营者与消费者的竞争行为与消费行为,若因公共利益具有抽象性、不可分性而认为"该公共利益损失与特定个人或群体的个体利益损失无涉"[6],难免有"皮之不存,毛将焉附"之感。惩罚性赔偿制度兼具公益性质与私益性质,民事诉讼制度亦兼具公法属性与私法属性,公益诉讼作为连接惩罚性赔偿与民事诉讼制度的"桥梁",其最为明显的特征便是私法公法化。分离路径的适用悖论表明,若不能从源头检视与厘清公益与私益、公益诉讼与私益诉讼的关系,将导致惩罚性赔偿制度的整体适用混乱。

---

〔2〕 安徽省滁州市中级人民法院民事判决书,(2021)皖11民终20号;江西省九江市中级人民法院民事判决书,(2020)赣04民初187号。

〔3〕 浙江省丽水市中级人民法院民事判决书,(2020)浙11民初71号。

〔4〕 参见谢鸿飞:《民法典规范的类推适用》,载《检察日报》2020年11月30日,第3版。

〔5〕 《消费民事公益诉讼解释》(2020年修正)第1条第1款规定:"中国消费者协会以及在省、自治区、直辖市设立的消费者协会,对经营者侵害众多不特定消费者合法权益或者具有危及消费者人身、财产安全危险等损害社会公共利益的行为提起消费民事公益诉讼的,适用本解释。"

〔6〕 江西省九江市中级人民法院民事判决书,(2020)赣04民初187号。

二、基于公共利益权源划分的“双轨制”公益诉讼

“处理好公益诉讼与私益诉讼的关系，核心在于厘清‘公益’内涵。”[7]以公益内涵阐释能否脱离私益内涵为标准，区分出分离说与耦合说两派观点，[8]但纯粹的分离说或耦合说均存在不完满之处，在适用惩罚性赔偿制度时面临分配非正义的困境。

(一)公益与私益完全分离的抽象性困境

不可否认，立法界、司法界与理论界曾为建构独立于私人利益的公共利益而不懈努力。哲学家与法学家企图用共同本质统摄表象，但在运用传统的“种加属差”的方式定义公共利益时遭遇了概念的不确定性的强烈冲击。[9] 于是学者纷纷转向对核心特征的提取以延续普遍性追求，[10]公共利益区分于私人利益的核心特征是“不可分割性”，其数量无法像私人利益那样划分，份额也无法根据个体的主观意志而改变。然而该属性在面临公益诉讼惩罚性赔偿等具体问题时却存在适用困境。“不可分割性”源于系统理论——“若干事物按某种方式相互联系而形成一个系统，就会产生出它的组分和组分的总和所没有的新性质，叫作系统质或整体质。这种性质只能在系统整体中表现出来，一旦把系统分解为组成部分，便不复存在”[11]。学者们借由系统理论保障传统公私二分体系完备性的同时，却忽视了系统理论“适用空间”这一影响因素，纯粹的消费公益进入诉讼环节便会分解成具体私益。具体而言，在起诉环节，根据《民事诉讼法》第122条的规定，原告起诉需要有“具体的诉讼请求和事实、理由”，消费类公益损害以不特定多数消费者利益遭受损害或潜在危险为前提，原告无法绕过

---

〔7〕 湛中乐:《公益诉讼立法破局关涉的六个基础性议题》，载《人民检察》2022年第7期。

〔8〕 分离说以社会法学派庞德为代表，耦合说以功利主义法学派边沁为代表。边沁认为“个人利益似乎唯一现实的利益”“社会公共利益只是一种表象，它不过是个人利益的总和”。[英]边沁:《道德与立法原理导论》，时殷弘译，商务印书馆1981年版，第10页。

〔9〕 参见单锋:《公共利益的经济法哲学透视》，载《学海》2006年第3期。

〔10〕 如学者陶建国认为，公共利益应当具有“其一，共享性或排他性；其二，不可分割性；其三，公共利益的供给具有普遍的外部效应”等特征。陶建国:《消费者公益诉讼研究》，人民出版社2013年版，第6页。

〔11〕 苗东升:《系统科学精要》，中国人民大学出版社1998年版，第27页。

私益而径直阐释纯粹公益。既然消费公益属国家实际上无法真切和感知而只能由自然人共享的共同善,[12]法院无论如何都应对具体事实、理由——私益的实际损害或潜在危险——进行审查,若允许基于同一事实与理由在公益诉讼以外另行提起私益诉讼而两诉具有相同诉讼效果,便有重复诉讼之嫌。在审判环节,侵害消费公益的经营者会承担停止侵害、赔礼道歉、惩罚性赔偿等责任。倘若遵循公私严格分离路径将消费类纯粹公益作为保护客体,惩罚性赔偿金最终将归属于社会系统,经营者极有可能将赔偿金内化为商品成本,很难理解为何公益诉讼以消费者遭受不利益为前提,却不能填补消费者损失,反而增加其生活成本。

亦有学者将消费者数量是否特定作为公私二分的标志,[13]问题在于,与社会公益相关的个体特征是数量多寡,而非数量是否特定,即便受害人特定,危险源所致潜在受害群体之数量仍是不特定的。[14] 况且,为提高审判效率,法院通常将不特定多数代表人诉讼转化为人数确定的代表人诉讼,亦表明二者本质均为集合性私益。纯粹公益与纯粹私益的二分法是理论界为了论证系统效能客观存在而抽象出的学理之辩,对于追求应然的哲学与追求描述的社会学具有积极意义,而法学作为应用型社会科学,相较于宏观、极端的抽象型概念,更追求细分、具体的适用型概念。

(二)私益与公益完全耦合的具象型困境

消费公益与消费私益具有不可分性,在此,将不可脱离私益而存在的公益称为“寄生型”公益。[15] 继而衍生的问题是,是否所有公益均为“寄生型”公益?与之相对,是否存在“分离型”公益?“环境权”是一个值得讨论的概念,其权利享有者为全体公民,故而环境公益似乎能够借助“环境权”保持其与消费公益的共通性——不可脱离“不特定多数受害人权益”而存在。但环境权与消费者权利仍存在诸多不同之处,其客体为空气、海洋、山川等共享的公共产品,不具备

---

〔12〕 参见王小钢:《论环境公益诉讼的利益和权利基础》,载《浙江大学学报(人文社会科学版)》2011年第3期。

〔13〕 参见刘学在、尹思媛:《消费民事公益诉讼:实践困境与突破路径》,载《广西社会科学》2022年第11期。

〔14〕 参见浙江省温州市中级人民法院民事判决书,(2022)浙民终1097号。

〔15〕 “寄生”一词参见段厚省:《对我国“消费公益”独立构造的反思》,载《商业经济与管理》2023年第5期。亦有学者将之称为“聚合性”,为凸显公益与私益之关系,沿用“寄生”一词。

私权的独占性与排他性,生产资料公有制约束下的自然资源等公共财产之上无法设置私人所有权,故而才有自然资源国家所有权或集体所有权之存在。[16] 况且,环境权并不关注诸如物权这类经济性权利所注重的交易价值,而是关注环境或其构成要素所呈现的生态的、文化的、精神的或审美的利益,[17] 与人身权、财产权等直接利害关系权益相去甚远。从侵权结果来看,环境权仅为间接性权利,非法采矿、非法捕捞、滥砍滥伐等违法行为所造成的不利益为一种代际利益,若本着"有损害必有救济"的损害填平原则,必然使"不特定多数"的边界扩展至代际群体,这将带来惩罚性赔偿金归属与分配的困难。

《最高人民法院关于审理生态环境侵权纠纷案件适用惩罚性赔偿的解释》区分了两类赔偿金基数,以私益损害为前提的侵权性赔偿以补偿性赔偿数额为基数,非以私益损害为前提的生态损害惩罚性赔偿以"生态环境受到损害至修复完成期间服务功能丧失导致的损失、生态环境功能永久性损害造成的损失数额为基数"[18],体现了环境侵权的两种路径:一是"人—环境"的生态损害路径;二是"人—环境—人"的私益损害路径。环境权作为一项消极私权,仍着眼于私权救济的"人—环境—人"视角,并未体现环境侵权的二元性特征。[19] 这正是环境公益与消费公益差别的核心所在,消费公益寄生于聚合型私益之中,呈现"集合性私益损害→消费公益损害"路径;环境公益则先于集合性私益受到损害,呈现"环境公益损害→集合性私益损害"路径。[20] 这种"人—环境"生态损害路径的环境公益与私权无涉,即可称之为"分离型"公益。

综上,公益与私益不是非此即彼的独立关系,也不是完全耦合的重叠关系,

---

〔16〕 参见许瀛彪:《公私交融:自然资源国家所有权性质的新阐释》,载《社会科学家》2023 年第 1 期。

〔17〕 参见吴卫星:《环境权研究——公法学的视角》,法律出版社 2007 年版,第 99 页。

〔18〕《最高人民法院关于审理生态环境侵权纠纷案件适用惩罚性赔偿的解释》第 12 条规定:国家规定的机关或者法律规定的组织作为被侵权人代表,请求判令侵权人承担惩罚性赔偿责任的,人民法院可以参照前述规定予以处理。但惩罚性赔偿金数额的确定,应当以生态环境受到损害至修复完成期间服务功能丧失导致的损失、生态环境功能永久性损害造成的损失数额作为计算基数。

〔19〕 参见吕忠梅:《论环境侵权的二元性》,载《人民法院报》2014 年 10 月 29 日,第 8 版。

〔20〕 "环境公益损害→集合性私益损害"的私益损害是指对不特定第三人造成的损害,不包括侵害人本身。因为实践中存在这样一类案例,加害人在自家鱼塘中投毒,首先其自身私益遭受损害,继而受污染水通过地下水弥散至地表水,进而造成不特定多数群体生命、健康权损害。

而是存在独立与分离的两种形态,基于救济客体的二分性,可将民事公益诉讼分为"寄生型"公益诉讼与"分离型"公益诉讼。在二分的"双轨制"框架下,两类公益诉讼检察机关惩罚赔偿请求权具有相异的行权基础、行权方式与行权效果。[21]

三、"寄生型"公益诉讼惩罚性赔偿的规范化适用

(一)检察机关适用惩罚性赔偿的正当性基础

与私益损害的先行性相对应,私益救济具有优先性,"寄生型"公益惩罚性赔偿的适用以私益诉讼为原则、公益诉讼为例外。然而,私益诉讼惩罚性赔偿请求权的行使不尽如人意,亟待公益诉讼惩罚性赔偿予以补强。其一,潜在危险诉讼"发现难"。潜在危险诉讼的特点在于,消费者摄入少量对人体有危害的物质,但尚未造成肉眼可见的实质损害。此时,处于信息弱势地位的消费者并不知晓自身损害,不具有提起诉讼的主观意志。况且,此时的微量损害难以计算,即便提起诉讼亦难以举证、无法确定惩罚性赔偿的数额。其二,小额分散诉讼"起诉难"。小额分散诉讼的特点在于损害数额较小、诉讼受益甚微,作为理性经济人,当起诉受益小于诉讼成本或与诉讼成本相当时,受害人便会选择其他更有利于自己的策略。人人皆为"秋菊式"不计成本的原告不具有期待可能性。其三,消费群体诉讼"判决难"。在实践中,部分法院会刻意避免代表人诉讼,因为"每个人都有主张,在书写判决书时,必须整理出每个人的针对方向和关系,否则容易出错"[22]。基于法院资源有限、业绩目标激励、诉讼请求差异、法律规范欠缺等因素的综合考量,法院倾向于将群体诉讼案件拆分,再合并审理、分别宣判。其四,私益诉讼既判力"扩张难"。私益诉讼的私益目的决定了

---

[21] 检察机关的惩罚性赔偿请求权既是权利,亦是权力。由于在民事公益诉讼中,检察机关主要作为替代性起诉者出现,故后文的讨论遵循民事权利论"基础论—主体论—客体论—内容论—救济论"的分析路径。参见高留志:《民事权利的理论框架》,郑州大学出版社2016年版,第1页。嵌合诉权结构的讨论,可分为行权基础、行权方式与行权效果三层次,行权基础包括正当性基础的讨论,行权方式包括与诉权的牵连与行权顺位,行权效果包括惩罚性赔偿金的归属与计算等。

[22] 参见[日]谷口安平:《程序的正义与诉讼》,王亚新、刘荣军译,中国政法大学出版社1996年版,第188页。

诉讼提起的主观性,"知情—同意"原则[23]虽能够保障消费者诉权,但往往导致难以形成大规模诉讼。一般而言,私益诉讼的既判力只能相对地拘束双方当事人,如果判决随便拘束第三人,就侵犯了第三人享有的诉讼程序保障权。[24] 尽管诉讼法学者均承认人数不确定的代表人诉讼裁判具有扩张性,但以"人数不确定""代表人诉讼"为关键词于中国裁判文书网查询,仅有文书 11 篇,且所涉领域主要为证券虚假陈述与劳动合同纠纷,鲜涉消费群体诉讼。因此,寄生型公益诉讼惩罚性赔偿请求权是"为了保护众多不特定消费者合法权益,同时避免侵权者民事侵权责任落空的制度"[25]。

(二)检察机关惩罚性赔偿请求权的行使方式

1. 行权路径:诉讼实施权与实体权利的分离

基于"寄生型"公益与私益的不可分性以及避免重复诉讼的考量,消费者适宜保留惩罚性赔偿的"实体请求权",检察机关获得惩罚性赔偿请求权的方式有新设实体权利、转移实体权利与转移程序权利 3 种。(1)新设实体权利模式立基于公益与私益的完全分离,与"寄生型"公益诉讼的特征相悖。其必然结果是惩罚性赔偿金不归属于消费者,消费者再行提起诉讼会产生请求权竞合与过罚失衡问题,[26]应当警惕其规避学理争论的过度实用主义倾向对理论系统性与概念一致性的瓦解。(2)转移实体权利模式的主要模型为诉讼信托,检察机关因获得实体权利而自然享有相应诉权与诉讼权利。虽然国家鼓励发展公益信托,但公益信托依赖于私权利主体的授权而不能反向移转,[27]检察机关并非授权主体,而是直接作为公益代表机关提起诉讼,与该模式不符。且诉讼信托模式"在

[23] 此处"知情—同意"原则指适格当事人对于损害知情且主观愿意提起诉讼,因为不知损害者无法提起诉讼,且即便知晓损害,若主观不愿意提起诉讼,该消费纠纷也不会进入诉讼程序。目前代表人诉讼的原告将诉讼实施权授予代表人,亦需要遵循该原则,客观而言,人数越多,群体间博弈越复杂,故而难以形成大规模诉讼。

[24] 参见吴明童:《既判力的界限研究》,载《中国法学》2001 年第 6 期。

[25] 张嘉军:《消费民事公益诉讼惩罚性赔偿司法适用研究》,载《河南财经政法大学学报》2022 年第 6 期。

[26] 此时公益诉讼与私益诉讼中均能独立提起惩罚性赔偿请求权,特别在公益诉讼需以不特定多数消费者私益为基础事实时,便存在请求权竞合与重复诉讼的可能性。且分别于不同程序中提起惩罚性赔偿请求权易导致赔偿金数额过高。

[27] 参见肖丹:《公益诉讼视角下任意诉讼担当的正当性与容许性分析》,载《研究生法学》2022 年第 2 期。

某种意义上严重限制甚至剥夺了直接利害关系人的实体权利"[28],失去实体权利之消费者犹如士兵失去武器,其主张将被完全淹没在客观诉讼的"汪洋"之中。(3)转移程序权利模式的主要模型为诉讼担当,此为正解。该种情况下法院对诉讼担当人的判决既判力及于实体权利义务主体,也即惩罚性赔偿请求权本质仍为受害人的私权利,检察机关仅在形式上具有惩罚性赔偿请求权。诉讼担当模式的比较优势在于,通过实体权利与程序权利的分离满足多元主体诉的利益。传统民事诉讼限于"主观诉讼"的功能,仅能保护起诉人利益,而其余受害消费者的权益以及消费系统内部的消费公益均无法得到弥补。以诉讼担当为基础的公益诉讼惩罚性赔偿既能够通过赔偿金归属而实现私人权益救济,亦能够通过惩罚、预防和教育功能实现公共利益保护。

目前,我国食品药品、环境侵权领域司法解释赋予检察机关的惩罚性赔偿请求权即可理解为法定诉讼担当,其优势在于公示性、稳定性和预测性,但在公益诉讼受案范围扩张的背景下,固守法定主义并非良计,一则可能欠缺惩罚性赔偿实质请求权基础,二则可能欠缺惩罚性赔偿形式请求权基础,故而选择任意诉讼担当更能够满足公益诉讼范围扩张的现实需要。为避免需要私主体积极授权的冗杂性与反复性,可借鉴特别代表诉讼的"默示加入,明示退出"机制。[29] 总而言之,不能因私益规范欠缺而将检察机关惩罚性赔偿请求权理解为以公私益分离为基础的新设权利,此时检察机关程序权利的获取分"两步走",私主体层面首先存在或拟制实质惩罚性赔偿请求权,而后检察机关再借由任意诉讼担当的默示授权实现诉讼实施权的转移。之所以能够在法定领域外拟制消费者的惩罚性赔偿请求权,是因为"惩罚性赔偿责任本就是一种独立的法定民事责任,只要符合惩罚性赔偿法条之要件即可适用"[30]。借此理论方能为公益诉讼适用惩罚性赔偿制度的领域扩张提供广泛空间。

2. 行权顺位

惩罚性赔偿并非维护公益的唯一制裁措施,当针对同一领域存在多种制裁

---

[28] 黄忠顺:《论公益诉讼与私益诉讼的融合——兼论中国特色团体诉讼制度的构建》,载《法学家》2015年第1期。

[29] 特别代表人诉讼目前仅限于投资者保护领域,旨在将众多中小投资者的共同诉讼请求通过一个诉讼程序一揽子解决,提升诉讼效率。而这种特别代表,实则为"以特别代表人之名,行诉讼担当人之实"。徐文海、王安琪:《诉讼代表抑或诉讼担当?——从"康美案"看证券特别代表人诉讼制度》,载《法治现代化研究》2023年第3期。

[30] 张红:《我国惩罚性赔偿制度的体系》,载《北大法律评论》2018年第1期。

措施时,便需警惕“过度威慑”的危险。与刑罚的“完全威慑理论”(complete deterrence theory)相对应,民事侵权行为强调“最优威慑理论”(optimal deterrence theory),该理论通过控制威慑成本进而在商业活性与惩罚威慑之间寻求最佳平衡点,[31]最终达到行为人在生产或提供服务过程中采纳社会最优注意水平、提供最优数量商品或服务的结果。[32] 基于两类公益诉讼救济客体的二分,制裁措施具有相异的威慑顺位。

“寄生型”公益的民事保护措施中,私益诉讼处于优位,公益诉讼处于后位。就制度目的而言,消费私益诉讼与消费公益诉讼之目的均在于保护消费者合法权益,消费者作为受害人,与危险源具有直接接触性,故而消费者自主提起私益诉讼惩罚性赔偿为常见形态。只有当受害人未提起私益诉讼时,检察机关方具有提起公益诉讼惩罚性赔偿请求权的利益。惩罚性赔偿的司法实践日益分化出两类公益诉讼的常见适用样态,当造成受害人生命健康损害时,受害人提起私益诉讼惩罚性赔偿请求权的主观意愿更强;当未造成受害人生命健康损害时,受害人由于不知、不愿提起私益诉讼,往往由检察机关基于预防性职能提起公益诉讼。由此产生的结果是,受害人的请求权基础通常为侵权,而检察机关的请求权基础通常为违约;私益诉讼赔偿金之基数往往为损失,公益诉讼赔偿金之基数往往为价款;私益诉讼侧重保护已发生的风险,公益诉讼侧重保护潜在的安全风险。

相较于私益诉讼惩罚性赔偿请求权外之其他制裁措施,公益诉讼惩罚性赔偿仍具有优先性。“寄生型”公益依附于消费私益而存在,而现有公法保护的主要法益是“市场秩序”“监管秩序”等抽象公益,无涉更为根本的消费者私益。消费民事公益诉讼以全体受害消费者为保护对象,因其保护对象之根本性与全面性而获得作用方式的优位性。当然,在公益诉讼的提出主体之中,消费者协会仍为第一顺位的保护主体,出于“寄生型”公益诉讼惩罚性赔偿请求权的私权本源性,最终还需还权于民,“消协起诉 + 检察机关支持起诉”应当成为消费民事公益诉讼的主流模式。[33]

---

[31] See William M. Landes & Richard A. Posner, *The Economic Structure of Tort Law*, 1987, p. 58 – 62.

[32] 参见葛江虬:《“知假买假”:基于功能主义的评价标准构建与实践应用》,载《法学家》2020 年第 1 期。

[33] 涂富秀:《消费民事公益诉讼中检察机关支持起诉的现实与未来——基于 29 起案件的实证分析》,载《南大法学》2022 年第 4 期。

(三)惩罚性赔偿金的量化与归属

1.惩罚性赔偿金的基数为总体销售额

将总体销售额作为赔偿基数,不仅是消费公益衡量的应有法理,亦是恰当发挥惩罚性赔偿威慑功能的必然要求。在食品药品安全事件频发的背景下,传统消费者诉讼设置惩罚性赔偿请求权的主要目的是激励消费者维权。在官民合作治理市场"假冒伪劣"问题的过程中,逐渐衍生出职业打假人这一新型社会身份。随着职业打假人恶意维权、敲诈勒索、向监管部门施压等现象日益攀升,其牟利化倾向超出合理范畴。对于经营者而言,小额诉讼的低额赔偿金很难起到惩罚性作用;而在大额诉讼领域,高额的赔偿金使经营者苦不堪言,甚至会使中小企业直接陷入"破产危机"。传统消费者诉讼激励功能与惩罚功能双重失灵,均根源于私益诉讼惩罚性赔偿之激励机制。私益诉讼以独立个体的购买价款为赔偿,一则催生职业打假人的反复购买行为,二则未能保护其他受害消费者,三则损害赔偿数额的过高或过低,将使损害赔偿机制无法达成有效吓阻(under-deterrence)的功能。[34] 诉讼类型的转换,让惩罚性赔偿制度焕发新的生机。一方面,公益诉讼保护主体为所有受害消费者,自当以总体销售额为赔偿基数,能够有效缓解小额诉讼威慑不足。另一方面,借助自由裁量权实现合理威慑,灵活性的赔偿金有效发挥吓阻功能,倒逼侵权人合规经营。

另外,损失数额不宜作为惩罚性赔偿的基数。公益诉讼本质为客观诉讼,其基数的选择应当具备客观性与稳定性。而损失数额具有主观性、个别性、不可估量性,若将损失数额作为基数,检察机关或社会组织将向受害消费者逐一确认损害数额,会因基数统计困难而引起诉讼拖延。况且,在小额分散诉讼和潜在危险诉讼中,存在现实的、可量化的损失数额的情形为少数,多数情形的补偿性赔偿为违约价款。损失数额主要出现于侵权与违约同时存在的场合,《消费民事公益诉讼解释》第9、10条允许消费者"搭乘公益诉讼便车"而提起私益诉讼,[35] 原告对于公益诉讼生效裁判认定的事实无须举证,得以就损害超出公益诉讼赔偿额的部分再行提起诉讼。此衔接能够为损失数额安置合理位置,原告能够借助私益诉讼、基于损失数额再次提起惩罚性赔偿,从而使其权益得以

---

〔34〕 See Robert D. Cooter, *Punitive Damages for Deterrence: When and How Much?*, Ala. L. Rev., p. 1143 - 1148 (1989).

〔35〕 参见孙鹏、杨在会:《个人信息侵权惩罚性赔偿制度之构建》,载《北方法学》2022年第5期。

完满保护。

2. 惩罚性赔偿金的倍数宜采"倍率数距式"

"倍率数距式"是指倍数范围存在上限与下限的赔偿金计算方式，与之相对应的计算方式为"固定倍率式"，[36]在公益诉讼仍以《消费者权益保护法》《食品安全法》所规定之数值为计算倍数的情况下，惩罚性赔偿金仅有"购买商品的价款或者接受服务的费用的三倍""价款十倍""损失三倍"的固定倍率，将其直接迁移于公益诉讼存在诸多不适配之处。一则完全剥夺了法官的自由裁量权，不利于发挥司法能动性。《食品安全法》适用与公法标准完全相同的"食品安全标准"，采取无过错责任原则与固定倍率赔偿模式，"此时的私法，实际上已经完全丧失私人自治和价值中立的精神内核，并被代表国家管制思想的食品安全标准掏空，这样的私法最终将走向形骸化"[37]。二则可能导致对经营者威慑过度。惩罚性赔偿的最终目的是过罚相当，而在公益诉讼以全部销售额为基数的情况下，仍坚持"价款十倍"可能使经营者不堪重负，故而司法机关往往采取销售额7倍[38]、进货价款的10倍[39]、违法所得3倍[40]等变通方案以维持过罚相当。

"倍率数距式"计算方式的采用具有深厚的法理基础与现实基础。就案件范围而言，"寄生型"公益诉讼之案件范围具有广泛性、案件类型具有多样性、案件情节具有差异性，故而案件处理也应当相应地具有灵活性。就惩罚性赔偿的提出及数额判断而言，惩罚性赔偿诉讼请求的提出需要综合考虑侵权人主观过错程度、违法次数和持续时间、受害人数、损害类型、经济状况、获利情况、财产状况等因素，[41]势必赋予法官更为充分的自由裁量权方能准确判断。此外，我国知识产权部门法领域之惩罚性赔偿均采取"一倍以上五倍以下"的"倍率数距

〔36〕 相关表述最早见于徐向华、郭清梅：《行政处罚中罚款数额的设定方式——以上海市地方性法规为例》，载《法学研究》2006年第6期；程雨燕：《环境罚款数额设定的立法研究》，载《法商研究》2008年第1期；吴卫星：《我国超标排放污水行政罚款制度之检讨——从江苏高邮光明化工厂603元罚款事件切入》，载《中国地质大学学报（社会科学版）》2017年第4期。

〔37〕 宋亚辉：《超越公私二分：风险领域的公私法合作理论》，商务印书馆2020年版，第238页。

〔38〕 参见通辽市人民法院民事判决书，(2021)内民终500号。

〔39〕 参见泰州市人民法院民事判决书，(2021)苏12民初3号。

〔40〕 参见承德县人民法院民事判决书，(2021)冀08刑终192号。

〔41〕 参见《探索建立食品安全民事公益诉讼惩罚性赔偿制度座谈会会议纪要》。

式”方式。此方式亦为现行比较法之通行做法,如美国“各州法院或联邦下级法院从未在惩罚性赔偿和补偿性赔偿之间设置一个固定不变的比例”[42],从美国联邦高级法院专门制定惩罚性赔偿的考量指南,[43]到2021年生效的《美国联邦法规》(CFR)第十七章,[44]均在惩罚性赔偿与补偿型赔偿之间设定比例范围,在保证基础的惩罚数额的同时避免惩罚过重,从而平衡经营者与消费者利益。根据现有司法实践,惩罚性赔偿之倍数多处于0.5~10倍,具体范围可综合大数据计算与司法实践情况具体厘清。但不可否认,仅设定赔偿范围容易致使司法裁量权的滥用,亦应当在厘定范围的基础上设置数个具体赔偿样本,从而增加司法裁判的可预见性。综合言之,“倍率数距式”更符合制度本质、国际惯例与灵活状况。

3. 惩罚性赔偿金归属于受害人

将惩罚性赔偿金归属于受害人,是诉讼担当模式下“寄生型”公益诉讼受害人享有实体请求权的“题中应有之义”。之所以有学者认为惩罚性赔偿金应归属于国家,是因为消费公益诉讼的受害人之人数和数额均不确定,在赔偿金无法分配的情况下上交国库具有正当性。该观点存在假设前提和逻辑推理的双重错误。首先,惩罚性赔偿金的分配仅为实操困难,而非原则问题,诚如美国法官马斯蒂尔勋爵所言:“只要是正义的要求,我看不出有什么理由认为操作上的不精确应成为障碍。”[45]其次,赔偿金之性质并非绝对因上缴国库而发生转变,需追踪上缴国库后的具体用途。犍为县人民法院判决将10倍赔偿金收归国库后,主动与县市场监督管理局、县保护消费者权益委员会对接,确定了惩罚性赔偿金优先发还受害消费者,剩余进入公益基金的机制。[46] 但若仅收归国库而未明确用途,则无法实现公益诉讼的集约效益,对于政府来说有不当得利之嫌。[47]再次,消费者人数和金额的不特定性或可随技术发展消除,现有电商平台的每

---

〔42〕 朱广新:《美国惩罚性赔偿制度探究》,载《比较法研究》2022年第3期。

〔43〕 See Colo. Rev. Stat. sec. 13-21-102(1) (1987).

〔44〕 See Code of Federal Regulations, art. 1, sec. 17(v)(2021).

〔45〕 程啸:《违约与非财产损害赔偿》,载梁慧星主编:《民商法论丛》第25卷,金桥文化出版有限公司2002年版。

〔46〕《四川省犍为县:全国首创将惩罚性赔偿金发还受害消费者 守护人民群众“舌尖上的安全”》,载中国网2023年3月9日,http://www.union.china.com。

〔47〕 参见刘文晖:《惩罚性赔偿能否成为公益诉讼利剑》,载《检察日报》2018年5月23日,第5版。

笔交易皆有记录,即便是线下销售也可通过查询平台转账记录进行销售追踪,唯一无法确定交易人数和数额的方式是现金交易,但现金交易在万物互联互通的数字时代已是极少数,群众伪造交易记录、哄抢惩罚性赔偿金等情况的出现概率极低。最后,至于消费基金,其设立并非必须,可作为无法证明或查明受害人身份与支付价款时的过渡机制存在,进而可将无消费者领取的剩余资金应用于消费公益领域。

在“公私法合作理论”视域下,需在不同部门法之间依次设置适用位阶以保证司法制度协调运作。[48] 基于民事责任、行政责任与刑事责任所呈现损害程度递增关系,“寄生型”公益诉讼适宜依次协调运用损害赔偿、惩罚性赔偿、罚款、罚金乃至自由罚进行威慑补充,遵循《民法典》第187条“民事主体的财产不足以支付的,优先用于承担民事责任”。基于民事责任的前置性、公法责任的补充性,可将此合作模式称为“严厉的法官与柔和的管制者”,该顺位的惩罚性赔偿金无须与罚款、罚金相折抵。

四、“分离型”公益诉讼惩罚性赔偿的规范化适用

(一)检察机关适用惩罚性赔偿的正当性基础

学界关于环境民事公益诉讼适用惩罚性赔偿正当性的讨论,主要从法律维度、功能维度、理论维度、现实维度展开。[49] 在“双轨制”框架下,两类公益诉讼惩罚性赔偿之适用存在路径相异,这是公益诉讼恢复性司法之预防性理念决定的。恢复性司法是指通过公法和私法协同运作实现赔偿与制裁的理论,[50] 1976年欧文教授系统性提出惩罚性赔偿的4个功能——惩罚、遏制、引导与补偿,[51] 遏制与引导正是预防性理念的绝佳体现。检察机关作为公益代表,适宜于损害扩大的初始阶段即行介入,从而防患于未然。“寄生型”公益损害拓展的路径为“潜

---

[48] 参见前引[38],宋亚辉书,第155页。

[49] 参见孟穗、柯阳友:《论检察机关环境民事公益诉讼适用惩罚性赔偿的正当性》,载《河北法学》2022年第7期;刘学在、尹思媛:《消费民事公益诉讼:实践困境与突破路径》,载《广西社会科学》2022年第11期。

[50] 参见[美]丹尼尔·W.凡奈思:《全球视野下的恢复性司法》,王莉译,载《南京大学学报(哲学·人文科学·社会科学版)》2005年第4期。

[51] See David G. Owen, *Punitive Damages in Products Liability Litigation*, Mich. L. Rev. 74, p. 1257(1976).

在风险→集合性私益损害→消费公益损害”,检察机关介入之最佳时期为“潜在风险”阶段;“分离型”公益损害拓展的路径为“公益损害→集合性私益损害”,检察机关介入之最佳时期为“公益损害”阶段。以是,私益保护主要采取私法手段,公益保护主要采取公法手段,对于前者,检察机关适用惩罚性赔偿之原因在于私法手段之缺位,对于后者,检察机关适用惩罚性赔偿之原因在于公法手段之缺位。

具体而言,刑法、行政法之于公益保护并非完满。由于刑法直接触及公民基本权利与国家权力,刑法之谦抑性成为约束权力、保障权利的必备工具,这决定了只有“严重污染环境的”“造成重大环境污染事故”〔52〕之类的行为方能成为规制对象。无论是单纯的侵权诉讼,还是环保执法手段,均存在失灵的情景,〔53〕环境污染具有隐蔽性、潜伏性,〔54〕对于检测技术具有较高依赖性,行政机关职责范围之外的环境污染案件仍然存在,需要检察机关依托诉前机制从而全方位监测危险源。〔55〕出于生态环境损害通常缺少直接受害人,无法纳入私益诉讼范畴,〔56〕仍需检察机关提起民事公益诉讼进行兜底性保护。此外,从利益衡量角度来看,惩罚性赔偿制度功能与经济发展需求相契合。〔57〕在必要领域设置惩罚性赔偿实际上有助于潜在的侵权行为人更加谨慎地履行其注意义务以避免损

〔52〕 具体内容详见《刑法》第338、339条。

〔53〕 参见王太高:《论行政公益诉讼》,载《法学研究》2002年第5期。

〔54〕 参见薛莉萍、陈静:《环境公益诉讼的风险预防理念提倡》,载《中国检察官》2022年第19期。

〔55〕《人民检察院公益诉讼办案规则》第24条规定:“公益诉讼案件线索来源包括:(一)自然人、法人和非法人组织向人民检察院控告、举报的;(二)人民检察院在办案中发现的;(三)行政执法信息共享平台上发现的;(四)国家机关、社会团体和人大代表、政协委员等转交的;(五)新闻媒体、社会舆论等反映的;(六)其他在履行职责中发现的。”

〔56〕 参见单平基:《环境民事公益诉讼惩罚性赔偿的适用及限制》,载《政法论坛》2023年第6期。

〔57〕 郑景元、王雪琴等认为惩罚性赔偿制度虽名为惩罚,实为补偿。参见郑景元、王雪琴:《惩罚性赔偿的法经济学分析》,载《求索》2010年第4期。张新宝等认为:“惩罚性赔偿主要目的在于惩罚加害人而不是填补受害人的损害。”张新宝、李倩:《惩罚性赔偿的立法选择》,载《清华法学》2009年第4期。王利明教授认为:“惩罚性赔偿的功能主要是补偿和惩罚。”王利明:《美国惩罚性赔偿制度研究》,载《比较法研究》2003年第5期。王泽鉴认为惩罚性赔偿包括填补损害和预防损害两种功能,其中损害的预防胜于损害的补偿。王泽鉴:《侵权行为法(第一册)》,中国政法大学出版社2001年版,第7页。

害结果的发生。[58] 以英烈名誉荣誉民事公益诉讼为例，该类公益诉讼通常以停止侵权、赔礼道歉作为行为人须承担之民事责任：[59] 一方面，当事人赔礼道歉是否真正出于内心歉疚难以判断，口头道歉在很大程度上难以真正修复社会公众之民族情感。另一方面，单纯以赔礼道歉的形式追究当事人的民事责任会在一定程度上降低违法成本，难以发挥法律的教育引导作用。[60] 设立惩罚性赔偿不仅能够修复社会公众的受伤情感，还能够将赔偿金用于设施维护、事迹宣讲等英雄烈士保护领域。

（二）检察机关惩罚性赔偿请求权的行使方式

1. 行使路径：诉讼实施权与实体权利的一致

既然检察机关的惩罚性赔偿请求权无从"继受"，仅能将之理解为新设权利。相较于"寄生型"公益诉讼，此时检察机关惩罚性赔偿请求权与诉讼实施权具有一致性，实体与程序效果均归属于自身。

就规范层面而言，在公益诉讼立法之前，检察机关惩罚性赔偿请求权的行使依托于对私法规范的扩张解释。司法实践之扩张解释总体遵循"若 A 则 B"无法推断出"非 A 则非 B"之假言推理路径，即法无明文肯定时，亦无法推断出法律对此的否定态度。[61] 这是回应社会发展与制度互动的必然结果。法律作为利益的调节器，以分配、确认和保护利益为旨归。在我国全面深化改革攻坚期，迫切需要运用解释方法对多元化利益关系进行梳理、对复杂化利益格局进行调适、对多样化利益形态进行确认，从而建立健全新的利益均衡机制。[62]

就诉权层面而言，检察机关的实体权利与诉讼实施权一道，遵循实质当事

---

〔58〕 参见谢鸿飞、欧达婧：《解释论下惩罚性赔偿在气候变化侵权责任中的适用探析》，载《南京工业大学学报（社会科学版）》2023 年第 2 期。

〔59〕 如最高人民法院发布 13 件人民法院贯彻实施《民法典》案例（第一批）之三：杭州市上城区人民检察院诉某网络科技有限公司英雄烈士保护民事公益诉讼案。

〔60〕 参见赵信会、袁鑫：《论英烈权益保护公益诉讼的惩罚性赔偿》，载《民事程序法研究》2021 年第 1 期。

〔61〕 "从文义解释、体系解释和目的解释角度而言，《民法典》并未将惩罚性赔偿明确排除出生态环境损害赔偿领域。"吴卫星、何钰琳：《论惩罚性赔偿在生态环境损害赔偿诉讼中的审慎适用》，载《南京社会科学》2021 年第 9 期。

〔62〕 参见冀洋：《法益保护原则：立法批判功能的证伪》，载《政治与法律》2019 年第 10 期。

人的原初语境,从而区别于“寄生型”公益诉讼的形式当事人语境。就诉的利益而言,检察机关作为公益代表,对于国家独占利益享有诉权与诉讼权利,具有《民事诉讼法》第122条所言之“直接利害关系”;对于国家独占利益之外的其他社会利益,诸如太阳能、风能等未被纳入国家利益的自然资源,[63]由于不存在明确受害人,若以传统诉的利益理论为判断,将难以为其找到逻辑自洽的权利主体,[64]检察机关仍可作为此类诉讼客体之代表,依据诉讼实施权配置理论担当适格当事人,[65]进而,其惩罚性赔偿请求权基于诉权行使而当然取得。

就性质层面而言,我国“寄生型”公益诉讼从规范到实践层面皆呈现明显的“国家化”现象,检察机关取代社会组织成为公益诉讼的重要发起主体、[66]实践中大量赔偿金未经论证或经过论证上缴国库等惯例表明,公益诉讼中惩罚性赔偿之赔偿目的、手段公法、请求主体与权利归属均呈现公法化样态,“分离型”公益惩罚性赔偿请求权的公权属性已非常明显。行权主体与行权效果的相同属性为惩罚性赔偿请求权与诉讼实施权的一致行使奠定现实基础。

2. 行权顺位

不可否认,具备惩罚功能的各项措施自然存在制度目的之同质性、制裁手段之相似性。该种同质性解释了为何过去大陆法系学者普遍认为不存在介于公法与私法之间的制度,并认为惩罚性赔偿制度是一种无法存在的“怪胎”。[67]既然“分离型”公益保护中公法措施具有本源性,当公法责任的惩罚效果已然足够时,再追究惩罚性赔偿责任显然缺乏实益。[68]

---

〔63〕 参见吴惟宇:《生态环境损害赔偿中的利益代表机制研究——以社会公共利益与国家利益为分析工具》,载《河北法学》2019年第3期。

〔64〕 参见王飞:《论“诉的利益”在环境民事公益诉讼中的实现——兼评〈生态环境损害赔偿制度改革方案〉》,载《南海法学》2019年第5期。

〔65〕 诉讼实施权配置理论以诉讼请求具有诉的利益为预设,主要探讨的是,针对相同的诉讼请求,由哪些主体充当适格当事人更为合适。黄忠顺:《论诉的利益理论在公益诉讼制度中的运用——兼评〈关于检察公益诉讼案件适用法律若干问题的解释〉第19、21、24条》,载《浙江工商大学学报》2018年第4期。

〔66〕 参见陈杭平、周晗隽:《公益诉讼“国家化”的反思》,载《北方法学》2019年第6期。

〔67〕 See James B. Sales, *Punitive Damages: A Relic That Has Outlived Its Origins*, 37 Vand. L. R., p. 1117 (1984).

〔68〕 参见毋爱斌:《个人信息公益诉讼适用惩罚性赔偿的体系构建》,载《理论探索》2023年第5期。

依赖“巡查模式”[69]启动的“分离型”公益保护举措中，存在行政机关与检察机关两类巡查主体。“由于行政机关在收到检察建议后履行监管职责可以更高效、便捷地维护公益”[70]，“分离型”公益诉讼应以行政公益诉讼为基本形态，当且仅当“立法尚未对某领域配置负有监管职责的行政机关或该机关未被授予有效监管权力”时，方具有检察民事公益诉讼制度的适用空间。[71] 作为公诉机关与监督机关，很大程度上，检察机关提起公益诉讼的线索来源为其自身职权之行使，故而刑事附带民事公益诉讼“高歌猛进”[72]，检察机关难免同时提出罚金与惩罚性赔偿。若检察机关仅提起刑事诉讼而足以威慑加害人，便丧失了借助惩罚性赔偿辅助惩罚之诉的利益。总而言之，若违法行为构成犯罪，行政机关亦必须将案件移送司法机关，刑罚仍为所有法律制裁中威慑力量最大也是最能威慑违法者的措施，欲真正将犯罪控制在“可容忍”的范围内，不能没有刑罚这把“达摩克里斯之剑”。若损害尚未达到犯罪程度，行政机关方能采取行政处罚措施；行政执法手段失灵时，由检察机关通过诉前程序督促其依法履行职责，若督促未能奏效，检察机关方具有提起行政公益诉讼的利益；[73]若危险或潜在危险之发生无法归咎于行政机关，检察机关方具有提起民事公益诉讼的利益。

（三）惩罚性赔偿金的量化与归属

1. 惩罚性赔偿金基数与倍数的二分范式

“寄生型”公益诉讼惩罚性赔偿均存在可估量的损害数额作为基数，而“分离型”公益诉讼惩罚性赔偿却可能存在不可估量的基数。这是因为，“寄生型”公益诉讼以私益与危险源的直接接触为特征，只有当二者距离逼近至具有紧迫危险时，危险源才能够对私人权益产生实际损害或潜在危险，而这种紧迫危险

---

〔69〕“分离型”公益由于不具备直接受害人，依赖国家机关巡查发现危险源。参见王晓峰、王闯等：《落实动态巡查制度　创新建设用地监管模式》，载《国土资源》2014年第3期。

〔70〕林莉红：《检察机关提起民事公益诉讼之制度空间再探——兼与行政公益诉讼范围比较》，载《行政法学研究》2022年第2期。

〔71〕林莉红：《检察机关提起民事公益诉讼之制度空间再探——兼与行政公益诉讼范围比较》，载《行政法学研究》2022年第2期。

〔72〕参见张嘉军：《论检察民事公益诉讼的“刑事化”及其消解》，载《河南财经政法大学学报》2021年第3期。

〔73〕参见黄忠顺：《论诉的利益理论在公益诉讼制度中的运用——兼评〈关于检察公益诉讼案件适用法律若干问题的解释〉第19、21、24条》，载《浙江工商大学学报》2018年第4期。

的联结往往表现为契约关系,无论何种契约类型,其客观的约定价款均可作为基数之参考对象。基于国家权力资源的有限性,民事公益诉讼领域内的“分离型”公益不仅包括国家独占利益,还包括游离于国家独占利益与私益之间的其他公益,因此诸如太阳能、风能等未收归国有的自然资源均属于社会公共利益范畴。[74] 故而在此将“分离型”公益诉讼分为损失可估量型、损失不可估量型进行讨论。

其一,损失可估量型公益诉讼。该类损失之所以具有可估量性,往往因为市场中存在可替代物,损失具有恢复的可能性。如向捕捞水域增殖放流苗种、向砍伐区域种植相应品种树木等。基于可估量损失可恢复性较强,不宜设置过高的惩罚性赔偿底线,其倍数计算宜采取“倍率封顶式”计算方式。[75] 当然,未来进行适用时仍需将主观修复意愿与实际修复情况作为确定惩罚性赔偿数额的酌定因素,以最大限度激励加害人弥补损害结果。

其二,损失不可估量型公益诉讼。部分公益由私益转化而来,却最终独立于私益,如英雄烈士名誉荣誉,英雄烈士的人格及建立在其人格利益基础之上的英雄烈士形象、事迹和精神,已经衍生为社会公众的民族情感和历史情感,从而构成社会公共利益维护的重要组成部分。[76] 鉴于社会公众的情感损失的不可估量性与受害者整体的不可分性,似乎无从对加害人适用损害赔偿,但若仅使加害人承担赔礼道歉责任亦难平民愤。故对于该类公益诉讼适用惩罚性赔偿具有合理性,既能够以国家强制力色彩警示加害人,亦能够起到抚慰民众情感的作用。此时赔偿数额计算宜采取“数值保底式”计算方式从而保证最低限度的惩罚作用,[77] 并逐渐探索确定主观恶性、损害程度、悔过态度等裁量影响因素。

2. 惩罚性赔偿金计算之谦抑性

基于“分离型”公益惩罚性赔偿请求权的公权属性,其适用愈加强调遵循比例原则,具体包括适当性原则、必要性原则以及狭义比例原则三个子原则,可将之类比为刑法学“罪刑责相适应原则”,二者本质均为“罚当其罪”。

---

〔74〕 参见前引〔64〕,吴惟宇文,第136页。

〔75〕 指将罚款设定为某特定基数的某倍率以下。参见前引〔37〕,徐向华等文,第90页。

〔76〕 参见迟方旭:《英雄烈士的人格利益是社会公共利益的重要组成部分》,载《红旗文稿》2017年第12期。

〔77〕 指将罚款设定为某个最低值。参见前引〔37〕,徐向华等文,第90页。

惩罚性赔偿金计算之谦抑性的具体体现为：第一，惩罚性赔偿金能够与刑事罚金、行政罚款相抵。当刑事罚金、行政罚款无法完全实现惩罚性目的时，方能够在刑事附带民事公益诉讼或纯民事公益诉讼中提出惩罚性赔偿。尽管惩罚性赔偿司法解释将罚金与罚款作为惩罚性赔偿数额确定的考虑因素，但最为理想的状态是三者能够互相折抵。当财产罚总量一定时，威慑顺位依次为：刑事罚金、行政罚款或行政公益诉讼追缴、民事公益诉讼惩罚性赔偿。第二，限制惩罚性赔偿的使用阶段。当适用诉前磋商程序时，由于当事人主观恶性较小、可罚性较低，且磋商程序中适用惩罚性赔偿将影响行为人磋商的积极性，因此，诉前磋商不得适用惩罚性赔偿。〔78〕 第三，分离型公共利益中惩罚性赔偿的数额低于寄生型公益诉讼。这是因为公共利益与个人利益相比具有优位性，现代法律也普遍把公共利益作为限制个人的重要原因之一，若不采取私益救济途径或民事公益诉讼救济途径，寄生型公益诉讼惩罚性赔偿金将无法分配至个体；而分离型公益诉讼除私法救济外还有公法救济路径，惩罚性赔偿金数额往往已在其他公法救济途径中分担。加之寄生型公共利益多为生命健康权等基础性权利，分离型公共利益仅对社会公众产生间接影响，前者适用较高倍数亦在情理之中。

3. 惩罚性赔偿金上缴国库或收归基金

原则上，将"分离型"公益诉讼赔偿金收归国有具有合理性。分离型公益诉讼适用公法财产规则，赔偿金自然归属于公主体。现有规范大多支持此观点，如《生态环境损害赔偿资金管理办法（试行）》（以下简称《生环管理办法》）第6条第2款规定："生态环境损害赔偿金作为政府非税收入，实行国库集中收缴，全额上缴赔偿权利人指定部门、机构的本级国库，纳入一般公共预算管理。"检察机关与社会组织基于法定诉权提起赔偿请求，其目的是保护公益及避免不特定多数人遭遇不利益，由于分离型公益并无直接权利人，在法理上可将政府对赔偿金的收取类比于公法债权。〔79〕

《生环管理办法》与《探索建立食品安全民事公益诉讼惩罚性赔偿制度座谈会会议纪要》对于惩罚性赔偿金归属的不同安排虽彰显了寄生型公共利益与分

---

〔78〕 参见吴卫星、何钰琳：《论惩罚性赔偿在生态环境损害赔偿诉讼中的审慎适用》，载《南京社会科学》2021年第9期。

〔79〕 参见高旭：《消费公益诉讼惩罚性赔偿金的归属与分配——基于分配正义理念的跨法域研究》，载《法学》2023年第12期。

离型公共利益之差异,[80]但其问题在于上缴国库的赔偿金纳入一般公共预算,仅能作为用以减轻纳税人税负之财政款项,而无法以公益保护为目的进行专款专用。“分离型”公益诉讼是为保护分离型公益而提起,最终的诉讼利益亦归于社会公共利益,检察机关代表公共利益提起诉讼,诉讼所获赔偿款亦应归于分离型公益领域,直接服务于分离型公共利益。[81] 从保护“分离型”公益的角度而言,目前通行的赔偿金上缴国库行为有两种修改方案:一是不改变上缴国库的方式,但需通过财政专户集中收缴,限定用途于相关领域的公益事业。二是设立专项基金,目前基金会依赖于政府或法院背书,[82]在独立运转与管理层级设置等方面仍处于探索阶段,故而部分法院虽认可将惩罚性赔偿金纳入基金账户的方式,却因未设立账户而收缴国库。出于赔偿金的收缴与使用需具备及时性、透明性与公信力的要求,由省级以上检察院探索建立公益保护基金会更为适当。[83]

五、结　　语

公益与私益既相互交织,又各自均存在独立领域。以公私益关系为视域可将公共利益分为“寄生型”公共利益和“分离型”公共利益。判断公益能否独立于私益需要综合考虑两个层次:一是公益对私益的依赖关系。“寄生型”公益以私益存在为前提,“分离型”公益则无此要求。该种私益意指自然人、法人或非法人组织能够支配、具有排他效力、适用私法规则的私人利益,具有开放性和共享性的公共产品不在此列。二是公益与私益遭受损害的先后顺序。“寄生型”公益衍生于受害人私益聚合产生的规模效应,私益遭受损失或危险在先,公益遭受损失或危险在后;“分离型”公益虽不依赖于私益存在,却能够对私益产生影响,因而公益遭受损失或危险在先,私益遭受损失或危险在后。依据公益诉

[80] 《探索建立食品安全民事公益诉讼惩罚性赔偿制度座谈会会议纪要》指出:食品安全民事公益诉讼惩罚性赔偿案件判决生效后,人民法院审判部门要及时移送执行部门执行。各地可以探索把惩罚性赔偿金纳入专门公益基金账户统一管理,依法统筹用于消费者合法权益保护。

[81] 参见黄忠顺:《惩罚性赔偿消费公益诉讼研究》,载《中国法学》2020年第1期。

[82] 参见金福海:《惩罚性赔偿制度研究》,法律出版社2008年版,第85页。

[83] 参见刘海蓉、罗丹:《检察环境公益诉讼实践现存问题及其对策——以S省D县检察院为样本》,载《西华师范大学学报(哲学社会科学版)》2024年第3期。

讼惩罚性赔偿的预防性理念,公益诉讼的提出应于可能遭受损害的第一阶段,以对第二阶段的损害防免起到屏障式保护作用。因此,“寄生型”公益诉讼侧重于运用私法规则而保护私主体权益,“分离型”公益诉讼侧重于运用公法规则以弥补传统公法保护之不足。

惩罚性赔偿具有惩罚、遏制、预防、激励等效用,“寄生型”与“分离型”公益诉讼惩罚性赔偿的“双轨制”适用本质是通过制度设计将其功能选择性发挥。“寄生型”公益诉讼以私主体享有惩罚性赔偿请求权为前提,检察机关及社会组织借助诉讼担当获得诉讼实施权,其判决效力及于权利主体,赔偿金亦应归属于私主体。“分离型”公益诉讼与私主体仅具有间接利害关系,其保护公共产品的本质属性决定了民事公益诉讼与传统公法保护范围的重叠,惩罚性赔偿金与行政处罚、刑事罚金具有同质性,检察机关及社会组织的惩罚性赔偿请求权应属新设权利,赔偿金视情况归属于国家或基金会。在“公私法合作理论”视域下,为体现恢复性司法理念,不可放任部门法的割裂发展。财产罚威慑总量一定时,针对“寄生型”公益的威慑顺序依次为损害赔偿、私益诉讼惩罚性赔偿、公益诉讼惩罚性赔偿、行政罚款、刑事罚金;针对“分离型”公益的威慑顺序依次为刑事罚金、行政罚款、民事公益诉讼惩罚性赔偿。以惩罚性赔偿制度为基点,未来在公益诉讼向私益诉讼的既判力扩张、公益诉讼与私益诉讼的衔接、具体领域内公法与私法的合作等相关论题还有待进一步研究。

附表:

比较项目	“寄生型”公益诉讼之惩罚性赔偿请求权	“分离型”公益诉讼之惩罚性赔偿请求权
正当性基础	私法手段之缺位	公法手段之缺位
归属主体	受害人	检察机关
性质	实体权利	新设权利
行权路径	诉讼担当	扩张解释
赔偿金归属	受害人/基金	国库/基金
能否折抵	不能	能

我国债务人异议之诉的机理探析
——兼评《民事强制执行法(草案)》第88条

丁艺伟*

摘要:

《民事强制执行法(草案)》中债务人异议之诉的设置,既是执行程序的效率与公正价值衡平考量的结果,又是对域外有益立法经验的借鉴,符合大陆法系"审执分离"的基本逻辑。关于债务人异议之诉的诉之构造,其诉讼标的和诉之性质仍需论证,就其法律效力和机能来看,其诉讼标的呈现复合型,因此"救济诉讼说"更为适宜;在诉讼法说二分肢之基本立场下,《民事强制执行法(草案)》第88条第2款或为"诉的强制合并"留下解释和应用空间。债务人异议之诉与《最高人民法院关于适用〈中华人民共和国民事诉讼法〉的解释》第284条在"确认实体法律关系"功能层面具有重合性,因此需要调和二者之间的适用顺位;债务人异议之诉与执行和解协议中被执行人的实体救济相衔接,以避免被执行人陷入"双重给付"的困境。

关键词:

债务人异议之诉;执行救济;诉讼标的;执行和解

一、引言:审执分离之下的必然选择

2022年7月,经全国人民代表大会常务委员会一审后公布了《民事强制执行法(草案)》(以下简称《执行草案》),此次草案既吸取了学理研究的成果,又凝练了司法改革的经验,这标志着我国对于执行实务领域"执行难""执行乱"的痼疾,在立法层面进行了法典化、体系化的回应与尝试。

"审执分离"是我国执行机制改革的重点畛域,关系到执行权的优化配置,

---

* 丁艺伟,女,甘肃政法大学硕士研究生,研究领域为民事诉讼法学。

以期科学高效地实现人民胜诉权益。[1] 审执分离之下,要求执行与审判相分离,具体表现为在执行过程中,应当以"债权人中心主义"为基本遵循,贯彻强制执行形式化原则;[2] 在执行救济层面,应当区辨程序争议和实体争议,并将实体争议从执行程序中剥离出去,从而"提纯"执行程序的执行功能。现行《民事诉讼法》执行救济专章之下,仅存在对第三人实体争议的救济,对被执行人之救济渠道,只有针对违法执行行为所提出的执行异议,若在判决生效后至强制执行程序终结前,确实存在实体权利变化或消灭的情形,此时被执行人实体权利又该如何保护?《最高人民法院关于人民法院办理执行异议和复议案件若干问题的规定》(以下简称《执行异议规定》)第 7 条第 2 款将这一情形放置在执行异议程序中予以处理,即用解决程序争议的救济程序来兼容实体争议,实质上是在执行程序中对实体法律关系进行审理,显然不符合"审执分离"的要求。《执行草案》第 88 条所增设的"被执行人异议之诉"(又称债务人异议之诉)的规定则回应了这一现实需要,将债务人之执行请求权的异议,即对执行请求权所涉及之实体法律关系的判断,从"执行异议"中剥离出去,归入"异议之诉"这一救济范式当中,推动了"审执分离"在执行救济领域的贯彻,弥补了被执行人实体救济的阙如。因此,债务人异议之诉的设立,乃执行救济领域深化审执分离的应然之举,也是顺应法律关系动态变化之客观现象的必要措施。在此立法前沿之下,有必要对《执行草案》第 88 条之法律文本的理解与适用进行研究,以期预先回应和解释该制度在我国司法实践中可能面临的问题,例如我国债务人异议之诉的性质、对异议事由一并提出之规定的本质以及与其他法律制度的协调配合等。故本文以《执行草案》第 88 条为蓝本,旨在探析我国执行人异议之诉的内在机理,从理论构造和配套法律规范的适用两方面进行研究,在解释论层面实现执行程序内部与外部的融贯性。

二、我国债务人异议之诉的理论基础

债务人异议之诉的设置与引入,一定程度上焕活了我国的执行救济制度,故本部分试图先从价值衡量入手,探讨我国债务人异议之诉中的基本价值导

[1] 周强(原最高人民法院院长):《关于〈中华人民共和国民事强制执行法(草案)〉的说明》,2022 年 6 月 21 日在十三届全国人大常委会第三十五次会议上。

[2] 参见肖建国:《强制执行形式化原则的制度效应》,载《华东政法大学学报》2021 年第 2 期。

向,再通过比较法的视野,透视债务人异议之诉制度的运行原理,以期预见债务人异议之诉制度在我国本土的适用前景。

(一)效率价值与公正价值的悖离和兼容

一般而言,民事程序的价值因其程序目的差异,在不同程序环节中呈现出不同的价值位阶模式。强制执行系国家执行机关利用国家强制力,强制债务人履行其义务,以实现或确保债权人之私权的民事程序,[3]其程序设置目的在于确保强制执行程序因债权人的申请而启动,以债务的终局履行而终结,这体现了执行程序中"债权人中心主义"的合理性。再加之,我国采用"抽象执行请求权说"的立场,[4]即仅能形式审查债权人有无执行名义存在,而不实质考察实体权利是否存在,这决定了执行程序整体以"效率"价值为导向,故我国执行程序整体呈现出以效率为第一位阶的价值体系。

执行救济作为执行程序中的纠偏机制,其目的在于保障执行当事人、案外人的合法权益,避免违法执行和不当执行而造成的权益损害,其背后的价值面向在于公正价值,且这一公正价值至少包括两方面的含义:一方面是确保执行程序内部公正,另一方面是透过程序设计和运行,最终在程序外部实现实体公正。[5] 其中,程序内部公正是实现程序外部实体公正的前提,因此,执行救济程序因其程序和实体权益救济的目的,天然具有公正价值的烙印,故而在执行救济领域,公正价值应当处于更高的位阶。但公正价值与效率价值存在一定的紧张关系,例如在执行法领域整体以效率为基本导向之下,《执行异议规定》中将债务人实体异议纳入执行异议程序中进行处理,虽然促进了执行效率,但债务人无法全面阐明其主张、进行辩论,一定程度上限制了债务人对实体公正的绝对追求,而相关效率价值的折损,也是主张我国不应设置债务人异议之诉的理由之一。[6]

在具体制度安排上,我国设置了执行异议和执行异议之诉两种救济模式,前者指向执行行为,后者则指向诉讼标的反射的实体法律关系。执行异议以向执行法院提出书面异议为基本方式,且在异议审查期间不停止执行;执行异议

[3] 参见陈荣宗:《强制执行法》,台北,三民书局 1989 年版,第 1 页。

[4] 参见杨与龄编著:《强制执行法论》,中国政法大学出版社 2002 年版,第 5 页。

[5] 参见肖建国:《民事诉讼程序价值论》,中国人民大学出版社 2000 年版,第 693 ~ 695 页。

[6] 参见王娣:《我国民事诉讼法应确立"债务人异议之诉"》,载《政法论坛》2012 年第 1 期。

之诉则在执行程序和诉讼程序之前设置了一条转出通道,使关于实体的争议从执行程序中剥离。另外,“异议不自动停止执行”“案外人执行异议前置”等规定,一定程度上体现了执行救济程序的公正价值与效率价值的兼容。总体而言,执行救济程序应当以公正价值为底色,兼顾效率价值,以确保执行程序内部价值的连续性、融贯性。故债务人异议之诉制度在程序价值维度的合理性,也可从以上两方面来论证:从实体角度来看,被执行人由于实体权利的变动,若继续执行可能使债务人陷入双重给付的境地,致使实体不公;〔7〕从程序角度观察,执行程序围绕执行依据展开,在执行依据生效后出现的发生消灭或者妨碍申请执行人请求的抗辩事由,不属于可以申请再审的事由,被执行人仅能通过另行起诉予以救济,但该新判决并不具有阻却原执行依据执行力的效力,〔8〕在排除执行依据强制执行力这一目的的实现方式上具有迂回性,即仅能对新的执行名义进行执行以实现权利回复,这反而有碍于效率价值的实现。

综上,债务人异议之诉以公正价值为基本导向,向被执行人提供实体权利救济的“快捷通道”,本身就在一定程度上结合了效率价值,从而实现公正与效率的价值兼容。

(二)比较法视野下的“审执分离”的基本脉络

德国《民事诉讼法》第766条规定:“1.对于强制执行的种类和方式,或对于执行员在执行时应遵守的程序提出申请,异议与抗议时,由执行法院裁判。执行法院有权发出第732条第2款规定的命令。2.执行员拒绝接受执行委任,或拒绝依照委任实施执行行为时,或者对于执行员所计算的费用提出的异议,由执行法院裁判。”〔9〕由此,该条规定的异议对象可凝练为法院执行员的执行行为,〔10〕此处的“裁判”以裁定方式作出,无须通过法庭辩论环节。而该法第767条则规定了债务人异议之诉,其基本构成要件是:债务人对执行请求权有异议+异议原因须在言词辩论终结后发生+无法依申请恢复原状的方式提出+所有异议强制合并主张。〔11〕 显然,在德国立法例上,债务人出现实体异议事由的,需

〔7〕 参见张海燕:《论执行和解申请执行人“双轨制”选择下的被执行人实体救济》,载《暨南学报(哲学社会科学版)》2020年第4期。

〔8〕 参见陈衍桥:《我国债务人异议之诉制度的确立及其构造》,载《中州学刊》2019年第4期。

〔9〕 丁启明译:《德国民事诉讼法》,厦门大学出版社2016年版,第162页。

〔10〕 参见江必新主编:《比较强制执行法》,中国法制出版社2014年版,第170页。

〔11〕 参见前引〔9〕,第162页。

要以诉的形式来解决该实体争议。日本继受了德国的做法,日本《民事执行法》第11条为"执行异议",其异议对象为"不能提出控告的执行裁判所的执行处分"以及执行官的执行行为;[12]该法第35条为"请求异议之诉",其中囊括了针对判决和判决以外的其他债务名义所载请求权之异议,即对以上两种债务名义均可提起"反对执行之诉"[13],且对不同种类的执行名义之异议事由的出现的标准时作了不同的规定。

我国《民事诉讼法》第236条规定了"执行异议",异议对象为"违反法律规定的执行行为",这一规定与大陆法系国家或地区的通行做法基本一致,即异议对象为执行行为而非执行请求权,异议的审查无须经过口头辩论。且我国目前虽无债务人对执行请求权异议的立法,但《民事诉讼法》第238条规定了"案外人异议之诉",因此,我国至少在区分程序性争议和实体性争议上与大陆法系国家或地区达成共识。据此再观察《执行草案》第88条,"执行依据生效后,发生消灭或者妨碍申请执行人请求的抗辩事由的,被执行人可以在执行程序终结前,以申请执行人为被告,向执行法院提起诉讼,请求不予执行。被执行人知道或者应当知道存在多个异议事由的,应当在异议之诉中一并主张"。这一表述第1款与大陆法系国家或地区对实体异议事由进行分类的做法相近,但其中关于债务人异议事由的标准时的认定,似乎与德国、日本等地区的做法有所不同:上述国家和地区将异议事由出现的标准时限定在"言词(口头)辩论终结后",这显然是针对以判决为执行依据的类型而言的;在此基础上,日本还将执行依据划分为判决和其他债务名义,并针对不同类型的执行依据设定不同的异议事由之标准时,我国仅笼统规定为"执行依据生效后"。《执行草案》第88条第2款则与德国要求异议事由一并提出的规定类似。[14] 具体而言,《执行草案》第88条的基本规范要件为:有消灭或妨碍执行请求的抗辩事由+上述事由发生在执行依据生效后+被执行人于辩论终结前向执行法院起诉+其他异议事由一并主张。故就其救济目的而言,债务人异议之诉的核心在于清除执行名义之执行效力,所谓"清除力"是相对于再审对原执行名义的"覆盖力"而言的,前者并不否定原执行名义的正当性,只是由于法律关系发生了客观变化,使原执行名义

---

〔12〕 参见[日]竹下守夫:《日本民事执行法理论与实务研究》,刘荣军、张卫平译,重庆大学出版社1994年版,第157页。

〔13〕 松村和德『民事執行救済制度論:民事執行法における執行救済制度の研究序説』(成文堂,1998年)216頁参照。

〔14〕 参见前引〔9〕,第162页。

不再拥有执行效力,而再审的"覆盖力"则否定了原执行名义的正当性,再审判决完全"覆盖"原判决;就其争议事由而言,由于涉及执行请求权的现有状态,属于实体审理的范畴,因而需要以两造对抗的诉讼形式予以充分救济。故从救济目的和争议事由来看,都决定了债务人之实体异议需要以"异议之诉"的方式去解决。

综上,在遵循审执分离的大陆法系国家或地区,设置债务人异议之诉是其普遍做法。整体而言,各国家或地区执行救济程序从其内部结构来看,区分了程序性异议和实体性异议,由此,程序性异议在执行程序内部即可解决,而实体性争议须通过诉讼程序加以解决,此之谓"二元制的执行救济"〔15〕。具体对照我国的执行救济设置,我国也基本确立了以执行异议和案外人执行异议之诉为基本路径的救济程序,但未确立债务人异议之诉,而是通过《执行异议规定》第7条将被执行人之执行请求权异议通过执行异议这一途径加以解决,实质上是用程序性争议的解决机制"负荷"实体争议的解决,〔16〕不符合审执分离的基本脉络。诚然,仅仅因"国外有而我国无"的理由来证立我国应该设置"债务人异议之诉"显然不充分,但若将其置于严格遵循审执分离的视阈之下观察,"债务人异议之诉"的建立确实是必要的。总体而言,《执行草案》第88条的规定与大陆法系国家或地区通行做法相同,符合审执分离的基本命题,同时也充分考虑了我国有关于强制执行立法的本土特色。

三、我国债务人异议之诉的诉之构造

债务人异议之诉的诉讼客体及其性质关涉到债务人异议之诉运作的核心,故有必要对其进行一步解释和说明,以明确《执行草案》第88条的内在逻辑和机理,并对这一规则的完善提出新的思路。

(一)债务人异议之诉的性质

民事之诉可分为给付之诉、确认之诉和形成之诉,其分类依据在于当事人向法院提出的请求的性质及内容。〔17〕 就债务人异议之诉的诉讼类型而言,学理上存在确认之诉说、给付之诉说、形成之诉说、命令之诉说、新形成之诉说以及

---

〔15〕 江必新主编:《比较强制执行法》,中国法制出版社2014年版,第168页。

〔16〕 参见马登科:《审执分离运行机制论》,载《现代法学》2019年第4期。

〔17〕 参见[日]新堂幸司:《新民事诉讼法》,林剑锋译,法律出版社2008年版,第146页。

救济之诉说的争论。[18] 讨论债务人异议之诉的诉讼类型,有助于更深入地理解和把握该类诉讼的适用。

在探究债务人异议之诉的性质之前,须先说明债务人异议之诉的运作机理。回归到《执行草案》第88条,其核心效用在于"请求不予执行",即债务人异议之诉之目的在于清除执行依据之强制执行力——通过抽离执行依据的法律基础来阻却执行程序,[19]具有程序和实体上的双重效力。另外需要注意的是,此处的"抽离"应当与实体法律关系的变动状态一致,即并非溯及既往地否定原执行名义的正当性,否则与再审无异,其实际上是实体法律关系的变化在程序上的投射,是面向未来的终止执行名义的执行效力。因此,与普通的诉讼不同,普通的诉讼通过判决解决实体争议,且判决最终作用于实体法律关系;而债务人异议之诉则是在判决生效后,由于实体法律关系的变更或消灭,且法院需要对该实体法律进行判断后,从而作出是否排除强制执行的判断,最终影响到程序上法律关系的存在与否。

由此,债务人异议之诉所寻求的权利保护形式也应当具有实体和程序救济的双重性:在程序上应当具有排除执行的效力,在实体上也应具有确认实体法律关系的效力。从这一角度来看,传统的确认之诉、给付之诉、形成之诉的学说均无法兼顾债务人异议之诉的实体和程序上的双重效力:确认之诉说和给付之诉说无法实现在程序上排除执行依据之执行效力的目的,且在推演链条中,存在溯及既往地否定原执行名义之正当性之嫌疑;形成之诉说则仅能说明程序上法律关系的变动,在实体法律关系上则倒置了债务人异议之诉是由于实体法律关系的变动、消灭使原执行依据无法继续具有执行力的逻辑。换言之,形成之诉说以异议权为诉讼标的,异议事由仅仅用于判断其异议权成立与否,这就导致债务人异议之诉的确认实体法律关系之目的落空;同时,形成之诉说之下,由于债务人异议之诉对实体法律关系的判断无既判力,在实践中容易出现矛盾判决。[20]

为弥补传统诉之类型理论与债务人异议之诉之罅隙,后又出现了命令之诉

---

〔18〕 参见杨与龄编著:《强制执行法论》,中国政法大学出版社2002年版,第186~187页。

〔19〕 参见金印:《论债务人异议之诉的必要性——以防御性司法保护的特别功能为中心》,载《法学》2019年第7期。

〔20〕 参见王娣:《我国民事诉讼法应确立"债务人异议之诉"》,载《政法论坛》2012年第9期。

说、新形成之诉说及救济之诉说。[21] 命令之诉说认为债务人异议之诉以确定实体法律关系之结果,命令执行机关于债务人提出胜诉判决后不得执行原执行的名义,使债务人异议之诉兼具确认实体法律关系和排除执行力的双重效果;[22]但该说将债务人异议之诉的胜诉判决视为对执行机关的命令,忽视了执行机关对于确认实体法律关系和作出排除强制执行的裁定均具有判断权,因此也具有局限性。新形成之诉说在形成之诉说的基础上,引入"争点效"理论作为补丁,将法院对实体法律关系的判断作为先决问题处理,该先决问题对后诉具有约束力,[23]但其缺陷在于"争点效"理论本身存在争议,[24]故该说在实践方面仍有较大的阻碍。救济之诉说突破传统诉讼类型的束缚,认为债务人异议之诉同时具备形成之诉和确认之诉的特质,[25]兼具确定实体法律关系和排除执行力的双重机能,且克服了命令之诉说的缺陷,将实体法律关系和相应的程序法律关系的判断都归入法官的裁判权。对该说之批判主要为救济之诉说不属于传统诉讼类型,[26]但传统的三大诉讼类型并非能够囊括所有诉讼分类,不宜过分囿于传统诉讼类型的框架,[27]且债务人异议之诉横跨执行程序与诉讼程序,并作为执行救济程序的形式出现,在其请求内容上呈现出确定实体法律关系和排除强制执行之双重请求,其特殊性注定了债务人异议之诉难以被传统的诉讼类型所涵盖。另外,救济之诉说糅合了确认之诉与给付之诉,本质上并未完全背离传统诉讼类型的划分框架。综上,救济之诉说或更为合理。

(二)异议事由与诉的强制合并

在讨论本小节问题前,我们可假设这样一种情形:债权人甲与债务人乙存在生效的金钱债权清偿的判决,但在法庭辩论终结后、判决生效之前,第三人丙向债权人甲代为履行了本属于乙的金钱债务,甲依旧申请执行该生效判决;与

---

〔21〕 参见朱新林:《论民事执行救济》,中国政法大学出版社2015年版,第164~165页。

〔22〕 参见赖来焜:《强制执行法总论》,台北,元照出版有限公司2007年版,第585页。

〔23〕 参见赖来焜:《强制执行法总论》,台北,元照出版有限公司2007年版,第585页。

〔24〕 参见纪格非:《"争点"法律效力的西方样本与中国路径》,载《中国法学》2013年第3期。

〔25〕 参见杨与龄编著:《强制执行法论》,中国政法大学出版社2002年版,第187页。

〔26〕 参见王娣、孙凌岳:《论债务人异议之诉》,载《北京科技大学学报(社会科学版)》2011年第3期。

〔27〕 参见[日]高桥宏志:《民事诉讼法制度与理论的深层分析》,林剑锋译,法律出版社2003年版,第68~69页。

此同时,在执行程序开始后,乙对甲的金钱债权已届清偿期,此时乙对甲亦享有抵销权。根据《执行草案》第 88 条第 1 款的表述,可推知“异议事由”是指“发生消灭或者妨碍申请执行人请求的抗辩事由”,即能够对抗执行名义所载请求权的事由,对应到实体法上,则属于实体法上的抗辩权。〔28〕 由此,在上述情形中,首先,需回答的问题是,对于第三人代为清偿的事实,是否能构成乙对甲的异议事由？这一问题关涉到异议事由发生的标准时。其次,假使第三人代为清偿的事实构成了异议事由,则乙对甲具有两项事由。《执行草案》第 88 条第 2 款规定:被执行人知道或者应当知道存在多个异议事由的,应当在异议之诉中一并主张。此处“应当一并主张”,是否构成“强制诉讼合并”？这一问题对于《执行草案》第 88 条第 2 款的适用结果或许不会产生实质影响,但决定了该条规定的性质与解释进路,融合其法理逻辑。

就异议事由发生的标准时而言,根据《执行草案》第 88 条的规定,异议事由应发生在执行依据生效后,若执行依据的类型为判决,则需要满足送达这一程序要件,若为一审判决,还需经过上诉期限。据此,上述案例中第三人丙代为清偿的事实则不构成乙对甲的异议事由。这就导致即使债务人在判决生效后才知晓法律关系变动的事由,但由于这一原因事实发生在法庭辩论终结后、判决生效后,因此不在债务人异议之诉的辐射范围内。由此,这一时段产生的原因事实,只能通过另行起诉的方式解决,有碍债务人的合法权益的及时保护。在一些大陆法系国家和地区的相关立法中,如日本对不同债务名义的类型作了不同标准时的规定,将债务名义区分为判决和判决以外的其他债务名义,对于判决类的债务名义,异议事由出现的标准时为辩论终结后。〔29〕 这样分类的合理性在于,对于判决类的债务名义,辩论终结后法院已经完成了事实认定,债务人已无法就此原因事实进行及时抗辩。故我国《执行草案》第 88 条或可在异议事由成立的标准时方面再行分类构造。

就“多个异议事由一并主张”的性质而言,须厘清债务人异议之诉的诉讼标的为何。诉讼标的的确定关涉到诉讼标的理论的选择,大体上看,目前关于诉讼标的之争论存在旧实体法说、新实体法说、诉讼法说的分野。〔30〕 尽管关于诉讼标的理论的讨论不断精细化,每一学说都具有其合理性和自洽性,但诉讼标

---

〔28〕 参见吴俊:《债务人异议之诉的实体基础与程序构造》,载《中国政法大学学报》2023 年第 2 期。

〔29〕 参见日本《民事执行法》(1979 年)第 35 条。

〔30〕 参见姜世明:《民事诉讼法基础论》,台北,元照出版有限公司 2018 年版,第 27 页。

的理论的选择应立足于实践需要展开,若不区分程序环节,力求建立一个任何程序下均可应用的诉讼标的理论,虽然统一了理论标尺,但可能因此限制诉讼标的理论的生动性;另外,立案、审判、执行各环节虽彼此牵连,但在程序运作和基本目标上存在差异,因此在诉讼标的理论的选取上也应当贴合不同程序的特点和机能,以实现三环节配合无虞。作为联结执行程序和诉讼程序的救济制度,债务人异议之诉具有程序上排除执行依据强制执行力和实体上确认民事法律关系的双重性质,故相应地,其诉讼标的也应当具有这种双重性。因此,在关于《执行草案》第 88 条第 2 款的理解上,诉讼法说或许更具有这种同时负担程序上救济与实体确权效力的优势,其原因在于新旧实体法说均以实体上的法律关系为诉讼标的,二者区别仅在于对请求权竞合的解释不同,但实体上的请求权无法承载程序上的"排除强制执行"的请求,忽略了债务人异议之诉的程序救济的特性。诉讼法说以二分肢说为主要流派(下文所提及的诉讼法说均具体指代二分肢说),根据这一学说,诉讼标的为诉讼上的请求权,并由诉之声明和该请求所陈述之生活事实共同构成。[31] 由此,《执行草案》第 88 条第 2 款所规定的"异议事由"则对应到"生活事实",而"请求法院排除强制执行"则对应为"诉的声明",故而,"应当一并主张"则指向异议事由所涉生活事实的主张。综上,依据诉讼法说,上述案例中,乙若依据不同异议事由提起债务人异议之诉,则构成不同的诉讼标的。但二者均以排除强制执行为其共同诉的声明,若在同一债务人异议之诉中同时以上述异议事由请求排除强制执行,实质上构成了诉的重叠合并,即诉讼标的不同但诉的声明相同的诉的客观合并。[32] 再回到法律文本中,此处的"应当在异议之诉中一并主张",实际上包含了必须在同一债务人异议之诉中提出有关的异议事由,且法院必须在同一诉讼程序中合并审理的要求。故《执行草案》第 88 条第 2 款实质构成了关于"诉的强制合并"的规定,且为诉的客体之强制合并,即债务人不得以其未主张的异议事由再度提起债务人异议之诉。在上述情形下,乙在明知其两项异议事由的前提下,仅仅主张一项异议事由而提起债务人异议之诉败诉后,不得再以另一项异议事由提起债务人异议之诉。在司法实践当中,原则上应当禁止再诉,但若债务人有证据能证明其确实不知道他项异议事由的,应当允许其再次提起债务人异议之诉。

这一规定的合理性在于,无论以何种异议事由提起债务人异议之诉,其核

---

〔31〕 参见前引〔30〕,第 107 ~ 110 页。

〔32〕 参见严仁群:《实体法:请慎入程序法之域——以民事责任竞合为例》,载《法律科学(西北政法大学学报)》2010 年第 3 期。

心诉求均在于排除执行依据的强制执行力,从纠纷解决的结果来看,只要达成排除强制执行的诉讼目的即可,因此诉的强制合并的规定有助于债务人异议之诉之实体法律关系的一次性确认和程序法律关系的一次性形成,[33]深刻影响着债务人异议之诉的既判力之范围,亦是债务人异议之诉效率价值的再体现,同时,也为我国"诉的强制合并"理论在立法上扩充了解释和适用的空间。

综上,《执行草案》第 88 条仍有精细化构造的空间,在其第 1 款标准时的规定上,可以将债务人异议之诉中异议事由出现的标准时,按照执行依据的类型进行分别规定,即将判决类的执行依据作为其例外情形,具体可表述为:执行依据生效后,发生消灭或者妨碍申请执行人请求的抗辩事由的,被执行人可以在执行程序终结前,以申请执行人为被告,向执行法院提起诉讼,请求不予执行;执行依据为判决的,异议事由发生在法庭辩论终结后的,被执行人可在执行程序终结前以申请执行人为被告,向执行法院提起诉讼,请求不予执行。至于对该条第 2 款"多个异议事由一并提出"的理解,应以诉的强制合并的解释进路为宜。

四、我国债务人异议之诉制度与其他制度的适配

债务人异议之诉联结执行程序与诉讼程序,若《执行草案》第 88 条得以正式确立,在适用中须注意与其他法律规范及执行制度的配合。因此,本部分以债务人异议之诉与《最高人民法院关于适用〈中华人民共和国民事诉讼法〉的解释》(以下简称《民诉解释》)第 248 条的调和以及与执行和解制度的衔接为例,以预先回应该条规定适用后可能出现的规则适配的问题。

(一)《执行草案》第 88 条与《民诉解释》第 248 条之调和

《民诉解释》第 248 条规定在裁判生效后,当事人可以以新发生的事实再次向人民法院提起诉讼。这一条规定被认为既属于《民诉解释》第 247 条"重复起诉"的例外规定,又构成了民事诉讼标准时之认定。[34] 据此,当被执行人在执行程序开始后、执行程序终结前,发生了"消灭或者妨碍申请执行人请求的抗辩事由"的情形,也属于《民诉解释》第 248 条的"新的事实",且在标准时上,也满足了上述条文所规定的"裁判生效"后的要件。另外,债务人异议之诉之目的在

---

〔33〕 参见陈衍桥:《我国债务人异议之诉制度的确立及其构造》,载《法学研究》2019 年第 4 期。

〔34〕 参见林剑锋:《既判力时间范围制度适用的类型化分析》,载《国家检察官学院学报》2016 年第 4 期。

于排除对现有执行依据的强制执行,而非否定原执行依据的正当性,因此关于执行依据所涉实体法律关系的判断也不受到执行依据的既判力的遮断。从这一层面上来看,《执行草案》第 88 条与《民诉解释》第 248 条实质上为被执行人提供了两种救济路径,充分尊重了被执行人的程序选择权,即被执行人既可以提起债务人异议之诉,又可以选择向法院以新事实提起诉讼,当然,两种程序在功能和机制上的不同,可能会影响当事人的诉讼策略的选择。换言之,在未选择救济程序的前提下,二者处于并行的位置。需要进一步讨论的是,债务人异议之诉是否可以与依据《民诉解释》第 248 条再另行提起诉讼同时适用呢?适用序位的不同是否对案件审理有所影响?

在此还需厘清几个先决问题:其一,债务人异议之诉能否负担给付功能。若申请执行人的部分债权得以执行,被执行人可否在债务人异议之诉中请求申请执行人返还因执行得到的财产?依据上文对于债务人异议之诉的诉讼性质和诉讼标的的分析,债务人异议之诉兼具确认实体法律关系和变更执行程序上的法律关系的功能,因此被认为是救济之诉;同时,按照诉讼法说,债务人异议之诉的诉讼标的为异议事由所属的生活事实以及排除强制执行的请求。且从《执行草案》第 88 条的表述来看,难以解释债务人异议之诉具有实现给付请求的功能,反而其确权功能可以在"异议事由"与"排除强制执行"的关联性上具有解释的余地。故债务人异议之诉不具备给付功能,被执行人的给付请求可以提起另诉,请求返还所执行的财产,或在取得债务人异议之诉之胜诉判决后,通过执行回转程序实现。其二,债务人异议之诉的既判力客观范围。由上分析,债务人异议之诉之既判力客观范围受到诉讼标的的影响,因此对于异议事由所涉及的实体法律关系的存在与否也落入其既判力的客观范围。

综上,有关于债务人异议之诉与依据《民诉解释》第 248 条提起的诉讼之关联,实质限定在了依据《民诉解释》第 248 条提起确认之诉的范围内,且此时的确认之诉须具备诉的利益,原因在于给付之诉因其诉讼性质,无法在债务人异议之诉中得以解决,故此时二者并不存在调和空间。在明确先决问题后,再来讨论两项救济程序能否同时适用以及不同序位的处理方式,此时需要分情况处理。

第一种情形:被执行人提起了债务人异议之诉,在此诉尚未审结时,又依据《民诉解释》第 248 条提起新的确认之诉。此时债务人异议之诉中关于异议事由存在与否的实体判断均为后诉的实体判断事项,由上,在判断实体法律关系存在与否的范围内,债务人异议之诉对后诉具有遮断效力,但根据《民诉解释》第 247 条之规定,债务人异议之诉与后诉似乎可以同时提起,因此从法律适用的角度来看,同时提起并不违反法律规定,但这样极易导致矛盾判决,例如可能会出现债务人异议之诉因异议事由不成立而败诉,但确认之诉请求得到支持的情况。因此,在此种情形下,应当限制两种救济程序的同时适用。

第二种情形:若被执行人在债务人异议之诉取得生效判决后,再度依据《民诉解释》第248条提起确认之诉或给付之诉,此时从诉讼经济的视角来看,有浪费司法资源之嫌,原因在于前诉已经判断了实体法律关系,作出了是否排除强制执行的判决,后诉没有必要再提起一个确认之诉,此时也应当限制后诉的提出。

第三种情形:被执行人先依据《民诉解释》第248条提起新的确认之诉,取得生效判决后,再向执行法院提起债务人异议之诉。此时前诉对后诉在实体法律关系的判断上具有遮断效力,后诉法院须以前诉所产生既判力为前提作出是否排除强制执行的判断。

综上,《执行草案》第88条与《民诉解释》第248条在被执行人未选择救济程序之前处于并列地位,被执行人可以根据其需要选择不同的程序;为避免矛盾裁判,被执行人无论选择提起债务人异议之诉或是依据《民诉解释》第248条提起确认之诉,都应当限制两种救济路径的同时适用,"同时适用"是指诉讼尚未审结又选择另一救济路径的情况;在已经作出关于债务人异议之诉的生效判决后,再提出确认之诉的,出于司法经济的考量,也应当限制再提出确认之诉;唯有在确认之诉判决已生效的情形下,被执行人可以再行提起债务人异议之诉,但须以前诉的裁判结果为前提。

(二)执行和解协议中被执行人的实体救济与债务人异议之诉的衔接

依据《最高人民法院关于执行和解若干问题的规定》(以下简称《执行和解规定》)第9条确立了和解协议制度下申请执行人的"双轨制"选择。[35] 问题在于,执行和解协议的存在,是否能构成《执行草案》第88条中的异议事由?以及若申请执行人依据《执行和解规定》第9条向法院就执行和解协议的履行提起诉讼,获得新的执行依据时,被执行人如何借助债务人异议之诉来实现其权利救济?这需要先明确执行和解协议的存在能否自动阻断执行依据的强制执行力,以及执行和解协议履约诉讼所获得的新执行依据与原执行依据的关系。

这一问题关涉到执行和解协议的性质以及与执行依据的关系。就执行和解协议的性质而言,存在诉讼行为说和私法行为说。[36] 诉讼行为说认为当事人

---

〔35〕 参见前引〔7〕。

〔36〕 参见张卫平:《执行和解制度的再认识》,载《法学论坛》2016年第4期。

的执行和解协议能直接产生执行法上的效力，同时约束执行机关和执行当事人，执行和解协议不具有可诉性；私法行为说则主张执行和解协议的本质为私法上的契约，其仅能导致实体法律关系的变动，而不直接产生执行程序上的法律效果。[37] 从《执行和解规定》第9条来看执行和解协议具有可诉性，其私法性质得以强化，因此在我国语境下，其性质更偏向“私法行为说”[38]。由此，执行和解协议实质变更了执行依据的内容，且依据上述规定，也表明执行和解协议并非执行依据，不具有当然的强制执行力。另外《执行和解规定》第2条规定了法院可以裁定中止执行程序的事项，此处的“可以”表明执行和解协议无法自动阻却对执行依据的强制执行。若在申请执行人违反执行和解协议申请强制执行，或者执行过程中执行当事人达成执行和解协议，但执行当事人未主动向法院提交执行和解协议的情形下，执行和解协议的履行与执行依据的执行将出现并行的状态，这也意味着申请执行人会因此受到“双重给付”。在这一问题上，最高人民法院指导案例第119号明确了对于双方当事人自行达成和解协议的，一方当事人请求执行院执行依据的，法院也应当受理；被执行人以已履行和解协议为由提出执行异议的，可参照《执行和解规定》第19条进行处理。[39]《执行和解规定》第19条将此类问题按照执行异议的途径解决，并按照当事人自行达成的和解协议的履行状况进行处理。此时对于被执行人来说，由于执行和解协议的存在，实质上变更了原执行依据确定的法律关系，且涉及对执行和解协议是否存在、有效的实质判断，将其放置在“执行异议”中解决并不恰当。故在执行过程中当事人自行达成的和解协议，构成了《执行草案》第88条规定的“异议事由”，被执行人可据此提起债务人异议之诉，排除对执行依据的强制执行。另外，在被执行人履行完执行和解协议后，消灭了原执行债权，当然可以以执行请求权的消灭事由，提出债务人异议之诉以实现其权利救济。

若申请执行人就履行执行和解协议向执行法院提起诉讼且获得新执行依据时又该如何处理？依据《执行和解规定》第13条的规定，若申请执行人申请恢复执行的，将自动消除执行和解协议履约诉讼的救济路径，但申请执行人先提起执行和解协议履约之诉，又申请恢复执行名义的情形却并未禁止，因此原

---

〔37〕 参见张卫平：《执行和解制度的再认识》，载《法学论坛》2016年第4期。

〔38〕 参见吴俊：《债务人异议之诉的实体基础与程序构造》，载《中国政法大学学报》2023年第2期。

〔39〕 参见安徽省滁州市建筑安装工程有限公司与湖北追日电气股份有限公司执行复议案，最高人民法院指导案例119号（2019年）。

执行依据的执行程序的继续与新执行名义的执行理论上存在并行的可能性;且依据该规定第14条的规定,执行法院可以裁定对原生效法律文书的执行,说明执行和解协议履约诉讼也并不自动产生终结原执行依据的效力。故新执行名义与原执行名义有同时存在的法律空间,因此也存在"双重给付"的困境。对待这一问题,可以参考大陆法系其他国家或地区的通行做法,即无论哪一执行依据得以执行,被执行人均可以就后位执行依据在执行终结前提出债务人异议之诉以排除该执行依据的强制执行力。[40] 其实践合理性在于:一方面无论哪一执行依据得到履行,均构成对后位执行依据的异议事由,满足前述所分析的我国债务人异议之诉之基本构成要件;另一方面,执行和解协议与原执行依据存在双轨并行的可能性,反映到司法实践中,也成为"执行乱"现象之具象表现,若暂时无法从执行和解制度本身寻求解决之道,或可"借道"债务人异议之诉制度,以填补执行和解制度可能存在的实践漏洞。

综上,《执行草案》第88条中"请求不予执行"的理解,应当反映在其判决结果中:若被执行人获得了胜诉判决,判决结果应当载明停止部分执行、全部执行或暂时中止,这需要从实体规范和程序制度的配合方面综合考量。在存在执行和解协议的前提下,为了保障申请执行人的"双轨制"救济渠道,即使被执行人就债务人异议之诉获得胜诉判决,也不当然地彻底排除执行名义的执行力,而是将原执行名义的强制执行力暂时"悬置"起来,成为法院依职权裁定是否中止执行的考量因素。

五、结语:实体与程序的相互映射

执行程序围绕着执行名义而展开,若执行名义所载法律关系发生了变更或消灭,执行程序的继续运行将导致被执行人的实体权益遭受侵害。因此,债务人异议之诉之机能在于将实体法律关系的变更映射到执行程序中,从而相应地产生程序层面的法律效力。故《执行草案》第88条的设置目的就在于在执行程序中延伸出一条被执行人快速转入诉讼程序的通道,来保障执行程序终结前被执行人实体权利的救济,因此,探究这一制度必然要在实体和程序之间来回流转,且其作为规定在执行程序中的救济措施,亦应当重视程序内部的价值平衡以及和其他执行制度以及相关法律法规适配。《执行草案》第88条吸取了学理讨论的成果以及域外有益的经验,但在其具体应用中,仍存在精细化构造的空

[40] 参见赖来焜:《强制执行法总论》,台北,元照出版有限公司2007年版,第279页。

间,比如有关于不同类型的执行依据,在债务人异议之诉的构成要件上或可作出区别处理;在该条规定的体系化建构上,应当重视债务人异议之诉制度与其他制度的协调配合,调适好债务人就已经变更的实体法律关系提出的确认之诉与债务人异议之诉的适用位阶,尤其在执行和解协议的执行问题当中,更应当厘清执行和解协议履行之诉与债务人异议之诉的关系,处理好原执行依据、执行和解协议履行之诉之新执行依据的执行顺位问题。

全球治理与国际法治

论“货币黄金原则”的司法适用

何亦捷*

摘要：

“货币黄金原则”是国际法院划定其管辖权行使边界的重要原则，其法理依据为“国家同意构成管辖权基础”，在第三方“同意”缺位的情况下，国际争议解决机构便不能对第三国的权利义务关系进行裁判。《国际法院规约》第59条和第62条对第三方法律利益保护的有限性亦间接为“货币黄金原则”的必要性提供了证成。同时，“货币黄金原则”在司法适用中存在制度张力。该原则与“介入”机制均能够发挥保护缺席第三方法律利益的作用，但二者在法律渊源、制度机能、制度目的、适用条件等方面存在区别。此外，在国际争端“多边化”趋势不断加强的当下，作为程序法规则的“货币黄金原则”亦与实体法意义上的“对世义务”存在互动。

关键词：

国际法院；货币黄金原则；管辖权；介入程序；对世义务

一、问题的提出

国际司法机构[1]在处理国家间法律争端时，往往需要在属事管辖（*ratione materiae*）、属人管辖（*ratione personae*）、案件可受理性（admissibility）等方面对案件的先决问题（preliminary question）进行判断。而“货币黄金原则”（the

---

* 何亦捷，女，武汉大学法学院硕士研究生，研究领域为国际公法。感谢中山大学硕士生张东妮同学对本文写作方面的鼓励和建议。

〔1〕 本文所指的国际司法机构泛指使用国际法裁决争端或发布咨询意见的国际机构。除包括国际法院、国际刑事法院（International Criminal Court，ICC）等严格意义上的常设国际法庭外，还包括准国际司法机构，如世界贸易组织（World Trade Organization，WTO）争端解决机构，以及临时性的国际仲裁庭。

Monetary Gold Principle)[2]是国际司法机构在判断是否能够对案件行使管辖权时需要考虑的重要原则之一。

"货币黄金原则"产生于国际法院 1954 年审理的"货币黄金案"(*Monetary Gold Removed from Rome in* 1943)[3],在该案中法院指出,如缺席第三方[4]的法律利益直接构成了案件的裁判对象,则法院不能对案件行使管辖权。而在长期国际司法实践中,该案裁判也常被当事方作为"初步反对意见"(preliminary objection)[5]提出,以阻断案件进入实体审理阶段。在国家间联系日益密切的当下,国家间争端呈现出从"双边性"向"多边化"的演变趋势。看似仅存在于"国与国之间"的双边争端也对第三国乃至整个国际社会的利益多有牵涉,"货币黄金原则"的司法适用空间也相应进一步扩大。在这一背景下,有必要对国际法上"货币黄金原则"的司法适用展开系统研究,准确把握该原则司法适用条件,并分析该原则的法理依据与其他制度间的张力,并结合国际法院的新近案例,对该原则的发展动向进行展望,从而对我国的国际法治实践有所裨益。

二、国际法院对"货币黄金原则"的阐释与适用

在"货币黄金案"中,国际法院指出:"如果第三方的法律利益(legal interest)不但会被法院的裁判所影响,同时还直接构成了本案的裁判对象(the very subject-matter of the decision),则在没有第三方同意的情况下,法院不能对任何国家,无论是第三方或者当事国的任何一方,作出具有约束力的决定。"[6]以此案为开端,国际法院在涉及第三方的案件中反复援引了这一论断,并将该

[2] "货币黄金原则"又称为"不可或缺第三方"原则(indispensable third party),参见郑坚铭:《"不可或缺第三方原则"研究及对我国解决南海争端的启示》,载《北方法学》2017 年第 4 期。See Martins Paparinskis, *Revisiting the Indispensable Third Party Principle*, 103 Rivista di Diritto Internazionale 49(2020).

[3] *Monetary Gold Removed from Rome in* 1943 (*Italy v. France*, *United Kingdom of Great Britain and Northern Ireland and United States of America*), Preliminary Question, Judgment, I. C. J. Reports 1954.

[4] 本文所指的第三方为"在双边关系之外,通过启动诉讼程序所产生的一方"。See Christine Chinkin, *Third Parties in International Law*, Oxford University Press, 1993, p. 7.

[5] 根据《国际法院规约》第 79 条的规定,被告方可以对案件的管辖权和可受理性提出"初步反对意见"。

[6] *Monetary Gold Removed from Rome in* 1943, *supra* note 4, p. 33.

案法理抽象为"货币黄金原则"。后续的司法实践对这一原则的内涵进行了延续和丰富。在1992年的"瑙鲁磷酸盐地案"(*Certain Phosphate Lands in Nauru*)(以下简称"瑙鲁案")中,国际法院对该原则进行进一步阐释,指出"货币黄金案"的法理包含了"先决条件"(prerequisite)的内涵。[7] 纵观既往司法实践,国际法院对"货币黄金原则"的适用秉持较为谨慎的态度。在"货币黄金案"41年后,国际法院才在1995年的"东帝汶案"(*East Timor Case*)[8]中再次适用了"货币黄金原则",放弃对案件行使管辖权。

(一)"货币黄金案"中"裁判对象说"的提出

"货币黄金原则"产生于"货币黄金案",在该案中当事方围绕一笔黄金的归属和分配产生了争议。1943年,德国从意大利罗马夺走了原属于阿尔巴尼亚的黄金。在"二战"后,英国、法国和美国意图将在德国发现的黄金用来赔偿在"二战"中被德国劫掠了黄金的受害国。由于"科孚海峡案"(*Corfu Channel Case*)[9]国际法院判令阿尔巴尼亚对英国的赔偿义务,英国便主张阿尔巴尼亚应将黄金交付给英国。然而,意大利却依据战后阿尔巴尼亚新政府对国家银行进行了国有化的事实,主张其对阿尔巴尼亚享有优先追偿的权利。为了解决这一问题,英、美、法三国将对黄金的归属问题提交仲裁,如果仲裁裁判认为该笔黄金归属于阿尔巴尼亚,除非阿尔巴尼亚或者意大利在90天内向国际法院起诉,否则这笔黄金直接归属于英国。阿尔巴尼亚没有对该声明进行任何回应,但意大利向国际法院提起了诉讼,其主张有二:其一,对于前述国有化行为,阿尔巴尼亚应当对意大利进行赔偿;其二,对该笔黄金享有优先获偿权。

但在处理该案的先决问题阶段,意大利作为原告,却提出了一般由被告所提出的"初步反对意见",意图阻止国际法院对案件进行实体裁判。意大利主张该案涉及阿尔巴尼亚的国家责任,但阿尔巴尼亚却没有参与该诉讼,因此法院不能对该案行使管辖权。[10]

---

[7] See *Certain Phosphate Lands in Nauru* (*Nauru v. Australia*), Preliminary Objection, Judgment, I. C. J. Reports 1992, para. 55.

[8] *East Timor* (*Portugal v. Australia*), Judgment, I. C. J. Reports 1995.

[9] See *Corfu Channel Case* (*UK v. Albania*), Judgment of Merits, I. C. J. Reports 1949, p. 36.

[10] See Monetary Gold Removed from Rome in 1943 (Italy v. France, United Kingdom of Great Britain and Northern Ireland and United States of America): Overview of the Case, International Court of Justice, https://www.icj-cij.org/en/case/19 (last visited 19th April, 2023).

在这一情况下,国际法院指出阿尔巴尼亚的法律利益“构成了本案的裁判对象”,在没有阿尔巴尼亚同意的情况下,法院不能对这一问题进行裁判,否则便是“对国际法院仅在一国同意的情况下才能对其行使管辖权这一规则的僭越”[11]。基于此,国际法院法官一致认为法院不能对意大利的第一项诉求行使管辖权。[12]

而在“货币黄金案”后续案件中,国际法院延续了该案法理并提炼为“货币黄金原则”,进一步厘清了该原则司法适用的条件。在1984年的“尼加拉瓜和针对尼加拉瓜的军事和准军事活动案”(*Military and Paramilitary Activities in and against Nicaragua*)中,美国主张尼加拉瓜的诉讼请求牵涉他国的权利义务关系,其中因洪都拉斯将其领土用作非法使用武力的发起地(staging ground),其权利义务将尤其受到案件裁判的影响。[13] 国际法院指出该案中其他国家的地位并不同于“货币黄金案”中阿尔巴尼亚的地位,并认为一国仅受到裁判的影响的情形并不能触发“货币黄金原则”的适用,只有在“构成本案的裁决对象”时,法院才能放弃对案件行使管辖权。[14]

对上述案例进行总结,国际法院将该原则的法理概括抽象为“裁判对象说”,即在第三方权利义务构成案件的实体裁判对象时,法院将放弃对案件行使管辖权。

(二)“瑙鲁案”对“先决条件说”的阐释

国际法院在“瑙鲁案”中对“货币黄金案”的法理进行了回顾,并由此提出了“先决条件说”,即“判决第三方的责任构成本案裁判的前提或基础,则法院不能行使管辖权”。在该案中,瑙鲁作为曾经的德国殖民地,在“二战”后被交付给澳大利亚、新西兰、英国三国进行共同托管。托管期间,三国以不可持续的方式大肆开采岛上的磷酸盐,对当地环境造成了巨大破坏,使瑙鲁岛上许多土地因此无法居住。瑙鲁独立后,其就独立前澳大利亚开采磷酸盐地的行为提起诉讼。而澳大利亚初步反对意见指出,新西兰和英国均为该案“不可或缺的第三

---

[11] *Monetary Gold Removed from Rome in* 1943, *supra* note 4, p. 32.

[12] *Monetary Gold Removed from Rome in* 1943, *supra* note 4, p. 34.

[13] See *Military and Paramilitary Activities in and against Nicaragua* (*Nicaragua v. United States of America*), Jurisdiction and Admissibility, Judgment, I. C. J. Reports 1984, para. 86.

[14] See *Military and Paramilitary Activities in and against Nicaragua*, *supra* note 16, para. 86.

方"。因三国一并构成管理当局,国际法院对澳大利亚所谓的"违反义务"的判决必然会涉及对新西兰和英国国家责任的判定。在其他两国没有同意的情况下,法院不能单独对澳大利亚进行裁判。[15]

对于这一主张,国际法院重新对"货币黄金案"中的法理进行了审视,其不仅对"第三方的权利义务构成裁决对象"的观点进行了肯定,同时认为"货币黄金案"中更深层的逻辑在于判断阿尔巴尼亚的国家责任是审理"货币黄金案"实体问题的先决条件,二者之间"不仅存在时间上的联系,还存在着逻辑上的联系"。[16] 而在该案中,即使对澳大利亚的责任判断对其他两国的法律情势(legal situation)有较强的指示(well implication),但对其英国和新西兰的责任判断并不构成裁判澳大利亚责任的基础,因此无须适用"货币黄金原则"。[17]

(三)"东帝汶案"中"先决条件说"的适用

自"瑙鲁案"后,国际法院对"货币黄金原则"兼采"裁判对象"和"先决条件"的路径,在司法适用中双轨并行。一方面,法院可以遵循"第三方的法律利益构成本案的裁判对象"的路径适用"货币黄金原则";另一方面,在涉及国家责任的案件中,法院往往会考虑"第三方的国家责任构成本案裁决的前提"的路径,判断是否能够对案件行使管辖权。

而在1995年的"东帝汶案"中,国际法院对上述路径均有讨论,并选择再次适用了"货币黄金原则",放弃对案件行使管辖权。东帝汶曾是葡萄牙的殖民地,在东帝汶发生内乱后,葡萄牙军政机关撤离,东帝汶随即宣布独立,但立刻被印度尼西亚占领。1978年,澳大利亚承认东帝汶为印度尼西亚领土的一部分,并与印度尼西亚签署协议,约定合作开发东帝汶海海洋资源。葡萄牙对澳大利亚提起了诉讼,主张澳大利亚与印度尼西亚签署协议的行为侵害了东帝汶人民的民族自决权以及当时作为东帝汶托管国葡萄牙在托管制度下的权利。[18] 澳大利亚提出的初步反对意见中援用"货币黄金原则",指出如果法院对葡萄牙的诉求进行审理,则法院势必要对印度尼西亚进入东帝汶并在其领土上持续存在的合法性进行判断,在印度尼西亚并不是该案的当事方的情况下,法院不应

---

[15] See Certain Phosphate Lands in Nauru (Nauru v. Australia): Overview of the Case, International Court of Justice, https://icj-cij.org/case/80 (last visited 19th April, 2023).

[16] See *Certain Phosphate Lands in Nauru*, *supra* note 10, para. 55.

[17] See *Certain Phosphate Lands in Nauru*, *supra* note 10, para. 55.

[18] See East Timor (Portugal v. Australia): Overview of the Case, International Court of Justice, https://icj-cij.org/case/84 (last visited 19th April, 2023).

对该案行使管辖权。而国际法院采纳了澳大利亚的意见,指出印度尼西亚的权利和义务构成了该案的“裁判对象”。[19] 此外,国际法院还对“货币黄金原则”的内涵进行了进一步阐释,认为有关东帝汶大陆架资源的缔约权归属和印度尼西亚进入东帝汶并在其领土上持续存在的合法性实际上构成了该案裁判的“先决条件”,法院不能在缺乏印度尼西亚同意的情况下对这一问题进行判断。[20] 基于此,国际法院使用了“货币黄金原则”,裁定其不能对案件行使管辖权。

(四)后续案件兼采“裁决对象说”与“先决条件说”

需要厘清的是,国际法院在“东帝汶案”中提出的“先决条件说”,并不意味着是对“裁决对象说”的摒弃,而是在此基础上进行了法理深化。在“东帝汶案”后的一系列涉及国家责任的案件中,法院都选择延续“东帝汶案”的思路,在判断“货币黄金案原则”的司法适用的问题上兼采两种学说。例如,在2005年“刚果境内的武装活动案”(*Armed Activities on the Territory of the Congo*)中,法院指出:“对于刚果关于卢旺达的指控,卢旺达的利益明显不构成法院裁判的对象,卢旺达的国家责任也不构成作出本案裁判的前提。”[21] 又如,在2011年“1995年9月13日临时协定适用案”(*Application of the Interim Accord of* 13 *September* 1995)中,国际法院认为,“希腊的行为可以独立于北约的决定,北约及希腊以外北约成员国的权利和义务既不构成法院实体裁判的对象,对其责任的评价也不会成为‘确定被告方责任的先决条件’”[22]。由此可见,对于涉及国家责任的案件,法院会兼采“裁决对象说”与“先决条件说”,判断一国的法律利益构成裁判对象,或者国家责任构成裁判先决要件,倘若二者符合其一,法院将放弃对案件行使管辖权。

而对于不涉及国家责任的案件,国际法院仅会以“裁判对象说”否定“货币黄金原则”的司法适用。如在1990年的“陆地、岛屿和海洋边界争端案”(*Land, Island and Maritime Frontier Dispute*)中,国际法院认为,无论判决结果如何,法院的裁判都会对尼加拉瓜的法律利益产生影响,但“即便如此,这一利益也不会如‘货币黄金案’中的利益一样构成本案的裁判对象”,从而不存在

---

〔19〕 See *East Timor*, *supra* note 11, para. 34.

〔20〕 See *East Timor*, *supra* note 11, para. 35.

〔21〕 *Armed Activities on the Territory of the Congo* (*Democratic Republic of the Congo v. Uganda*), Judgment, I. C. J. Reports 2005, para. 204.

〔22〕 *Application of the Interim Accord of* 13 *September* 1995 (*The Former Yugoslav Republic of Macedonia v. Greece*), Judgment, I. C. J. Reports 2011, para. 43 – 44.

"货币黄金原则"的使用空间。[23] 此外,2002 年的"喀麦隆诉尼日利亚陆地和海洋边界案"(*Land and Maritime Boundary between Cameroon and Nigeria*)也采取了同样的裁判方式。[24]

三、"货币黄金原则"的理论依据:国家同意与法院权能的权衡

"货币黄金原则"的法理体现国际司法机构在尊重国家同意和行使裁判权能之间的权衡,如果第三方法律利益构成案件的"裁判对象"或裁断案件的"先决条件",基于第三方"同意"的缺位,法院将拒绝对案件行使管辖权。除"货币黄金原则"之外,《国际法院规约》第 59 条和第 62 条也为第三方利益提供了保障,但二者的实际效用有限。由此,间接确证"货币黄金原则"作为保护第三方利益的程序性解决方案的重要性。

(一)"国家同意"是国际司法机构管辖权的基础

国家同意是国际法的基础,[25] 也是国际司法机构管辖权的基础。[26] 无论是对于争端发生后当事方将争议提交的"自愿管辖",还是依据协定中的争议解决条款的"协定管辖",抑或根据声明产生的"任择性强制管辖"[27],甚至是实践中新发展出的"延迟同意管辖"(*forum prorogatum*)[28],无不是建立在国家同意的基础之上的。需要指出的是,即使"任择性强制管辖"在一定程度上具有强制性的特征,这也并不意味着对国家同意的剥夺,因为强制性仍来源于国家基于自主意思选择做出的对"同意"的授权。

---

〔23〕 *Land, Island and Maritime Frontier Dispute* (*El Salvador/Honduras*), Application to Intervene, Judgment, I. C. J. Reports 1990, para. 73.

〔24〕 See *Land and Maritime Boundary between Cameroon and Nigeria* (*Cameroon v. Nigeria: Equatorial Guinea Intervening*), Judgment, I. C. J. Reports 2002, para. 79.

〔25〕 参见何志鹏:《以诺为则:现代性国际法的渊源特质》,载《当代法学》2019 年第 6 期。

〔26〕 参见李浩培:《国际法的概念与渊源》,贵州人民出版社 1994 年版,第 29 页;朱文奇主编:《国际法与国际争端解决》,中国人民大学出版社 2023 年版,第 339 页;曲波:《国际争端解决中货币黄金原则的适用》,载《当代法学》2020 年第 4 期。

〔27〕 参见《国际法院规约》第 36 条。

〔28〕 参见江国青、杨慧芳:《联合国改革背景下国际法院的管辖权问题》,载《外交评论(外交学院学报)》2012 年第 2 期;易显河、梁晓晖、朱利江:《管辖权延伸回归国际法院》,载《法治研究》2011 年第 12 期。

“货币黄金案”中,法院强调“只有在一国同意的情况下才能行使管辖权”,并认为这是“一项公认的国际法原则”[29]。这一原则最早可溯源至国际常设法院于1924年裁判的“马弗若麦蒂斯巴勒斯坦特许案”(*Mavrommatis Palestine Concessions*),该案裁判指出:“法院必须始终牢记自身的管辖权是有限的,这种管辖权始终是以被告的同意为基础,并且仅限于获得同意的范围之内。”[30]国家同意划定了法院行使裁判权能的空间,也要求法院适当地行使权能。一方面,法院负有基于当事方的同意裁断案件的“积极义务”;另一方面,法院也负有尊重未授予同意的第三方的“消极义务”,避免在行使权能的过程中对第三方利益造成不利影响。

“货币黄金原则”便是法院在权衡其“积极义务”和“消极义务”中的产物,“货币黄金原则”适用的门槛反映法院对第三方同意的重视程度,也“代表着法院拒绝行使其权能的界限”[31]。国际法院的司法实践表明,由于法院需要在管辖权的行使以及保护当事国权利之间寻求平衡,其对“货币黄金原则”的适用较为谨慎,目前仅在“货币黄金案”和“东帝汶案”中适用了该原则。此外,法院也指出了适用该原则的条件,即在案件仅对第三方的法律利益产生影响[32]或指示[33]时,诉讼进程并不当然受到阻断;而仅有在第三方法律利益构成“裁判对象”或者第三方责任构成裁决案件中国家责任的“先决条件”时,法院才会拒绝对案件行使管辖权。[34]

(二)《国际法院规约》第59条不足以保障第三方法律利益

《国际法院规约》第59条规定,“法院之裁判除对于当事国及本案外,无拘束力”。根据这一规则的文本含义,由于第三方并非案件的当事国,判决并不会

---

[29] See *Monetary Gold Removed from Rome in* 1943, *supra* note 4, p. 17.

[30] *Mavrommatis Palestine Concessions* (*Greece v. Great Britain*), Judgment, 1924, P.C.I.J. Series A, No. 2, p. 16.

[31] *Military and Paramilitary Activities in and against Nicaragua*, *supra* note 16, para. 88.

[32] See *Monetary Gold Removed from Rome in* 1943, *supra* note 4, p. 32; *Land, Island and Maritime Frontier Dispute*, *supra* note 26, para. 73; *East Timor*, *supra* note 11, para. 34.

[33] See *Certain Phosphate Lands in Nauru*, *supra* note 10, para. 55; *East Timor*, *supra* note 11, para. 20.

[34] See *Monetary Gold Removed from Rome in* 1943, *supra* note 4, p. 33; *Certain Phosphate Lands in Nauru*, *supra* note 10, para. 55; *East Timor*, *supra* note 11, para. 34.

对其利益产生任何影响。但综观国际法院的司法实践，法院判决的“有限拘束力”却仅停留在形式层面，而并不在实质意义上为第三方利益提供保护。国际法院的司法实践表明，既往的裁判结果和裁判思路往往会得到后案的遵循，[35]除非法院基于“非常特殊的理由”(very particular reason)[36]才会对前案的说理与结论有所偏离。因此，《国际法院规约》第59条并不能对第三国提供充分保护。

在探讨“货币黄金原则”适用可能性的案件中，国际法院也曾指出《国际法院规约》第59条并不能在实质意义上保护第三方的法律利益。[37] 此外，对于涉及若干国家海域的海洋划界情况的案件，这一问题尤为突出。[38] 其中的原因在于，海洋边界一经划定，就会对国际社会产生影响，因此海洋划界从一开始就具有国际性的一面。[39] 由此，案件性质决定了判决对非当事国产生拘束力的必然性，而并不能通过《国际法院规约》文本的规定进行消除。

学者们也对《国际法院规约》第59对第三国利益的效用表示怀疑。国际法院前法官阿吉博拉(Ajibola)指出《国际法院规约》第59条并不能有效保障第三方的利益。[40] 也有观点主张依靠第59条对第三方利益进行保护是“不现实和过分形式化的”[41]，判决在道义层面或者是实际层面的权威效力，对该案实际

---

[35] 国际法院多次在其新判决中援引其(或常设国际法院)的过往判决，甚至称过往案例为“已经确定的法理”(settled jurisprudence)。See *United States Diplomatic and Consular Staff in Tehran* (*United States of America v. Iran*), Judgment, I. C. J. Reports 1980, paras. 33, 37. 而在案情相似的案件中，法院也常常以过往案件为研究起点对案件进行审视。See *Land and Maritime Boundary between Cameroon and Nigeria*, *supra* note 27, para. 28.

[36] *Application of the Convention on the Prevention and Punishment of the Crime of Genocide* (*Croatia v. Serbia*), Preliminary Objections, Judgment, I. C. J. Reports 2008, para. 104.

[37] See *Certain Phosphate Lands in Nauru*, *supra* note 10, para. 342; *East Timor*, *supra* note 11, para. 124.

[38] See *Land and Maritime Boundary between Cameroon and Nigeria*, *supra* note 27, para. 238.

[39] *Fisheries case* (*United Kingdom v. Norway*), Judgment, I. C. J. Reports 1951, para. 132.

[40] Bola Ajibola, *International Court of Justice and Absent Third States*, 4 African Yearbook of International Law 85(1996).

[41] See C. M. Chinkin, *Third-Party Intervention Before the International Court of Justice*, 80 American Journal of International Law 495(1986).

当事方和第三方而言几乎是相同的。[42]

由此观之,《国际法院规约》第59条并不足以为第三方法律利益提供充分保护。相较而言,"货币黄金原则"则能够通过直接阻断当事方的诉讼,进而避免第三方法律利益受到不利裁决的影响。需要指出的是,虽然"货币黄金原则"在一定程度上能够帮助克服《国际法院规约》第59条在司法实践中的局限性,但究其制度本源,其并非由《国际法院规约》第59条生发而来。在"货币黄金案"中,国际法院就已进行明确:《国际法院规约》第59条和国家同意是两个完全不同的问题。《国际法院规约》第59条背后的假设在于"法院至少能够作出有拘束力的判决",而在国家同意缺位的情况下,"法院根本无法作出判决,无论是针对第三方,还是针对当事国"[43]。此外,从《国际法院规约》第59条的文本进行分析,其并未涵摄"货币黄金原则"的法理。结合国际法院的司法实践来看,法院也从未结合《国际法院规约》文本对"货币黄金原则"的法理基础进行阐释。由此,"货币黄金原则"并不是建立在对《国际法院规约》第59条局限性的承认,而更多的是基于司法实践中《国际法院规约》第59条局限性的关切,而演化出的一种"程序性解决方案",具有"次级规则效力"(second order effect)[44]。

由此,在《国际法院规约》第59条不足以充分保障第三方权益的情况下,"货币黄金原则"以"第三方对管辖权的同意缺失"作为依据,在案件进入实体审理阶段前,阻断国际法院对案件行使管辖权,以避免法院判决第三方利益造成过分的不利影响,进而实现保证程序和实质正义的目的。

(三)《国际法院规约》第62条难以补足"国家同意"缺位

《国际法院规约》第62条为非案件当事方创设了"介入"机制,[45]可能受法

---

[42] Tobias Thienel, *Third States and the Jurisdiction of the International Court of Justice: The Monetary Gold Principle*, 57 German Yearbook of International Law 321, 341 (2014).

[43] See *Monetary Gold Removed from Rome in* 1943, *supra* note 4, p. 33.

[44] Zachary Mollengarden & Noam Zamir, *The Monetary Gold Principle: Back to Basics*, 115 American Journal of International Law 41, 67 (2021).

[45] 本文仅对《国际法院规约》第62条所规定的"介入"机制进行讨论。《国际法院规约》第62条第1款规定,"某一国如认为某案件之判决可影响属于该国具有法律性质之利益时,得向法院声请介入案件"。此外,《国际法院规约》第63条还规定了另一种第三方"介入"机制,其一般适用于对多边条约的解释具有一般性的利益的缔约国。See Andreas Zimmermann et al., *The Statute of the International Court of Justice: A Commentary*, 3rd ed., Oxford University Press, 2019, p. 1747.

院判决影响的具体利益的第三方可以通过“介入”参与到诉讼中来。应当明确的是,选择“介入”案件的第三方并不直接成为案件当事方,相应地,也不承担当事方的权利义务关系。[46] “介入”机制与国内法中“第三人申请加入诉讼”的制度多有类似。但需要指出的是,如果在国内的诉讼程序中出现了“不可或缺的第三方”,而第三人并未主动申请加入诉讼,国内法院可以基于其强制力,主动追加第三人,从而推动案件审理的继续进行。而对于国际司法机构而言,其并不具有追加第三人参与诉讼的司法权能。[47] 由此可见,“介入”机制完全依赖于第三方的“同意”。在“不可或缺的第三方”同意缺位的情况下,法院只能放弃对案件行使管辖权,以防止直接对第三方的法律利益或者权利义务关系进行裁判。

此外,“介入”机制的实际效用也存在相当的局限性。综观国际法院的相关案例,第三方“介入”案件的情况并不常见。[48] 一方面的原因在于,对案件进行“介入”的门槛较高,当事方需要对“受案件判决影响的法律利益”和“该利益可能受到何种影响”的问题承担证明责任。[49] 而另一方面的原因在于,“介入”机制是具有投机性的,第三方一般仅会在其对案件裁判具有合法利益的情况下才会申请介入。[50] 值得提出的是,对于存在适用“货币黄金原则”空间的案件而言,第三方选择不进行“介入”不失为一种更明智的诉讼策略。其一,第三方选择不进行介入并不会产生任何的负面影响,其可以希冀法院适用“货币黄金原则”直接阻断诉讼;其二,第三方必须考虑到如果其选择进行介入,在诉讼中的言辞或者表现可能还会在其后第三方提起的单独诉讼中产生类似“禁止反言”

---

[46] Scc *Land*, *Island and Maritime Frontier Dispute*, *supra* note 26, paras. 97 – 98.

[47] See *Military and Paramilitary Activities in and against Nicaragua*, *supra* note 16, para. 88; *Certain Phosphate Lands in Nauru*, *supra* note 10, para. 53.

[48] See Andreas Zimmermann et al., *The Statute of the International Court of Justice: A Commentary* (*2nd edition*), Oxford University Press, 2012, p. 1536; Xu Q, *Reflections on the Presence of Third States in International Maritime Boundary Delimitation*, 18 Chinese Journal of International Law 91, 94 (2019).

[49] See *Sovereignty over Pulau Ligitan and Pulau Sipadan* (*Indonesia/Malaysia*), Application for Permission to Intervene, Judgment, I. C. J. Reports 2001, paras. 34 – 35; *Land, Island and Maritime Frontier Dispute*, supra note 26, para. 61; *Continental Shelf* (*Libyan Arab Jamahiriya/Malta*), Application to Intervene, Judgment, I. C. J. Reports 1984, para. 33.

[50] Christine Chinkin, *Third Parties in International Law*, Oxford University Press, 1993, p. 163.

(estoppel)的效果。[51]

由此可见,《国际法院规约》第62条规定的"介入"机制难以补足第三方的"国家同意"的缺位,进而实现法院行使裁断纠纷的权能。当第三方法律利益构成"裁判对象"或者裁判案件的"先决条件"时,为避免直接对第三方的权利义务关系或法律利益作出裁判,国际法院只能选择适用"货币黄金原则",放弃对案件行使管辖权。

四、"货币黄金原则"的适用与"介入"机制的比较

"货币黄金原则"和第三方"介入"机制均能在一定程度上发挥保护第三方利益的作用,但二者之间存在差异,在司法适用中也存在互动关系。

首先,二者间最为直观的差异在于二者的法律渊源不同。"介入"机制直接来自《国际法院规约》的成文法规定,而《国际法院规约》并未对"货币黄金原则"提供文本支撑,该原则是从司法实践中演化而来的"司法造法"(judicial law-making)[52]。

其次,二者的制度机能存在差异。"货币黄金案原则"属于法院在实体审理阶段之前需要考虑的"先决问题",其能够阻断诉讼进程,限制国际司法机构管辖权的行使。而"介入"机制则是在法院已确立了自身对案件具有管辖权的前提之上,通过赋予第三方参与诉讼的权利,使诉讼程序"多边化",在保障第三方利益的同时继续推进诉讼进程。

再次,二者的适用条件存在区别。适用"货币黄金原则"和"介入"机制都要求第三方利益与案件的实体问题存在一定的关联性,二者的司法适用均具有较高的门槛,[53]但从法理上进行分析"介入"机制的门槛较"货币黄金原则"适用而言较低。[54] 适用"介入"程序仅需要第三方利益达到"可能"(maybe)受到影响的条件即可,无须达到"将会"(will be)或者"必然会"(must be)受到影

---

〔51〕 See Zachary Mollengarden & Noam Zamir, *supra* note 47,64 (2021).

〔52〕 See Andreas Zimmermann et al., *supra* note 48, p. 1700. 参见张华:《反思国际法上的"司法造法"问题》,载《当代法学》2019年第2期。

〔53〕 参见徐奇:《国际法上"货币黄金案原则"的再审视:法理演进和实践挑战——兼评"毛里求斯与马尔代夫海洋划界案"》,载《国际法研究》2021年第5期。

〔54〕 See *Land, Island and Maritime Frontier Dispute*, *supra* note 26, paras. 57,73.

响的程度。[55] 相较而言，“货币黄金原则”的适用条件更为严格，需要达到“裁判对象说”或“先决条件说”的程度。如果案件已经达到适用“货币黄金原则”的条件，而第三方没有申请介入诉讼，法院必须“铭记其管辖权的限制”[56]，放弃对案件行使管辖权。

最后，二者的制度目的不一致。“货币黄金原则”作为一种消极意义的抗辩，旨在对案件“不可或缺的第三方”利益进行保护，防止当前案件直接对第三方法律利益进行裁判。同时，国际法院沙哈布丁（Shahabuddeen）法官还指出“货币黄金原则”对保障诉讼中的“正当程序”具有积极作用，能够维护辩论原则。[57] 此外，该原则背后还存在一定的政策考量，国际司法机构将其管辖权建立在国家同意之上，能够提高国家遵守并履行判决的可能，亦能相应地提升判决的合法性。[58] 相较而言，“介入”机制作为一种积极意义的机制而存在。虽也能为第三方提供保护，但其制度目的并不局限于对第三方进行保护，同时还对当事方将争议提交国际司法机构进行解决的“同意”提供了保护，保证案件当事方的争议解决进程能够得到推进。再者，“介入机制”还能够维护国际司法机构行使“定分止争”权能。在处理“不可或缺的第三方”的问题时，法院的困境在于“在防止当事人作为双边争议向法院提出不利于第三方利益的索赔”和“不允许第三方缺席剥夺法院当事人合法授予的管辖权”之间寻找平衡，[59] 而第三方“介入”机制则为这一问题提供了有效的解决方案，通过给予第三方介入诉讼的方式，消除法院行使管辖权的障碍。

五、“货币黄金原则”与“对世义务”的适用关系

当前，国际争端解决呈现出跳出既定的双边框架结构，而转向多边化发展

---

〔55〕 See *Land, Island and Maritime Frontier Dispute*, *supra* note 26, para. 117.

〔56〕 *Land and Maritime Boundary between Cameroon and Nigeria*, *supra* note 27, para. 238.

〔57〕 *Certain Phosphate Lands in Nauru*, *supra* note 10, Separate Opinion of Judge Shahabuddeen, p. 293.

〔58〕 Florencia Montal, *Does Consent Engender Compliance? Insights from Empirical Research on International Tribunals*, 115 The America International Law Journal 160(2021).

〔59〕 Christine Chinkin, *supra* note 53, p. 202; James Crawford, *State Responsibility: The General Part*, Cambridge University Press, 2013, p. 657.

的趋势。[60] 而在“货币黄金原则”司法适用的语境下,其中“不可或缺的第三方”可能不再局限于“第三国”,而可能是共同体利益,乃至整个国际社会的利益。对于涉及“对世义务”(*erga omnes*)[61]的案件而言,整个国际社会的法律利益都成为案件的裁判对象。此时,是否存在适用“货币黄金原则”的空间,是国际司法机构必须予以回答的问题。

(一)“对世义务”对“货币黄金原则”适用的挑战

在展开“货币黄金原则”与“对世义务”的关系的讨论之前,首先需要对“对世义务”的概念进行厘清。国际法院在“巴塞罗那公司案”(*Barcelona Traction, Light and Power Company Limited*)中首次对其概念进行了界定,法院指出:“应在一国对整个国际社会的义务和外交保护领域对另一国产生的义务之间作出根本区分。本质上讲,前者是所有国家都关注的问题。鉴于所涉权利的重要性,可以认为所有国家对保护这些权利有法律利益,因此与这些权利相对的义务就是‘对国际社会的整体义务’。”[62]休·瑟尔威(Hugh Thirlway)总结认为,“‘对世义务’的实质是任何一个国际社会的成员均有权要求他国履行该义务,即便对该义务的违反并未造成该国的损害”[63]。目前,禁止非法使用武力或禁止侵略、禁止灭绝种族、有关人的基本权利的原则和规则(包括免受奴役和种族歧视)、民族自决权、基于基本人道考虑的国际人道法规则等都曾经被法院承认具有“对世义务”的性质。[64]

在“东帝汶案”中,葡萄牙就曾经基于“对世义务”对“货币黄金原则”的适用提出过挑战,其主张保护人民自决权具有“对世义务”的性质,而法院必须在

---

〔60〕 Akande Dapo, *Introduction to the Symposium on Zachary Mollengarden & Noam Zamir "The Monetary Gold Principle: Back to Basis"*, 115 American Journal of International Law 140(2021).

〔61〕 “对世义务”也译为“对一切义务”或“对国际社会的整体义务”。参见薛捍勤:《国家责任与国家对国际社会整体的义务》,载中国国际法学会主办:《国际法年刊》2004 年卷,法律出版社 2005 年版;[英]詹宁斯、瓦兹修订:《奥本海国际法》(第 9 版),王铁崖译,中国大百科全书出版社 1995 年版,第 3 页;[英]莫里齐奥·拉佳齐:《厦门大学国际法译丛:国际对世义务之概念》,池漫郊译,法律出版社 2013 年版,第 1~2 页。

〔62〕 *Barcelona Traction, Light and Power Company Limited* (*Belgium v. Spain*), Judgment, I. C. J. Reports 1970, para. 33.

〔63〕 Hugh Thirlway, *The Sources of International Law*, Oxford University Press, 2019, p. 169.

〔64〕 参见邓华:《国际法院对强行法的发展:规则和方法》,载《南大法学》2020 年第 3 期。

适用“货币黄金原则”和保护“对世义务”之间进行权衡。[65] 根据这一逻辑,无论该案是否涉及印度尼西亚的国家责任裁判,法院都应该对澳大利亚的责任进行审理裁判。

对于葡萄牙的这一主张,国际法院在实体规则层面肯定了“对世义务”的存在,并确认尊重人民自决权是一项“对世义务”。但是,在程序规则层面,国际法院却对人民自决权的保护给予了否定:“某一条国际法规则的对世义务性质和对国际法院管辖权的同意是相区分的。不论所涉及的义务的性质如何,如果法院的判决将会对第三方的行为的合法性指示某种评价,那么法院就不能对一个国家行为的合法性作出判断。也就是说,即使所涉及的权利具有对世性质,法院也不能做出行动。”[66] 法院通过对程序规则和实体规则进行切割,进而否定了“对世义务”作为适用“货币黄金原则”的适用例外的可能性。

虽然该案的判决完全符合“国家同意构成管辖权的基础”的法律逻辑,但该案件的裁判结果却有“半途而废”之嫌。事实上,该案初步证据表明,对东帝汶大陆架上的自然资源进行开发已经构成了对东帝汶人民的自决权的侵犯,却因为法院对“国家同意”的强调而克制了管辖权行使,从而对这一行为的后果追究不了了之。从人类命运共同体和多边主义的视角出发,国际秩序的构成应当始终立足于国际社会的本位,而国际社会的各成员也应当对实现全人类的利益承担相应的义务和责任。[67] 然而,“东帝汶案”中法院的退让与回避,却揭示了国际法院实体规则和程序规则相脱节,国际社会共同利益的保护仍然受制于“国家同意”的问题。

“东帝汶案”的判决结果引发了对国际法院程序规则的反思,多名国际法院法官都主张该案中错误适用了“货币黄金原则”。如维拉曼特里(Weeramantry)法官在其反对意见中指出该案过度延伸了“货币黄金原则”,并强调法院在考量“货币黄金原则”的司法适用时,不应忽略“法院负有裁断其管辖权范围内案件的司法义务”,同时表达了法院对“对世义务”的忽视会撕裂国际义务网络的忧虑。[68] 此外,专案法官斯库比谢夫斯基(Skubiszewski)也认为,国际法院在该案中表现得过于谨慎,本案不仅满足了管辖权和可受理性的条件,基于对正义

---

〔65〕 See *East Timor*, *supra* note 11, para. 29.

〔66〕 *East Timor*, *supra* note 11, para. 29.

〔67〕 参见李将:《论多边主义价值性的基本构成——以包容和人本价值为视角》,载《太平洋学报》2022 年第 12 期。

〔68〕 See *East Timor*, *supra* note 11, Dissenting Opinion of Judge Weeramentry, p. 137.

的要求,法院也应当履行自身的职能,对案件进行裁断。“东帝汶案”的判决意味着,国际法院将无法处理涉及“对世义务”规则的案件。[69] “东帝汶案”对“货币黄金原则”的适用在学界也激起了波澜。前国际法院法官阿吉博拉(Ajibola)表示,如果在法院能更多地考虑到国际社会的整体利益,该案极有可能得出一个完全不同的结果。[70] 而前国际法院法官布鲁诺·西马(Bruno Simma)则对该案采取更为尖锐的态度,其直接指出这一判决无异于给“对世义务”穿上了“程序性的紧身衣”,仅在口头上主张这一概念体现整个国际社会的利益,却又使其受制于传统的双边程序框架。[71]

在2016年的“停止核军备竞赛和实行核裁军的谈判义务案”(*Obligations concerning Negotiations relating to Cessation of the Nuclear Arms Race and to Nuclear Disarmament*)中,被告英国同样援引了“货币黄金原则”提出了初步反对意见,虽然法院回避了对这一意见的讨论。但克劳福德(Crawford)法官在其反对意见中也指出“货币黄金原则”的局限性,其认为“如果本案中(被告)的确违反了国际法义务,那么适用货币黄金原则将会为(追究)该行为的后果造成极大的限制”[72]。

由此可见,“对世义务”也并不能突破“货币黄金原则”的适用。“东帝汶案”的判决表明,对于涉及“对世义务”的案件,法院仍然选择将对“国家同意”的考量置于优位,而克制对案件行使管辖权。

(二)“货币黄金原则”的适用与“对世义务”间的调和

正如国际法院通卡(Tomka)法官在2016年“停止核军备竞赛和实行核裁军的谈判义务案”的反对意见中指出,国际司法争端解决机制从传统的国际仲裁中演化而来,因此具有强烈的双边化特征。[73] 而“东帝汶案”的判决却反映

---

[69] See *East Timor*, *supra* note 11, Dissenting Opinion of Judge Skubiszewski, paras. 43–45, 79.

[70] Bola Ajibola, *supra* note 43, 86 (1996).

[71] Bruno Simma, *From Bilateralism to Community Interest in International Law*, 250 Recueil des Cours de l'Académie de Droit International 217, 298 (1994).

[72] See *Obligations Concerning Negotiations Relating to Cessation of the Nuclear Arms Race and to Nuclear Disarmament* (*Marshall Islands v. United Kingdom*), Preliminary Objections, Judgment, I. C. J. Reports 2016, Dissenting Opinion of Judge Crawford, para. 33.

[73] See *Obligations Concerning Negotiations Relating to Cessation of the Nuclear Arms Race and to Nuclear Disarmament*, *supra* note 95, Separate Opinion of Judge Tomka, para. 40.

了"对世义务"这一新兴概念似乎难以与基于争端"双边性"特征而制定的程序规则相适配的问题。虽然国际法院基于对程序规则和实体规则的区分,认为"对世义务"难以基于其性质和重要性直接突破"货币黄金原则"的适用。但倘若墨守成规于"货币黄金原则",而对涉及"对世义务"的案件"坐视不理",无异于是对法院职能的自我限制,也是对国际社会共同利益受损的漠视。

为实现二者的调和,学者多从减损"国家同意"的视角出发,提出了解决方案。例如,可以承认"对世义务"存在特殊性,当案件并不发生在典型的双边责任关系的框架内时,法院仍然应当对案件行使管辖权,从而确保具有整体性质的权利得到有效保护。[74] 而也有学者从发挥国际法院的权能出发,主张法院应当在"国家同意"原则和权能行使之间实现平衡。如果对"缺席第三方"和对"国际社会整体利益"之间的保护存在冲突,法院应当将自身行使权能置于优位,凌驾于同意原则之上。[75] 虽然这些观点均对"对世义务"与"货币黄金原则"之间的不适配性有所关切,但并没有从根本上指出国际法院可能选择推翻"东帝汶案"的特定原因,实际操作性均较为有限。

而回归当前的国际法院司法实践,"对世义务"和程序规则之间存在相互调和的空间。2022 年 7 月,国际法院对"冈比亚诉缅甸违反《防止及惩治灭绝种族罪公约》案"(*Application of the Convention on the Prevention and Punishment of the Crime of Genocide*)[76](以下简称冈比亚诉缅甸案)所作出的初步异议判决表明,法院仍然可以对涉及"缔约国间整体义务"(*erga omnes partes*)的案件行使管辖权。该案中,西非国家冈比亚代表伊斯兰合作组织向国际法院提起针对缅甸的诉讼,指控缅甸政府对境内罗兴亚人的清洗行动(clearance operation)违反了 1948 年《防止及惩治灭绝种族罪公约》。传统而言,国家只有在切身利益受影响的情况下才会以诉讼形式主张他国国家责任。[77] 而为突破该程序规则的限制,冈比亚援引了"缔约国间整体义务"作为其诉权的基础。[78] 最终,国

---

[74] See Peter D. Coffman, *Obligations Erga Omnes and the Absent Third State*, 39 German Yearbook of International Law 285(1996).

[75] See Christine Chinkin, *The East Timor Case* (*Portugal v. Australia*), 45 International & Comparative Law Quarterly 712(1996).

[76] *Application of the Convention on the Prevention and Punishment of the Crime of Genocide* (*The Gambia v. Myanmar*), Preliminary Objection, Judgment, I. C. J. Reports 2022.

[77] See *South West Africa Case* (*Liberia v. South Africa*), Judgment, I. C. J. Reports 1966, paras. 33 – 34.

[78] See *Application of the Convention on the Prevention and Punishment of the Crime of Genocide*, *supra* note 99, paras. 100 – 101.

际法院裁定冈比亚具有起诉缅甸的资格,并确立了对案件的初步管辖权。[79] 而在该案之后的“加拿大、荷兰联合起诉阿拉伯叙利亚共和国案”(*Canada and the Netherlands v. Syrian Arab Republic*)[80]和“南非诉以色列案”(*Application of the Convention on the Prevention and Punishment of the Crime of Genocide in the Gaza Strip*)[81]中,法院也沿袭了“冈比亚诉缅甸案”的做法,确认了原告基于“缔约国间整体义务”而产生的诉权。

从国际法院司法实践中可以发现,程序规则和实体规则之间的界线并非不可突破,对于涉及“对世义务”的案件也并不必然受到“货币黄金原则”的限制。即使是涉及多边利益的案件,也可以将整个国际社会与被告之间的法律关系拆分为国际社会每个成员与被告之间的关系,进而适配于传统的双边争议解决机制。[82] 在此情况下,司法机构便无须考虑国际社会是否直接构成“不可或缺的第三方”,而能够对案件行使管辖权。需要指出的是,法院对其自身司法职能考量影响着对“请求是否具有可拆分性”的裁量。就本质而言,是否能够对案件适用“货币黄金原则”取决于法院的司法裁量,第三方权利义务关系受到案件裁判的影响程度均由法院进行把握。相应地,如果法院倾向于对其司法职能进行较为限缩的理解,强调当事方同意必须与案件争端的范围完全相符,则法院也将在“多边争议双边化”的问题上采取较为消极的立场;而如果法院对其职能采取更为宽泛的理解,如旨在保护以“对世义务”为代表的国际社会所公认的价值观,则其适用“货币黄金原则”而拒绝对案件行使管辖权的可能性则更小。当前,“冈比亚诉缅甸案”中国际法院已经对涉及“对世义务”的案件降低了国家诉权的门槛,[83]而国际法院是否延续这一态度,对涉及“对世义务”

---

[79] See *Application of the Convention on the Prevention and Punishment of the Crime of Genocide*, *supra* note 99, paras. 109, 114.

[80] See *Application of the Convention Against Torture and other Cruel Inhuman or Degrading Treatment or Punishment* (*Canada and the Netherlands v. Syrian Arab Republic*), *Order of* 16 *November* 2023.

[81] See *Application of the Convention on the Prevention and Punishment of the Crime of Genocide in the Gaza Strip* (*South Africa v. Israel*), *Order of* 26 *January* 2024.

[82] Beatrice I. Bonafé, *Adjudicative Bilateralism and Community Interests*, 115 American Journal of International Law 164, 168 (2021).

[83] 参见廖雪霞:《“对国际社会整体的义务”与国际法院的管辖——以“冈比亚诉缅甸违反〈防止及惩治灭绝种族罪公约〉案”为切入点》,载《国际法研究》2020年第6期。

的案件相应地提高“货币黄金原则”的适用门槛,仍有待未来的司法实践予以确证和回答。

六、结　语

“货币黄金原则”是国际司法机构判断是否能够对案件进行实体审理的重要程序规则之一,其反映了“国家同意”作为管辖权基础的原则,亦厘定了国际司法机构行使管辖权的边界。基于对国际法院既往案例的分析,本文认为“货币黄金原则”是国际法院在平衡其职能行使和维护第三方权益之间的一种程序性解决方案。该原则一方面具有保障第三方权益,直接阻断诉讼的效果;另一方面法院也对该规则设置较高的司法适用门槛,保障法院的权能。

准确把握“货币黄金原则”的司法适用,是我国在国际司法实践中维护自身合法权益的有力武器。作为海洋大国,我国在具有广袤主权海域的同时也与周边国家的海洋利益多有牵涉,在我国海域的周边国家中,绝大部分国家均是《联合国海洋法公约》(以下简称《海洋法公约》)的缔约国。在《海洋法公约》所规定的争议解决机制下,一国可自由选择国际海洋法法庭、国际法院、附件七的仲裁庭、特别仲裁法庭解决有关《海洋法公约》解释或适用的争端。[84] 虽然我国在加入该公约时,已提交就第 298 条第 1 款(a)、(b)和(c)项所述的任何争端不接受《海洋法公约》规定的任何国际司法或仲裁管辖的声明,[85]但不能排除其他缔约国将涉及领土主权和海域划界争端包装为公约“解释或适用”的争端,进而对我国提起有拘束力裁判的强制程序的可能。在此情形下,就很有可能涉及“货币黄金原则”的司法适用的问题。对“货币黄金原则”的司法适用进行准确把握和灵活运用,能够发挥原则阻却滥用法律手段处理国家间争端的作用,从而促使各方通过谈判、协商等其他方式和平解决争端,或实现对争端进行和平搁置(peaceful non-settlement of disputes)[86],从而维护我国的主权、安全与发展利益。

---

〔84〕 参见《海洋法公约》第 287 条第 1 款。

〔85〕 关于《海洋法公约》争议解决机制,参见 https://www.un.org/Depts/los/settlement_of_disputes/choice_procedure.html。

〔86〕 参见黄瑶:《论人类命运共同体构建中的和平搁置争端》,载《中国社会科学》2019 年第 2 期。

论区域经贸协定劳工条款的适用范围及启示

许昕怡*

摘要：

已有争端解决实践对劳工条款适用范围的论证过程都存在瑕疵，采用的解释方法对是否需要贸易影响测试确定劳工条款的适用范围存在争议，其深层原因是美欧对劳工与贸易关系的价值取向不同。我国宜采用劳工承诺与国际贸易相关的观点，并明确争端解决机构的管辖权范围限于与贸易有关的劳工承诺方面。《全面与进步跨太平洋伙伴关系协定》的条约文本表示申诉方如果要证明被诉方违反有关劳工条款的条约义务，必须证明被诉行为与贸易有关。《中欧全面投资协定》中缺少与投资关联的要求，很可能被解读为违反劳工条款的申诉无须证明与投资有关。我国需要结合已有的区域争端解决实践以及自身对劳工与贸易关系的价值取向，对区域经贸协定中劳工条款的适用范围限于与国际贸易相关。

关键词：

劳工条款适用范围；贸易影响测试；劳工与贸易关系

一、问题的提出

伴随世界范围内的区域经贸协定的数量呈指数型增长，在该类协定中纳入劳工条款的做法愈加普遍。发达国家经济体特别加强了对该类条款执行情况的监督。特别是开始通过争议解决程序确保贸易伙伴履行相关义务。[1]

区域经贸协定中劳工条款的适用范围关系到缔约国如何履行条约规定的义务，更关系到一旦发生争端，争议行为能否被区域经贸协定管辖的问题。近年来，有且仅有两起自由贸易协定下劳工争端解决的案例：美国基于《多米尼

---

* 许昕怡，女，中山大学法学院硕士研究生，研究领域为国际经济法。

[1] 参见赵春蕾：《国际经贸协定中劳工条款的解读——以欧韩劳工分歧处理案为例》，载《政法论坛》2022 年第 6 期。

加—中美洲—美国自由贸易协定》(以下简称 CAFTA-DR)对危地马拉提起的劳工仲裁案(以下简称美危劳工仲裁案),和欧盟基于《欧盟—韩国自由贸易协定》(以下简称《欧韩贸易协定》)对韩国提起的劳工分歧处理案(以下简称欧韩劳工分歧处理案)。这两个案件中仲裁庭和专家组都讨论了劳工条款的范围,但对劳工条款范围的解释显示出截然不同的面向。具言之,是对争议措施是否限定于对贸易产生影响才纳入审查范围产生分歧。

对区域经贸协定中劳工条款进行深入的剖析,其目的是将其具体应用于我国的缔约实践。有关区域经贸协定劳工条款适用范围的研究当中,大部分国内学者的研究都是从宏观的角度进行分析,[2]或者只是讨论了欧盟对外经贸条约中劳工条款的塑造因素。[3] 对仲裁庭或专家组对条约的解释,都是针对其中之一进行探讨,而没有将这两个案件中相似的要件进行比较,分析不同专家组、不同区域经贸协定的价值偏向。缔约实践中,我国尚未加入部分国际劳工组织核心公约,[4]尚未签署有拘束力的劳工条款对劳工权利保护尚待提高。而现有的条约实践逐渐显示出在区域经贸协定中规定有约束的劳工条款的倾向,[5]我国正式进入谈判议程的《全面与进步跨太平洋伙伴关系协定》(以下简称 CPTPP)和已公布条约草案的《中欧全面投资协定》(以下简称 CAI)中都规定了有约束力且可能进入争端解决程序的劳工条款,因此有必要对区域经贸协定劳工条款的适用范围进行研究。本文通过比较分析争端解决机构对已形成的分别由美国和欧盟主导的劳工条款适用范围的解释方法、两个案件相互之间的关系、两个案件对此后可能出现的区域贸易争端解决实践的影响,探究我国应当采用何种劳工条款适用范围的解释,试图理解和解释 CPTPP、CAI 中劳工条款的适用

---

〔2〕 参见王晔琼:《国际投资协定中的可持续发展议题:从外部性到内生性的转变》,载《武大国际法评论》2021 年第 5 期;贾海龙:《欧盟对外经贸条约中的劳工条款:历史、现状以及塑造因素》,载《社会科学家》2021 年第 1 期;李琴:《区域贸易协定中劳动条款的晚近发展及启示》,载《吉首大学学报(社会科学版)》2020 年第 5 期;叶斌:《〈中欧全面投资协定〉与监管权:战略机遇及外部风险》,载《国际法研究》2021 年第 6 期。

〔3〕 参见贾海龙:《欧盟对外经贸条约中的劳工条款:历史、现状以及塑造因素》,载《社会科学家》2021 年第 1 期。

〔4〕 参见外交部:《中国同国际劳工组织关系》,载 https://www.mfa.gov.cn/gjhdq_676201/gjhdqzz_681964/lhg_681966/zghgzz_681970/,最后访问日期:2023 年 12 月 7 日。

〔5〕 参见蒋小红:《欧盟新一代贸易与投资协定的可持续发展条款——软性条款的硬实施趋势》,载《欧洲研究》2021 年第 4 期。

范围,以期为我国谈判区域贸易协定劳工条款或进入劳工争端解决程序时提供参考。

二、区域经贸协定劳工条款适用范围的解释方法

区域经贸协定中通常将条约规定的劳工条款的适用与贸易紧密联系在一起。这不仅是缔约方在国内法中采用条约规定的劳工标准的前提,还是发生争议后争端解决机构判断争议行为是否落入条约管辖范围内的前提。关于劳工条款适用范围的确定,需要对劳工条款中的相关条款作出解释,有关劳工条款的区域贸易争端解决实践给出了不同的解释方法。

(一)美危仲裁庭:"贸易影响"测试

美危劳工仲裁案中,美国与危地马拉针对危地马拉是否有效执行劳动法产生争议。有关劳工条款适用范围的解释,仲裁庭围绕 CAFTA-DR 第16.2.1(a)条的"以影响缔约方之间贸易的方式"(in a manner affecting trade between parties)展开解释。[6] 依据《维也纳条约法公约》,根据其在上下文的通常含义以及 CAFTA-DR 的目的及宗旨进行解释。基于此,仲裁庭从第16.2.1(a)条的用语及上下文、条约的目的及宗旨两个方面进行分析。

1. 条约的用语及上下文:未能有效执行劳动法带来竞争优势

从条约的用语来看,核心问题在于"影响贸易"的含义。争议双方对于"影响"定义的文义解释一致:包括影响或对受影响对象产生实质性作用。他们之间的分歧在于何种类型的行为或不行为的结果可以被视为影响贸易。美国认为,如果一种作为或不作为的行为改变了竞争条件,则这种作为或不作为的行为就构成了"影响贸易的方式"。而危地马拉认为只有当这种作为或不作为的行为导致特定商品或服务的价格或贸易流动产生变化的时候,这种作为或不作为的行为才构成"影响贸易的方式"[7]。仲裁庭需要明确的是被诉行为对贸易产生何种影响达到"实质性",足以导致其被纳入第16.2.1(a)条的管辖范围。

"以影响贸易的方式"的下半句"未能有效执行劳动法","未能有效执行劳

---

[6] "在本协议生效之日后,一方不得通过持续或反复的作为或不作为的行动,以影响缔约方之间贸易方式,未能有效执行其劳动法。" U.S.-Dominican Republic-Central America Free Trade Agreement, Article16.2.1(a).

[7] Banks, Posner, Hernandez, arbs., Guatemala-Issues Relating to the Obligations under Article 16.2.1(a) of the CAFTA-DR, Final Report, June 14, 2017, paras. 164 – 165.

动法”会影响与生产过程有关的成本、风险或潜在责任,从而为未能遵守劳动法的雇主提供潜在的竞争优势。[8] 仲裁庭总结,何种未能有效执行劳动法的行为会通过创造竞争优势来影响竞争条件,是一个事实问题。因此,仲裁庭对竞争优势的调查分为三步:(1)是否存在竞争;(2)确定不执行劳动法的后果;(3)这些后果是否足以给企业带来某种竞争优势。[9]

显然,美国与危地马拉的分歧在于:美国认为只要存在未能有效执行劳动法的行为,必然会影响贸易导致竞争条件的扭曲,而危地马拉则认为未能有效执行劳动法的行为不一定影响贸易,除非特定商品或服务的价格有实质性的改变。这实际上是证明标准的问题,美国主张只要有未能有效执行劳动法的行为的证据,就意味着违反了条约规定;而危地马拉则主张除了证明存在未能有效执行劳动法的行为,还需要证明该行为改变了商品或服务的价格。仲裁庭的调查方法实际上采用了危地马拉主张的证明标准:必须存在未能有效执行劳动法行为的效果,而且这种效果要带来竞争优势,但这比危地马拉主张的证明标准更为宽松,因为竞争优势可以有很多种,并不仅仅只是“商品或服务价格的改变”。

2. 条约的目的及宗旨:促进公平竞争条件

从条约的上下文来看,CAFTA-DR 第 16.2.1(a)条作为第 16.2 条“执行劳工法的义务”的义务之一,落实了 CAFTA-DR 各方的承诺,即“努力确保……第 16.8 条规定的国际公认的劳工权利受到各方法律的承认和保护”。CAFTA-DR 第 16.1 条中的共同承诺各方在条约序言中的声明一致,即“实施基本的工人权利”,并“在各自的劳工事务国际承诺的基础上继续努力”。CAFTA-DR 第 1.2.1(c)条中明确,该协定的目的包括“促进自由贸易区的公平竞争条件”。仲裁庭认为“促进自由贸易区公平竞争条件”的目标与 CAFTA-DR 第 16.2.1(a)条的义务限制在未能有效执行影响贸易的劳动法是一致的。[10] 在不限制 CAFTA-DR 第 1.2.1(c)条中“公平”一词含义的情况下,鉴于双方在协议序言中记录的“保护、加强和执行基本工人权利”的决定,以及他们共同致力于确保

[8] Banks, Posner, Hernandez, arbs., Guatemala-Issues Relating to the Obligations under Article 16.2.1(a) of the CAFTA-DR, Final Report, June 14, 2017, para. 172.

[9] Banks, Posner, Hernandez, arbs., Guatemala-Issues Relating to the Obligations under Article 16.2.1(a) of the CAFTA-DR, Final Report, June 14, 2017, para. 196.

[10] Banks, Posner, Hernandez, arbs., Guatemala-Issues Relating to the Obligations under Article 16.2.1(a) of the CAFTA-DR, Final Report, June 14, 2017, paras. 170 – 171.

国际公认的劳工权利受到法律保护的承诺,此类后果必须被理解为影响CAFTA-DR第1.2.1(c)条规定的"公平"竞争条件,从而影响CAFTA-DR目的的实现。[11]

然而,笔者认为仲裁庭的解释方法没有详尽地研究CAFTA-DR第16章的目的,也没有指明公平竞争条件是第16章义务的唯一目的。它只是发现美国提倡的方法:未能执行影响竞争条件或对竞争条件产生实质性影响的劳动法是"以影响贸易的方式",与第16章和协议的既定目的是一致的。如果存在其他潜在的、仲裁庭没有明确的CAFTA-DR或CAFTA-DR劳工条款的目的,这一结论并不排除其他类型的目的"以某种方式影响贸易"的可能性。

因此,如果要通过条约的目的或宗旨解释"以影响贸易的方式"的真正意涵,需要考察CAFTA-DR劳工章节的目的。劳工章节第16.1.1条的共同声明承诺中,"双方重申其作为国际劳工组织成员的义务及其在《劳工组织关于工作中的基本原则和权利及其后续行动宣言》(以下简称《1998年宣言》)中的承诺。""各方应努力确保(strive to)第16.8条所述的劳工原则和国际公认的劳动权利得到其法律的承认和保护。"第16.8条列举了五项劳工权利。[12] CAFTA-DR的劳工章节以"共同承诺声明"(第16.1条)开始,这一广泛的承诺声明之后是"执行劳工法的义务"(第16.2条)和"程序保障和公众意识"(第16.3条)。这些要求又由"执行机制以机构安排"(第16.4条)、"合作和能力建设机制"(第16.5条)和"合作劳工协商"(第16.6条)共同付诸实施。CAFTA-DR第16章的结构表明,第16.1条共同承诺声明之后规定的义务和机制保证声明的生效。由此可见,CAFTA-DR劳工章节的目的在于缔约国义务的实现:承诺条约规定的劳工权利本身的实现,也就是第16.2条。换言之,通过考察第16章劳工章节的目的得到"以影响贸易的方式"的解释,需要通过第16.1条"共同承诺声明"明确劳工章节的目的后,再由第16.2条"执行劳工法的义务"建立起与第1.2.1(c)条"促进公平竞争条件"之间的桥梁。显然,仲裁庭没有做到这一论证过程,既没有考虑到"公平竞争条件"以外的劳工章节的目的,又没有整体考虑整个劳工章节的目的并进行体系解释,而只是草率地将CAFTA-DR第16.2条与条约序言建立相关性,这种论证过程是存在瑕疵的。

---

〔11〕 Banks, Posner, Hernandez, arbs., Guatemala-Issues Relating to the Obligations under Article 16.2.1(a) of the CAFTA-DR, Final Report, June 14, 2017, para. 174.

〔12〕 包括结社自由、有效承认集体谈判权、消除一切形式的强迫或强制劳动、有效废除童工和消除就业和职业方面的歧视。

(二)欧韩专家组:劳工保护义务的实施必然影响贸易

《欧韩贸易协定》的劳工条款并未单独成章,而是规定在第 13 章可持续发展章节中。《欧韩贸易协定》第 13. 2. 1 条[13]规定了劳工条款的范围。欧韩劳工分歧处理案中,欧盟认为韩国《工会和劳动关系调整法》不符合条约规定,第一个争议焦点即为《欧韩贸易协定》中规定了缔约方在保护劳工方面实体义务的第 13. 4. 3 条是否限定于第 13. 2. 1 条的"与贸易有关"。

1. 条约用语与上下文:劳工权利作为基本权利具有普遍性

通过观察条约的上下文,可以发现第 13 章中有三处明确提及"与贸易有关"。[14] 因此,专家组认为这意味着《欧韩贸易协定》对仅适用于"影响双方贸易"的事项作出了明确的限制。也就是说,在第 13 章中,缔约方有意具体化了限制性范围的特殊方面或行为。[15] 除此之外的条款都无须"与贸易有关"。也就意味着,第 13. 2. 1 条中"除非本章另有规定"明确适用于第 13. 4. 3 条。[16] 专家组提出以下 3 点理由:(1)缔约方承担的劳工保护义务已经通过国际劳工组织的决议予以明确;(2)劳工享有的基本权利具有普遍性,不能通过条约减损;(3)国际劳工组织公益具有普遍性,不允许保留。

但是,专家组的观点并不具有说服力。一方面,尽管不同条款中的不同用语表明不同含义,但第 13. 4. 3 条并没有规定其构成第 13. 2 条的"除本章另有规定"。通过观察第 13. 2 条的用语可以看到,实际上该条设定了以"贸易影响"测试为原则,"本章另有规定"为例外的分析结构。在第 13 章的其他部分,缔约方对适用于"影响双方贸易"的事项作出了明确的限制。这些单独提及"与贸易有关"的部分不能被认为是第 13 章范围划定的原则部分,而剩余部分都属于"本章另有规定"的例外部分。这些单独提及的部分应该被视为强调"与贸易有关"。有学者指出,专家组的逻辑实质上颠倒了原有的逻辑,导致第 13. 2. 1 条

---

〔13〕《欧韩贸易协定》第 13. 2. 1 条规定:"除本章另有规定外,本章适用于缔约方根据第 13. 1. 1 条和第 13. 1. 2 条采取或维持的影响与贸易有关的劳工和环境问题的措施。"

〔14〕参见《欧韩贸易协定》第 13. 7 条("国内法的适用和执行")、第 13. 8 条("科学信息")和第 13. 9 条("透明度")。

〔15〕Panel of Experts Proceeding Constituted under Article 13. 15 of the EU-Korea Free Trade Agreement, Report of the Panel of Expert, 20 January 2021, para. 72.

〔16〕Panel of Experts Proceeding Constituted under Article 13. 15 of the EU-Korea Free Trade Agreement, Report of the Panel of Expert, 20 January 2021, para. 63.

冗余,违反了条约的有效解释原则。[17]

另一方面,专家组混淆了区域经贸协定缔约方作为国际劳工组织成员所承担的条约义务与作为区域经贸协定缔约方承担的条约义务。尽管《国际劳工组织宪章》和《1998年宣言》中规定的基本权利具有普遍性,区域经贸协定缔约方依据国际劳工组织公约承担各项劳工保护义务,但是这并不意味着缔约方同样在区域经贸协定中规定了所有的基本权利,也不意味着缔约方不能在区域经贸协定中将这些基本权利的实现与贸易挂钩,更不意味着缔约方不能将这些基本权利在国内的具体实现排除出区域经贸协定争端解决机构的审查范围。

2. 条约的目的及宗旨:实现基本劳工权利的措施与贸易内在相关

专家组认为,《欧韩贸易协定》第13.4.2条的规定确立了缔约方选择建立的贸易关系的道德框架,核心是体面工作,并将劳工权利作为缔约方承诺维护和发展劳工权利的组成部分。[18] 而国际劳工组织文件的引用本身进一步表明了缔约方确定的价值观框架,包括承认经济、社会和环境事项的相互联系。这种贸易观坚持的是基本人权和劳工权利作为可持续发展基础的关键作用,这些声明的共同本质是全球贸易应以符合基本人权和尊严的方式进行。[19] 因此专家组总结,可持续发展章节、《欧韩贸易协定》序言和条款中对可持续发展的提及,以及条款中促进劳工权利的国际文书的承诺,这三者结合起来,创造了"促进和实现基本劳工原则和权利与贸易之间的强有力联系"[20]。从而得出结论,《欧韩贸易协定》制定时设想的是,实施保护劳工权利的国家措施与贸易有着内在的联系,从而排除了贸易影响测试的适用。

但是,专家组对"劳工条款与贸易内在相关,因此缔约方的劳工保护义务不限于与贸易有关的事项,劳工条款适用范围无须贸易影响测试"的结论存在瑕疵。一方面,专家组误读了《欧韩贸易协定》对劳工条款与贸易之间关系的观

---

[17] 参见赵春蕾:《国际经贸协定中劳工条款的解读——以欧韩劳工分歧处理案为例》,载《政法论坛》2022年第6期。

[18] Panel of Experts Proceeding Constituted under Article 13.15 of the EU-Korea Free Trade Agreement, Report of the Panel of Expert, 20 January 2021, para. 95.

[19] Panel of Experts Proceeding Constituted under Article 13.15 of the EU-Korea Free Trade Agreement, Report of the Panel of Expert, 20 January 2021, para. 77.

[20] Panel of Experts Proceeding Constituted under Article 13.15 of the EU-Korea Free Trade Agreement, Report of the Panel of Expert, 20 January 2021, para. 95.

点。按照专家组的观点，如果将所有意在保护劳工权利的国内措施认定该措施与贸易有着内在的联系，则预设了一个前提：所有与保护劳工权利有关的国内措施都与贸易有关。因此无须考察该国内措施是否“与贸易有关”。事实上该国内措施是否“与贸易内在相关”，应当考察国内法中的各项措施的目的和宗旨，而不是考察区域经贸协定中劳工条款的目的和宗旨。依据专家组的解释，一系列的国际文书、《欧韩贸易协定》的可持续发展章节和《欧韩贸易协定》的序言，仅仅能够说明规定在区域经贸协定中的劳工条款或可持续发展条款，与贸易或投资具有内在联系，而不能说明落实劳工保护权利的国内措施与贸易有内在的联系。退一步来说，如果专家组试图建立国内措施与贸易之间的联系，则涉及国内法的审查。《关于争端解决规则和程序的谅解》（以下简称 DSU）第 6 条第 2 款规定：“它应说明是否进行了磋商，确定有争议的具体措施，并提供足以清楚说明问题的投诉法律依据的简要概述。”尽管在《欧韩贸易协定》对可持续发展章节专门规定的争端解决机制——劳工分歧处理机制中没有类似规定，但 DSU 和 WTO 争端解决实践对国内法的审查规则能够为区域经贸协定的争端解决提供参考。依据 WTO 争端解决实践，经专家组审理解决的所有案件，都以系争特定措施（被诉国国内法）是否抵触 WTO 有关协定为中心问题。[21] 对于区域经贸协定的专家组来说，依据 WTO 争端解决实践为国内法的审查设定的规则，它无法审查“所有与保护劳工权利有关的国内措施”，更无法构建出“所有与保护劳工权利有关的国内措施都与贸易有关”的道德框架，“实现基本劳工权利的措施与贸易内在相关”更是无从谈起。

另一方面，如果按照专家组的观点，会导致自由贸易协定的目的转向。在贸易承诺中包括了采纳和执行可持续发展承诺，作为贸易承诺的组成部分而不是作为附带部分，[22] 这将使违反劳工承诺的行为本质上“与贸易有关”，而不必提供其他证明二者关联的证据。这实质上是将缔约方所有有关基本劳工权利的国内法律与政策纳入自由贸易协定的管辖范畴。否则，按照专家组所

---

〔21〕 参见张乃根：《论 WTO 争端解决的国内法审查》，载《法学家》2008 年第 3 期。

〔22〕 See Vidigal Geraldo, *Regional Trade Adjudication and the Rise of Sustainability Disputes: Korea—Labor Commitments and Ukraine—Wood Export Bans*, 3 American Journal of International Law 116, 574 (2022).

说,会“导致缔约方认为与贸易无关的、违反国际劳工原则的行为合法”[23]。但事实上,这部分“与贸易无关的、违反国际劳工原则的行为”并不在自由贸易协定的管辖范围之内,更不在依据自由贸易协定成立的专家组的管辖权之内。专家组没有管辖权,自然没有其合法或违法一说。更有学者指出,如果国内劳工问题普遍与贸易存在联系,等同于借助自由贸易协定为缔约国设定了国内立法与执法的底线,构成对国家主权的侵犯。[24] 专家组将自身定位从区域经贸协定下的仲裁者变为国际劳工组织的执行者,尽管国际劳工组织监督机构无力的报复制度一直为劳工界所诟病,但按照专家组报告,这是将国际劳工组织的内部机制完全外包给政府之间的专家组。[25] 国际劳工组织的监督机构执行力不足,[26]缔约方不愿意将国内的劳工保护问题交给国际组织进行审查。如果仅仅因为签订条约,导致区域经贸协定的争端解决机构有权对缔约方国内的、与贸易无关的劳工保护问题进行司法审查,超越了国家同意的范畴。

综上所述,仲裁庭和专家组的解释方法都存在瑕疵。如果要厘清为何仲裁庭和专家组的解释差异巨大,进一步澄清劳工条款的适用范围,还需要回归到条约的目的和宗旨,研究劳工条款的内涵,探求缔约方对劳工与贸易关系的价值取向。

“美危劳工仲裁案”仲裁庭与“欧韩劳工分歧处理案”专家组援引文件内容,条约的用语及上下文解释、条约的目的及宗旨,以及仲裁庭或专家组结论参见表1。

---

〔23〕 Panel of Experts Proceeding Constituted under Article 13. 15 of the EU-Korea Free Trade Agreement, Report of the Panel of Expert, 20 January 2021, para. 66.

〔24〕 参见赵春蕾:《国际经贸协定中劳工条款的解读——以欧韩劳工分歧处理案为例》,载《政法论坛》2022年第6期。

〔25〕 See Guest Post, *The Panel Report under the EU-Korea Trade Agreement Concerning Labor Practices: What are the Purposes of Trade Agreements as they Relate to the ILO's Fundamental Labor Rights?*, International Economic Law and Policy Blog. [2023-01-31]. https://ielp.worldtradelaw.net/2021/02/guest-post-the-panel-report-under-the-eu-korea-trade-agreement-concerning-labor-practices-what-are-t.html.

〔26〕 参见刘宏松、杨柳青:《全球劳工治理:主体、现状与困境》,载《上海交通大学学报(哲学社会科学版)》2018年第1期。

表 1 仲裁庭和专家组的论证过程及结论

比较项目	条约文本	条约的用语及上下文解释	条约的目的及宗旨	仲裁庭或专家组结论
美危劳工仲裁案	CAFTA-DR 第 16.2.1(a)条规定:“在本协议生效之日后,一方不得通过持续或反复的作为或不作为的行动,以影响缔约方之间贸易方式,未能有效执行其劳动法。”	存在未能有效执行劳动法的行为,且行为的效果带来竞争优势	仅明确了条约的目的在于促进公平竞争条件	需经“贸易影响”测试,争议劳工措施影响贸易才适用劳工条款
欧韩劳工分歧处理案	《欧韩贸易协定》第 13.2.1 条规定:“除本章另有规定外,本章适用于缔约方根据第 13.1.1 条和第 13.1.2 条采取或维持的影响与贸易有关的劳工和环境问题的措施。”	劳工权利作为基本权利具有普遍性	条约目的在于促进和实现基本劳工原则和权利属于基本人权,全球贸易应以符合基本人权和尊严的方式进行,因此实现基本劳工权利的措施与贸易内在相关	排除了“贸易影响”测试,除非条约另有规定,争议劳工措施无须与贸易有关,直接适用劳工条款

三、区域经贸协定劳工条款适用范围的价值取向

劳工条款适用范围的不同解释方法暗示了一个事实:虽然条约中都规定了缔约方应当采用国际劳工组织制定的劳工标准作为缔约方行为的准则,但不同条约规定的劳工条款仍具有不同的价值取向。事实上,争端解决机构对条约目的和宗旨的不同解释,就反映了区域经贸协定劳工条款的不同内涵,这就意味着美欧两个主要经济体对劳工与贸易关系的不同价值取向。

(一)美危劳工仲裁案和欧韩劳工分歧处理案的区别与联系

欧韩专家组在报告中对美危仲裁庭关于“以影响贸易的方式”的分析与欧韩劳工分歧处理案进行了比较(见表 2),认为美危仲裁庭报告无助于该案

的解释。[27] 《欧韩贸易协定》第 13. 7 条(“在法律、法规和标准的应用和执行中维护保护水平”)中包含了与美危劳工仲裁案主要争议条款类似的规定。[28] 然而,欧盟的申诉并未提及《欧韩贸易协定》第 13. 7 条。因此,专家组认为,美危仲裁庭对 CAFTA-DR 第 16. 2 条中“以影响贸易的方式”的解释与该案无关。“以影响贸易的方式”一词与《欧韩贸易协定》第 13. 2. 1 条规定的“影响与贸易有关的劳动方面的措施”并不相同。[29] 退一步来讲,即使美危劳工仲裁案提出的事项与欧韩劳工分歧处理案相同,CAFTA-DR 与《欧韩贸易协定》的文本之间存在很大差异。CAFTA-DR 第 16 章没有与《欧韩贸易协定》相同的可持续发展背景,也没有提及缔约方已纳入《欧韩贸易协定》中的一系列多边和国际协定和宣言。[30]

表 2 美危劳工仲裁案和欧韩劳工分歧处理案的区别和相似之处

比较项目	区别之处	相似之处
争议条款方面	主要争议条款规定的缔约国义务不同,美危劳工仲裁案的争议条款规定的是缔约方执行其国内劳工法的条约义务,欧韩劳工分歧处理案的争议条款规定的是缔约方国内法符合条约规定的条约义务	核心争议点相似,都在于申诉方认为被诉方没有按照区域经贸协定的要求履行条约义务,本质上都需要判断缔约方适用条约的方式(包括立法、司法和执法行为)是否符合条约义务,只是美危劳工仲裁案争议点在于缔约方的执法,欧韩劳工分歧处理案争议点在于缔约方的立法
	争议条款文本对国际劳工组织文件的规定不同。CAFTA-DR 文本中没有提及缔约方的可持续发展目标,也没有提及国际劳工组织文件,《欧韩贸易协定》明确规定了可持续发展目标,且在条约文本中援引了国际劳工组织文件	主要争议条款的性质相同。美危劳工仲裁案和欧韩劳工分歧处理案的主要争议条款都属于政策机制中的批准前要求和措施。争议条款规定的缔约方劳工保护义务都属于国家能力建设的范畴

[27] Panel of Experts Proceeding Constituted under Article 13. 15 of the EU-Korea Free Trade Agreement, Report of the Panel of Expert, 20 January 2021, para. 90.

[28] Article 13. 7. 1(a): “Party shall not fail to effectively enforce its environmental and labour laws, through a sustained or recurring course of action or inaction, in a manner affecting trade or investment between the Parties.”

[29] Panel of Experts Proceeding Constituted under Article 13. 15 of the EU-Korea Free Trade Agreement, Report of the Panel of Expert, 20 January 2021, para. 91.

[30] Panel of Experts Proceeding Constituted under Article 13. 15 of the EU-Korea Free Trade Agreement, Report of the Panel of Expert, 20 January 2021, para. 93.

续表

比较项目	区别之处	相似之处
劳工条款的适用范围方面	劳工条款的适用范围的条约文本不同。CAFTA-DR 规定的是"以影响贸易的方式",《欧韩贸易协定》规定的是"影响与贸易有关的劳动方面的措施"	适用前提是一致的,仲裁庭和专家组都需要在判断争议措施是否符合区域经贸协定的规定、缔约国是否遵守条约义务之前,判断争议措施是否纳入区域经贸协定管辖范围内。也就是说,区域经贸协定劳工条款的适用范围是合法性判断的前提和必经之路

但事实上,两个案件之间对劳工条款适用范围的解释是有相似性及可比较之处的。首先,美危劳工仲裁案和欧韩劳工分歧处理案的核心争议点都在于申诉方认为被诉方没有按照区域经贸协定的要求履行条约义务。美危劳工仲裁案是美国认为危地马拉未能履行 CAFTA-DR 第 16.2.1(a)条规定的义务,未能有效执行与结社权、组织权、集体谈判权和可接受的工作条件有关的危地马拉劳动法;欧韩劳工分歧处理案则是欧盟认为《韩国工会和劳资关系调整法》确定的 4 项措施不符合《欧韩贸易协定》第 13.4.3 条第一句有关劳工保护的承诺和韩国没有为批准国际劳工组织的核心劳工公约做出足够努力,不符合第 13.4.3 条最后一句。判断被诉方是否履行条约义务的前提是确定被诉行为与劳工条款之间的关系。如果被诉行为不在劳工条款的适用范围之内,则仲裁庭或专家组不享有管辖权。美危劳工仲裁案是判断被诉方影响贸易执法行为是否符合条约义务,而欧韩劳工分歧处理案则是判断被诉方与贸易有关的立法行为是否符合条约承诺,本质上都需要判断缔约方适用条约的方式(包括立法、司法和执法行为)是否符合条约义务。而这些适用条约的方式能否落入仲裁庭或专家组的管辖范围之内的前提都是缔约方适用条约的方式是否与贸易有关。

其次,美危劳工仲裁案和欧韩劳工分歧处理案的主要争议条款具有内在关联性。国际劳工组织研究报告将区域经贸协定劳工条款的组成分解为若干关键政策机制,包括批准前要求和措施、技术合作、监管、争端解决和经济激励。[31] 美危劳工仲裁案的争议条款 CAFTA – DR 第 16.2.1(a)条目的在于寻求加强

〔31〕 *Assessment of Labour Provisions in Trade and Investment Arrangements*, ILO, Jul. 13, 2016, 72 – 73, http://www.ilo.org/global/publications/books/WCMS_498944/lang--en/index.htm.

贸易伙伴的劳工保护执法能力,属于批准前要求和措施。[32] 而欧韩劳工分歧处理案的争议条款《欧韩贸易协定》第13.4.3条第一句和最后一句目的在于使缔约国劳动法更接近国际劳工标准,也属于政策机制中的批准前要求和措施。[33] 国际劳工组织研究报告还将区域经贸协定劳工条款的能力建设(capacity-building)分为国家、利益相关者和公司能力建设。[34] 其中国家能力是政治能力和技术能力的结合,[35] 其中技术能力包括使与劳工相关的法律和法规符合国际标准,以及在国内监督和执行这些法律和法规所需的技能和资源。[36] 从主要争议条款的文本看,美危劳工仲裁案的争议条款CAFTA-DR第16.2.1(a)条要求缔约方有效执行其国内劳动法,欧韩劳工分歧处理案的争议条款《欧韩贸易协定》第13.4.3条要求缔约方承诺其法律和实践中承担国际劳工组织规定的基本权利,并致力于批准国际劳工组织公约,都落入了国家能力建设的范畴。

最后,美危劳工仲裁案和欧韩劳工分歧处理案争议条款的适用前提是一致的。详言之,仲裁庭和专家组都需要在判断争议措施是否符合区域经贸协定的规定、缔约国是否遵守条约义务之前,判断争议措施是否纳入区域经贸协定管辖范围内,也就是本文的主要研究内容——区域经贸协定劳工条款的适用范围。退一步讲,即使两案争议条款不同、条约文本用语不同,也不能改变一个事实:判断争议措施是否落入区域经贸协定管辖范围内是进行争议措施合法性判断、缔约方条约义务是否履行判断的前提。

---

〔32〕 See Aissi Jonas, Peels Rafael & Samaan Daniel, *Evaluating the Effectiveness of Labour Provisions in Trade Agreement: An Analytical and Methodological Framework*, 4 International Labour Review 157, 681 (2018).

〔33〕 See Aissi Jonas, Peels Rafael & Samaan Daniel, *Evaluating the Effectiveness of Labour Provisions in Trade Agreement: An Analytical and Methodological Framework*, 4 International Labour Review 157, 681 (2018).

〔34〕 See *Assessment of Labour Provisions in Trade and Investment Arrangements*, ILO, Jul. 13, 2016, 72 – 74, http://www.ilo.org/global/publications/books/WCMS_498944/lang--en/index.htm.

〔35〕 See Aissi Jonas, Peels Rafael & Samaan Daniel, *Evaluating the Effectiveness of Labour Provisions in Trade Agreement: An Analytical and Methodological Framework*, 4 International Labour Review 157, 685 (2018).

〔36〕 See Aissi Jonas, Peels Rafael & Samaan Daniel, *Evaluating the Effectiveness of Labour Provisions in Trade Agreement: An Analytical and Methodological Framework*, 4 International Labour Review 157, 679 (2018).

因此,不能将这两个案件人为地割裂开来,虽然两案在争议条款和劳工条款的适用范围方面存在区别,但条约文本和争议条款的区别不能改变研究内核的一致性。在研究区域经贸协定劳工条款的适用范围的限定条件内,它们作为目前区域贸易争端解决机构对劳工争端最具代表性的两个案件,是可以共同讨论它们对此后区域经贸协定争端解决实践的影响的。

(二)美国和欧盟对于劳工与贸易关系的价值取向及区别

从美危劳工仲裁案仲裁庭和欧韩劳工分歧处理案专家组的分析结果来看,关于劳工条款的适用范围双方有明显的分歧,这使劳工条款适用范围的解释不存在法律上准确的预期,也难以预测此后可能出现的劳工争端对劳工条款适用范围的解释。如果要增加可预测性,一方面,对于仍处于谈判过程中的区域经贸协定,需要在谈判过程中对其加以进一步明确;另一方面,对于已经达成一致的区域经贸协定,需要缔约方对其进行联合解释以达成一致,或者在发生争议时由争端解决机构作出解释。因此,分析两案的解释方法对未来劳工承诺的谈判和争议至关重要。美危仲裁庭的经验表明,即使申诉国占另一缔约方国际贸易的50%以上,要证明国内劳工执法的缺陷与货物贸易有着特定的联系,也可能是极其困难的。根据欧韩专家组的观点,可持续发展承诺中缔约方义务与贸易无关。

仲裁庭和专家组在审查同一类型的条约用语时,为什么会得到如此截然不同的结论?主要是美国模式的劳工条款目的和欧盟模式的劳工条款目的不同导致的。国际劳工组织区分了美国和欧盟对劳工条款的模式选择,体现了不同的劳工条款目的的价值取向。美国的方法被称为"有条件的方法",将"遵守劳工标准与经济后果"联系起来。[37] 相比之下,欧盟的方法被归纳为"完全促进的方法"[38],因为"没有将遵守劳工标准与经济后果联系起来,而是提供了一个对话、合作和/或监管的框架"[39]。但值得注意的是,如果劳工条款的适用范围仅限于仲裁庭所解释,"未能有效执行劳工法律的执法行为导致的减损和竞争优势之间的明显联系",那么发达国家在证据门槛极高的情况下,对劳工法无法有效执行,而无法满足证明标准的担忧是可以理解的。如果国际劳工组织的基

---

〔37〕 ILO, Social Dimensions of Free Trade Agreements, Geneva: ILO, 2013, p. 1.

〔38〕 See Harrison James et al., *Labour Standards Provisions in EU Free Trade Agreements: Reflections on the European Commission's Reform Agenda*, 4 World Trade Review 18, 650 (2019).

〔39〕 ILO, Social Dimensions of Free Trade Agreements, Geneva: ILO, 2013, p. 1.

本权利的纳入意味着对国内非贸易劳工法律进行监管,那么发展中国家对发达国家声称保护劳工为由实际上行使贸易保护主义、阻碍贸易流动的担忧,也是有理由的。

首先,美国和欧盟对劳工权利属性规定并不一致。虽然美国选择在区域经贸协定中将劳工标准与国际劳工组织核心劳工标准直接建立联系,扩大国际劳工组织核心劳工标准的实施范围。[40] 但始终未脱离缔约方国内法规定的劳工标准存在,并未将劳工保护义务上升至普遍性层面。欧盟认为体面劳动是其劳工条款最重要的内容,劳工条款实际上属于欧盟确保其与第三国发展优惠贸易关系的基础——“人权承诺”[41]。这实际上是将劳工保护义务规定在具有普遍性的人权保护层面。

其次,美国和欧盟在其各自主导的区域经贸协定中对劳工承诺与贸易关系的定位并不一致。对于美国来说,其参与的区域经贸协定中劳工承诺与国际贸易紧密挂钩,确保规则执行的有效性成为美国的主要任务。通过在区域经贸协定中制裁与监督的强硬手段确保核心劳工标准在缔约方国内立法实施,从国际与国内两个层面对缔约方国内劳工立法的实施进行监督。[42] 欧盟将劳工条款规定在区域经贸协定的可持续发展章节中,通过对国际劳工组织文件和联合国公约的指引,确保了欧盟区域经贸协定中劳工条款的普遍性,[43] 超越了劳工承诺与国际贸易挂钩的关系。试图实现 3 个目标:其一,对区域经贸协定缔约方的国民生活产生积极的影响,无论他们是否在国际贸易行业工作。其二,可持续发展章节旨在成为欧盟区域经贸协定中使全球供应链“更负责任”的关键条款,认为可持续发展章节是改善国际贸易和服务劳工条件的基石。其三,纳入劳工条款是为了应对区域经贸协定本身的社会影响。在新近的区域经贸协定

---

[40] 例如,体现美国最新缔约模式的《美墨加协定》第 23.3 条(劳工权利)及其脚注 3 规定缔约方在其国内法律和实践中采纳并维持《1998 年宣言》中定义的核心劳工标准的义务。

[41] 参见宋锡祥、孙琪琦:《〈欧盟—越南自由贸易协定〉透视及其对中国的启示》,载《欧洲法律评论》2020 年第 1 期。

[42] 参见刘文、杨馥萍:《国际贸易协定中劳工标准的演进历程及中国对策研究》,载《山东社会科学》2017 年第 7 期。

[43] 参见贾海龙:《欧盟对外经贸条约中的劳工条款:历史、现状以及塑造因素》,载《社会科学家》2021 年第 1 期。

中纳入劳工条款是为了使区域贸易协定中以商业为导向的市场增长。[44] 这使欧盟劳工条款的价值取向更具有保护劳工权利、保护人权的要素。这也在欧盟贸易政策中体现,通过推动、帮助发展中国家执行区域经贸协定,支持遵守可持续发展方面的规则和标准,作为实现欧盟中期目标的6个关键领域之一。[45]

最后,美国和欧盟在其各自主导的区域经贸协定中对劳工条款的执行力规定不一致。美国式的区域经贸协定劳工条款执行力较强,劳工条款争端的解决适用一般争端解决机制,争端解决机制中包含有"经济制裁"或"罚款"等强制性制裁措施。[46] 美国通过具有强执行力的劳工条款,其目的在于重塑全球劳工规则。这种有执行力的劳工条款,与缔约国国内法直接相关,涉及缔约国国内立法、执法,甚至政策,要求缔约国接受美国主导的劳工规则,从而实现区域劳工规则的协调,暗含着试图以美国价值观来影响发展中国家法律观念与法律结构的目的。[47] 欧盟主导的区域经贸协定中劳工条款争端的解决主要采用磋商和审查,以及有别于一般的争端解决机制的分歧处理机制。专家组报告不具有法律拘束力和不得以贸易制裁的方式执行专家组报告,使欧盟区域经贸协定劳工条款的分歧处理机制虽具有可执行性,但不具有强制性。[48] 欧盟在区域经贸协定中纳入劳工条款虽然也有功利主义目的,但很大程度上是由于道德义务。[49]

无论是仲裁庭和专家组的不同解释,还是美国模式和欧盟模式的劳工条款带来的不同价值取向选择,仲裁庭和专家组的解释都会给"贸易"的含义来带变革。随着边境壁垒大幅减少,关于贸易的讨论越来越关注国内监管权如何影响

---

〔44〕 See Harrison James et al., *Labour Standards Provisions in EU Free Trade Agreements: Reflections on the European Commission's Reform Agenda*, 4 World Trade Review 18, 641 (2019).

〔45〕 See European Commission, *An Open, Sustainable and Assertive EU Trade Policy*, https://ec.europa.eu/commission/presscorner/detail/en/ip_21_644,最后访问日期:2023年11月2日。

〔46〕 参见李琴:《区域贸易协定中劳动条款的晚近发展及启示》,载《吉首大学学报(社会科学版)》2020年第5期。

〔47〕 参见李西霞:《论CPTPP有执行力劳工标准及中国的应对措施》,载《中国劳动关系学院学报》2021年第4期。

〔48〕 参见蒋小红:《欧盟新一代贸易与投资协定的可持续发展条款——软性条款的硬实施趋势》,载《欧洲研究》2021年第4期。

〔49〕 参见贾海龙:《欧盟对外经贸条约中的劳工条款:历史、现状以及塑造因素》,载《社会科学家》2021年第1期。

竞争关系。[50] 在区域经贸协定中,“贸易”越来越超越了货物跨境流动范畴,并包含了更广泛的多中心经济治理问题。[51] 在区域经贸协定中纳入关于劳工的承诺,暗示了各方认为履行贸易承诺以及劳工承诺(包括在可持续发展承诺中),都是区域经贸协定的经济一体化目标的组成部分。尤其是欧韩劳工分歧处理案中认为劳工承诺与贸易无关,更是在区域经贸协定中将保护劳工目标提升到了与促进贸易目标同等位置上来。这也与欧盟关于可持续发展目标的态度一脉相承。欧洲法院的咨询意见中认为可持续发展目标是欧盟共同商业政策中至关重要的一部分,根据可持续发展目标开展贸易是该政策的一个组成部分。[52]

四、区域经贸协定劳工条款适用范围之解释对我国的启示

美危劳工仲裁案和欧韩劳工分歧处理案,分别作为目前为止有代表性的以美国为代表的区域经贸协定的劳工争端解决案件和以欧盟为代表的区域经贸协定的劳工争端解决案件,体现在区域经贸协定的争端解决实践的解释方法能够为我国未来可能与这两大经济体达成区域经贸协定和投资协定产生影响。尤其是在我国已经申请加入 CPTPP 和谈判 CAI 的背景下,对劳工条款适用范围的研究能为我国参与的区域经贸协定中劳工规则的理解和适用提供参考。因此,有必要在比较分析这两个案件之间对劳工条款适用范围的解释的基础上,探讨这两个案件对我国理解与适用 CPTPP 和 CAI 的启示。

(一)我国缔约实践中劳工条款的现状及存在的问题

目前,我国在区域经贸协定中处理劳工问题时多采取签署备忘录的形式。我国早期签订的区域经贸协定并不涉及劳工条款的范围问题,但随着国际贸易的进一步发展,我国也开始探索在区域经贸协定中考虑劳工议题。《中国—新

---

〔50〕 参见叶斌:《〈中欧全面投资协定〉与监管权:战略机遇及外部风险》,载《国际法研究》2021年第6期。

〔51〕 See Vidigal Geraldo, *Regional Trade Adjudication and the Rise of Sustainability Disputes: Korea—Labor Commitments and Ukraine—Wood Export Bans*, 3 American Journal of International Law 116, 577(2022).

〔52〕 The Court of Justice of the European Unioun, OPINION 2/15 OF THE COURT (Full Court), 162 – 163, (2017), https://curia.europa.eu/juris/document/document.jsf?docid=190727&doclang=en,最后访问日期:2023年11月2日。

西兰自由贸易协定》中首次规定了劳工相关议题。[53] 其《劳动合作谅解备忘录》中虽然强调了劳动合作不得用于贸易保护目的，但没有对劳工条款的范围作出规定。我国已生效的自贸协定中劳工条款数量较少，大多只有两三条，且多为开展劳工合作的宣誓性条款。我国签署的《区域全面经济伙伴协定》中则不包含劳工章节。与 CPTPP 和 CAI 相比，并非赋予双方实质性的权利义务，不具有强制执行力，缺乏可操作性。[54]

我国作为劳动密集型的发展中国家，以《劳动法》及一系列配套法律法规构成我国劳动法律体系。我国作为国际劳工组织成员，共批准了 28 项国际劳工公约，包括 7 项核心公约，即《同工同酬公约》《最低就业年龄公约》《禁止童工劳动公约》《就业和职业歧视公约》《强迫劳动公约》《废除强迫劳动公约》《职业安全与卫生公约》。[55] 但仍与部分区域经贸协定规定加入的 8 项核心公约有差距，如何在一元工会体制下实现结社自由和集体谈判权，以及如何让国际社会认同这种特殊体制下的权利，是我国要解决的主要问题。[56] 我国一般拒绝采用贸易制裁措施来解决劳工问题。[57] 显然，我国对劳工条款所持的价值取向与美国和欧盟都不同。

我国、美国和欧盟 3 种不同的对劳工与贸易关系价值取向的相互碰撞的结果导致了区域经贸协定劳工条款的适用范围的不同，塑造了国际贸易中劳工与贸易关系观点冲突的紧张关系。而我国将来可能与美国和欧盟谈判缔结新的区域经贸协定，以及目前正在积极参与谈判加入的 CPTPP 和准备签署的 CAI，作为包含新一代有代表性的劳工条款的区域经贸协定，它们其中的劳工条款如何制定、如何履行是需要进一步剖析的，其中劳工条款的适用范围则是重中之

---

〔53〕《中国—新西兰自由贸易协定》文本，参见 http://fta. mofcom. gov. cn/newzealand/newzealand_agreementText. shtml。

〔54〕参见刘小鸽：《我国劳工标准对接 CPTPP 规则的挑战与举措》，载《全球化》2022 年第 4 期。

〔55〕参见《中国同国际劳工组织关系》，载外交部网，https://www. mfa. gov. cn/gjhdq_676201/gjhdqzz_681964/lhg_681966/zghgzz_681970/201505/t20150525_9380041. shtml#: ~ : text = 迄今中国共批准了，全与卫生公约% E3% 80% 82。

〔56〕参见刘文、杨馥萍：《国际贸易协定中劳工标准的演进历程及中国对策研究》，载《山东社会科学》2017 年第 7 期。

〔57〕参见李西霞：《〈美墨加协定〉劳工标准的发展动向及潜在影响》，载《法学》2020 年第 1 期。

重,尤其是因为这关系到发生争议后争端解决机构的管辖权,直接关系到争端解决实践的结果。

(二)我国谈判或履行国际经贸协定劳工条款的启示

发展中国家比发达国家更容易感受到经济一体化对劳工标准的影响。然而,除了少数例外,劳工章节的需求者往往是富裕的工业化国家。虽然这种需求可能部分出于对贸易伙伴的发展和人权的担忧。[58] 我国作为发展中国家和贸易大国,更容易被其他国家质疑有关国内劳工法律与政策及条约履行情况。因此,我国应该在加入区域经贸协定,对条约文本以及现有的劳工条款适用范围解释方法进行审慎的分析,作出相应对策。

1. 我国对区域经贸协定中劳工条款适用范围应采的立场

在将来,无论是可能与劳工条款的主要塑造国——美国和欧盟,还是与其他国家签订区域经贸协定,都有可能采用不同的劳工条款适用范围的规定。在谈判过程中,需要争取与我国价值取向更加契合的劳工条款适用范围规定。

比较美国和欧盟的劳工条款适用范围解释方法,美国和欧盟的解释方法各有利弊。从劳工与贸易关系来看,美国的解释方法更加符合我国利益,在判断劳工条款的适用范围时需要进行贸易影响测试,只有对贸易产生影响的行为才落入劳工条款的适用范围。而欧盟不具有强制力的劳工争端分歧解决机制更契合我国对劳工与贸易关系的价值取向,能够帮助我国改善和提高现有的劳工保护水平,促进我国的劳工保护水平向高保护水平的国际劳工标准靠拢。

在此背景下,就我国自身发展而言,尤其是考虑到我国“一带一路”倡议和“人类命运共同体”原则,我国不仅与美国和欧盟这种发达国家打交道,还与许多劳工保护水平较低的发展中国家做生意,针对不同的缔约方制定符合各缔约方国情的区域经贸协定劳工条款适用范围的制度设计更为合理。我国在有关区域经贸协定劳工条款适用范围的谈判时,可以采取以下两种对策:

一是将劳工条款排除在贸易争端解决机制的司法审查之外。贸易争端解决机制的司法审查不是唯一的确保缔约方执行劳工承诺的机制,事实上,在区域经贸协定中制定监督机制、提高缔约方国内法透明度、建立缔约方劳工承诺对话机制、缔约方之间劳工磋商等,能更为缓和地确保缔约方执行劳工承诺,减少缔约方间的冲突和对抗。

---

[58] See Banks Kevin, *Fit for Purpose? The Extent and Enforcement of International Trade Agreement Labor Obligations after the Guatemala-Labor Obligations Decision*, Georgetown Journal of International Law 52,666(2020).

二是如果允许区域贸易争端解决机制对缔约方的劳工承诺进行司法审查,则在条约文本和缔约过程中明确劳工条款的适用范围,明确只有与国际贸易有关的劳工争议措施才落入区域贸易争端解决机制的司法审查范围,并且规定即使缔约方违反了劳工承诺,也不得适用贸易制裁。

2. 我国加入文本已明确的区域经贸协定的对策

我国现已加入的《区域经济伙伴关系协定》中并未对劳工承诺加以规定,但我国宣布已向 CPTPP 成员递交了中国加入 CPTPP 的交流文件,并重申中国“有意愿、有能力加入 CPTPP”[59]。CAI 谈判已如期完成,[60]在条约文本已经确定的情况下,需要以条约文本为基础,分析劳工条款的适用范围。

CPTPP 第 19.4 条[61]和第 19.5.1 条[62]明确了劳工条款的适用范围。另外,在脚注中明确载明:“要证明违反第 19.3.1 条(劳工权利)或 19.3.2 条下一义务,一缔约方必须证明另一缔约方以影响缔约方之间贸易或投资的方式未能采用或维持法律、法规或实践。”因此,结合脚注内容和美危劳工仲裁案的争端解决实践,申诉方如果要证明被诉方违反有关劳工条款的条约义务,必须证明被诉行为与贸易有关,也就意味着需要经过“贸易影响”测试。而且从美危劳工仲裁案的争端解决实践来看,对于申诉方来说,证明责任可能较重。对于我国来说,这可能是更为有利的解释,我国为劳动力大国,更可能作为被诉方出现在劳工争端中。而 CPTPP 这种要求申诉方承担证明责任的解释方法,依据争端解决实践,在一定程度上难以证明劳工争议措施与贸易或投资有关,这意味着该劳工争端解决结果对我国更为有利。

另外,我国还可以在加入 CPTPP 时设置过渡期。CPTPP 在其他贸易承诺

---

[59] 参见驻新西兰使馆:《〈中国有意愿、有能力加入 CPTPP〉——驻新西兰大使王小龙在〈新西兰先驱报〉发表署名文章》,载外交部网,https://www.mfa.gov.cn/zwbd_673032/wjzs/202308/t20230821_11129519.shtml。

[60] 人民日报:《历时 7 年 35 轮谈判,中欧投资协定谈判如期完成——中欧合作共赢开新局》,载中央人民政府网,https://www.gov.cn/xinwen/2021-01/01/content_5575984.htm。

[61] CPTPP 第 19.4 条规定:“……任何缔约方不得以影响缔约方之间贸易或投资的方式,豁免或减损或提议豁免或减损其下列法律或法规……”

[62] CPTPP 第 19.5.1 条规定:“在本协定生效之日后,任何缔约方不得以影响缔约方之间贸易或投资的方式,通过持续或反复作为或不作为,导致其劳工法未能有效执行。”

中允许过渡期安排,给予缔约国一定时间来调整国内措施以符合 CPTPP 要求。[63] 我国可以争取劳工争端解决机制的过渡期安排,从而为履行 CPTPP 劳工标准以及适用 CPTPP 劳工争端解决机制争取一定的宽限期。

从 CAI 目前公布的草案来看,其并未参照《欧韩贸易协定》的做法而单设条款界定可持续发展章节的适用范围。从条约的框架来看,《欧韩贸易协定》第 13 章贸易与可持续发展章节中,第 13.1 条规定了可持续发展章节的背景和目标,第 13.2 条规定了可持续发展章节的范围,第 13.3 条则是规定了监管权和保护水平。而 CAI 第四章投资与可持续发展章节第三节投资与劳工中,第 4.3.1 条规定的是监管权,第 4.3.2 条规定的是保护水平。将这两个区域经贸协定进行比较可以发现,CAI 缺少了劳工条款范围的明确规定。具言之,CAI 没有明确以"与贸易有关"来限定劳工规则的边界,因而也不存在类似《欧韩贸易协定》第 13.2.1 条中例外规定的表述。尽管缺少这类表述的原因可能是谈判方还未针对此项内容进行谈判或还未达成一致,但从目前公布的 CAI 条约草案文本[64]出发,CAI 中缺少与投资关联的要求很可能被解读为违反劳工条款的申诉无须证明与投资有关。CAI 中缺少对"与投资有关"的明确要求有较大可能被解读为申诉方无须承担被诉方的劳工措施对中欧间投资关系造成影响的证明责任。这与欧韩劳工分歧处理案中专家组得出的结论"申诉方不需要证明被诉行为与贸易有关"是一致的。这需要引起我们的注意,如果要明确其适用范围,需要我国与欧盟对 CAI 中劳工条款的适用范围进行联合解释,以提高法律的可预测性。

我国加入 CPTPP 或签署 CAI 后,都极有可能以申诉方、被诉方或者非争端第三方参加与劳工有关的贸易争端解决。在区域经贸协定谈判之前明确自身在劳工承诺的定位和底线,对已确定条约文本的区域经贸协定的事先分析,都有助于我国更好地履行条约义务,应对将来可能发生的贸易争端解决实践。目前,CPTPP 条约文本已经固定且短时间内不会进行修改,因此我国在 CPTPP 的履约实践中,如果发生劳工争端,则要证明被诉行为与贸易有关。而 CAI 还未谈判结束,更加需要对劳工章节的范围进行深入的研究,并将其运用到条约谈判和制定的过程当中,帮助我国掌握更多的国际规则制定的话语权,应对将来

---

〔63〕 参见张海燕:《CPTPP 超 TRIPS 边境措施的新挑战与应对——基于发展中国家的视角》,载《时代法学》2023 年第 3 期。

〔64〕 条约文本参见 https://policy.trade.ec.europa.eu/eu-trade-relationships-country-and-region/countries-and-regions/china/eu-china-agreement_en,最后访问日期:2023 年 12 月 7 日。

可能出现的与劳工有关的区域贸易争端解决挑战。

五、结　　语

美危劳工仲裁案和欧韩劳工分歧处理案中对劳工条款的适用范围显示出完全不同的两种面向。美危劳工仲裁庭认为,申诉方应当证明被诉方有关国内劳工的措施与贸易有关,达到影响公平竞争条件,产生竞争优势的程度,这为申诉方创造了较高的证明门槛。而欧韩劳工专家组认为,除特定条款所规定的劳工保护义务外,申诉方无须证明被诉行为与贸易有关,国际劳工组织规定的基本劳工权利具有普遍性,为贸易与劳工层面设定了基本的道德框架。这两种截然相反的解释方法,表明了美欧两种劳工条款范式完全相反的价值取向。

我国作为发展中国家和国际贸易大国,将来与其他国家签订新的区域经贸协定以及申请加入 CPTPP 和谈判 CAI 时,需要以我国的价值取向为基础,结合条约文本及有关的争端解决实践,对劳工条款的适用范围事先予以明确。一方面,我国在对区域经贸协定文本进行谈判时界定劳工条款的适用范围,明确劳工承诺与国际贸易相关,劳工争端解决机制的司法审查范围限于与贸易有关的劳工承诺。另一方面,在已确定条约文本的区域经贸协定的加入谈判中,需要对条约文本进行事前分析,与缔约方进行联合解释,争取劳工争端解决过渡期。这有助于我国明确自身定位,更好地融入国际贸易发展潮流,由国际贸易规则的参与者转变为国际贸易规则的制定者。无论是加入区域经贸协定的谈判、制定区域经贸协定规则,还是以后可能出现的参与到区域经贸协定劳工争议,我国都需要提前做好相应的理论和实践准备。

法理学经典剧目解读

安提戈涅：公共意义与冲突范例
——情境化解读的另一种进路*

李　浩**

摘要：

《安提戈涅》作为古希腊的经典剧目，随着政治学、法理学、伦理学以及女权主义等的介入，其价值呈现出以文学为核心向外辐射的学科态势。唯有根据剧本及时代背景（多层次）进行情境化解读，方能深入揭示角色及其行为之象征。诸多解读版本皆一定程度将安氏之举归为私行为（为适应二元框架而刻意进行的套入）。然而事实上，安提戈涅的葬礼以及自杀行径都具有显著的公共意义。在此基础上，现有研究对于对立要素的阐发存在误区与盲点，剧情中的冲突范例至少还包括解释权、情感规范与理性规范、国内法与国际法、现代法与古代法观念4个维度。多价值因子的交叠、对抗与运动呈现出迥异于他种文化的场景，进而奠定了西方治理传统的“城邦底色”，为近现代法哲学与理论的发展提供结构参考。

关键词：

安提戈涅；公共意义；冲突范例；情境化

一、前　　言

《安提戈涅》的核心，乃是安提戈涅违反克瑞翁的禁葬令，为其亲兄弟收葬，从而受到公权力的否定性评价，被囚于石室而自杀的情节。就叙事效果而言，这断然是一出典型的悲剧：俄狄浦斯家族多灾多难的苗裔、一条活生生的性命被毁灭于眼前。安提戈涅在此处的形象，表面上为一个“明知不可为而为之”的斗士，用今天的话语来讲，是“不抵抗运动的现代主义符号”。然而从另一个角

---

* 文中部分观点萌悸于若干年前中山大学陈颀老师的西方法理学课堂上，为师生活跃见地与开放氛围之产出；此后遇临种种相关（如希腊史等）问题，亦多求教于陈老师，幸得其拨冗指导，受益匪浅，特此鸣谢。

** 李浩，男，澳门大学法学院博士研究生，研究领域为法律文化与法理学、数据法。

度而言,安提戈涅是旧秩序的代表,她以强大的守旧者的面目出现,在这场斗争中稳操胜券。[1] 对安氏角色以及行为的不同定位,导致了对剧本评价的差异。

围绕着安提戈涅的叛逆,至少呈现出5种解读路径:(1)自然法与成文法的矛盾;(2)家庭伦理与城邦秩序;(3)女权主义;(4)古典学传统;(5)阶级斗争。此外,苏力还作出了本土化解读的有益尝试,但笔者认为其并未构成第六种路径。[2] 以上5种路径皆涵摄逻各斯中心主义的二元框架,足以显示冲突(对立)是剧目难以回避的问题,乃至整个文本解读大厦的基础。看似一波三折之剧情,亦不过系列矛盾因子的外化与世俗容器。目前被揭露的冲突因素,有自然法与成文法、家庭伦理与城邦、男与女、人与神、平民与贵族等。既述要件以行为象征的形式站脚于"安提戈涅 vs 克瑞翁"的人物序列中。换言之,安提戈涅与克瑞翁分别代表着对立阵营的元素。[3] 对主人公舞台本质想象,塑造了冲突范例的盖然率。以往解读多侧重于安提戈涅的私域投影,如亚里士多德以其为"自然正义"之表率[4],黑格尔视其为家礼之坚持者[5],薇依[6]、苏力[7]

---

〔1〕 参见苏力:《自然法、家庭伦理和女权主义?——〈安提戈涅〉重新解读及其方法论意义》,载《法制与社会发展》2005年第6期。

〔2〕 诚如苏力先生所言,其提出独有的中国传统、儒家的"解读方法"仅具有启发意义,而未成其系统化。以上所言的5种路径为纵向(剧本内)的视角,比较法则属于横向(剧本外)维度;二者不可等而论之。这是一个分类学问题:中华式解读应该与印度解读、伊斯兰解读等并立。同时,笔者认为从时间与社会形态而言,选择与古希腊对等的中国朝代譬如周、春秋战国的观念(礼、易等),而非后封建时期的儒学角度进行阐释或更为妥善。

〔3〕 至于笔者为何认可"安提戈涅 vs 克瑞翁"的二元结构,而非"安提戈涅、克瑞翁、歌队长"的三体运动,根本原因在于代表中产阶级或市民的歌队长仅有利益立场,无意见站位,不能代表某种冲突要素(譬如自然法、家庭伦理等)。歌队长是世俗的、现实的,不具有冲突方的概括意义。打个比方来说,歌队长就是行星,而不是恒星。

〔4〕 "自然—习俗"的解释框架最早可以追溯到亚里士多德的《修辞学》。在古希腊文化语境中,自然与习俗分别对应家庭与城邦。然而将安提戈涅与克瑞翁等同于自然与习俗,在后世之研究者看来又过于僵化与简单。参见陈斯一:《〈安提戈涅〉中的自然与习俗》,载《古典学研究》2021年第2期。

〔5〕 参见[德]黑格尔:《法哲学原理》,范扬、张企泰译,商务印书馆2007年版,第182~183页。

〔6〕 参见刘小枫主编、[法]西蒙娜·薇依:《柏拉图对话中的神:薇依论古希腊文学》,吴雅凌译,华夏出版社2017年版,第127页。

〔7〕 参见苏力:《自然法、家庭伦理和女权主义?——〈安提戈涅〉重新解读及其方法论意义》,载《法制与社会发展》2005年第6期。

引其为亲属关系之拥趸，依利加雷[8]、齐泽克[9]称其为女性之代言人，拉康譬其为自我欲望之产物[10]，而海德格尔则干脆拒绝对其进行具体评价[11]。也有评论指出该人物的公义面向，如巴特勒指其为"重叠位置"的代表[12]，伊格尔顿指其为城邦的"替罪羊"[13]。概括而言，对安氏原始公共意义[14]（而非"恐怖分子""神圣人"等秩序引申）之阐发尤显不足。这一方面是缺乏情景考量所导致的扭曲，另一方面则是对立论过于生硬的后遗症（反溯影响了双向结构的建筑）。安提戈涅所代表的断非与克瑞翁的"公"相反的"私"，而是射程履覆整个城邦以及古希腊世界的公众性质。"情景化"阅读不仅将剑桥学派传统应用于该文本，更延续与发展了一些"未竟之业"。借由历史代入（英雄时代＋古典时代[15]）的平行视阀，自安氏的剧本身份、语言及场合出发探询征拟之公共性，并以此为前提复述对立架构，非但能补充既有研究之疏缺，而且可期发现剧作精神的网络构造与现代性张力。

---

[8] See Irigaray Luce, *An Ethics of Sexual Difference*, trans., Carolyn Burke and Gillian C. Gill, Ithaca: Cornell University Press, 1993, p. 118 – 119.

[9] 参见［斯］斯拉沃热·齐泽克：《享受你的症状——好莱坞内外的拉康》，尉光吉译，南京大学出版社2014年版，第63页。

[10] 参见［法］拉康：《研讨班七：精神分析的伦理学》，卢毅译，商务印书馆2021年版，第412页。

[11] 参见孙磊：《城邦中的自然与礼法——〈安提戈涅〉政治哲学视角的解读》，载《同济大学学报（社会科学版）》2011年第2期。

[12] 参见杨乐、方雨：《安提戈涅之镜：朱迪斯·巴特勒政治伦理批判的现代性线索》，载《浙江学刊》2023年第1期。

[13] 参见韩振江：《安提戈涅：赤裸生命的抵抗——论齐泽克对〈安提戈涅〉的意识形态阐释》，载《马克思主义与现实》2014年第1期。

[14] 非经后人解读，以剧中视角（当时之人物关系、习俗、理念）观察而得出的、对于忒拜城以及希腊世界的公共性。安提戈涅已经成普遍承认的反抗者，并且在不同时期被运用于不同领域，如反封建、殖民地解放、少数族裔等，从而被赋予不同的政治内涵。后世所寄托于安氏者，唯对其特定时代与议题产生作用，与该剧故事背景无关，或应与"原始公共意义"相对而称为"加工公共意义"。

[15] 安提戈涅的故事虽发生在英雄时代，但其叙事体系必然属于古典时代。这取决于作者认识的局限性（从自身经历出发、缺乏考证能力）以及影射现实的需要。"以今言古"的现象在文学作品中并不罕见，譬如荷马在其史诗中夹杂自己时代的生活、《西游记》里出现大量明朝的风物与习俗等。混合时态（以古典时代为重点）相较而言更接近剧作的真相。

二、安提戈涅行为的公共意义

(一)葬礼习俗与埋葬行为

要理解安提戈涅的葬兄行为,需认识葬礼对彼时希腊人的意义所在。早在荷马时代,埋葬亲属及在战场收殓尸首(包括敌军)的习俗便深入人心。在古希腊的信仰里,人死后不得安葬则阴魂不散,无法进入冥府。尸体的暴露意味着不洁,将触怒神灵,殃及城邦。遵守古老习俗的必然性,除宗教因素外还有禁忌:(1)从生理卫生的角度而言,露尸不葬(特别是战争后大规模的)在疾控水平较低的情况下可能诱发瘟疫。正如库朗热指出,不得安葬的灵魂如恶鬼般带来疾病。[16] 这对于交战双方,乃至整个希腊世界都是极为不利的。(2)从尊重死者的角度而言,葬礼是习以为常的,以至于拒绝等同于严重的侮辱。羞辱会招致敌方仇恨与报复,重启战端,"冤冤相报"。剧中先知忒瑞西阿斯预言了这种危险,"等不了许久,你家里就会发出男男女女的哭声;所有的邻邦都会由于恨你而激动起来"[17]。战死将士的后人也确然兴师问罪,打败了忒拜。[18](3)从信仰(尊重神灵)的角度而言,不葬尸体为众神所厌恶,会给城邦带来灾难。先知对克瑞翁提出来自神灵的警告,"为此,冥王和众神手下的报仇神们,那三位迟迟而来的毁灭之神,正在暗中等你,要把你陷在同样的灾难中"[19]。众神之罚即使在无神论者的眼中也是合理的,因为它通过上述瘟疫与报复性战争表现出来。综上所述,违反葬礼的后果主要体现在公共领域,私人所承受的损失反而是较小的。葬礼与其说是家人对于死者的义务,倒不如说是亲属对于城邦以及希腊世界的义务。拒绝葬礼会危害公众健康、邦国和平以及精神安宁,影响社会秩序的稳定。故而,丧葬不仅是局限于家庭与血缘的"私行为",且兼备鲜明的城邦色彩与公众意义。厉行(奉守)葬礼习俗源自国家与公民身份的基本要求,是对集体利益负责的表现。

明确葬礼习俗的公众意义后,对安氏的评价将发生巨大变化。收葬亲兄在

---

〔16〕 参见刘小枫主编、[法]库朗热:《古代城邦——古希腊罗马祭祀、权利和政制研究》,谭立铸等译,华东师范大学出版社2006年版,第5~7页。转引自裔昭印:《论古希腊女性在丧葬仪式中的作用》,载《历史教学(下半月刊)》2019年第10期。

〔17〕 罗念生:《罗念生全集》,上海人民出版社2004年版,第323页。

〔18〕 参见罗念生:《罗念生全集》,上海人民出版社2004年版,第340页,注释143。

〔19〕 罗念生:《罗念生全集》,上海人民出版社2004年版,第323页。

黑格尔、依利加雷以及苏力等人的分析中代表家庭伦理，处于城邦秩序的反面。安提戈涅与克瑞翁的矛盾，被演绎为习俗与法律、家庭与城邦、小群体与大群体、权利与权力的冲突，乃至于“私”与“公”的对立。笔者认为此论失之偏颇，虽然安提戈涅没有强调其行为的公共意义，仅使其看起来是纯粹出自兄妹之爱与家庭义务，“我将永远得到地下鬼魂的欢心，胜似讨凡人欢喜”[20]，但考虑到其忒拜城公主的身份，想必从所受的教育中已然获悉殓葬对于城邦以及希腊国际的作用。以歌队长为代表的市民阶层对安提戈涅行为的认可，也不可能出于血缘关系或者对波吕涅刻斯的私情，只能出自公共利益的考虑，由此可见安提戈涅的埋葬行为契合群众心理需求与城邦秩序。除此之外，安提戈涅的王室身份，在禁葬令风口浪尖时的挑战，以及其在克瑞翁面前的宣言都带有明显的公共色彩（尽管本人可能没有意识到）。况且葬礼是被排斥于城邦事务之外的、妇女鲜有的进入公开场合的机会[21]，安提戈涅对被取缔仪式的坚持还附带着某种政治声诉。因此，两次埋葬比起单纯的个人行为，更像邦国的“广场景照”与标语示威。安氏与克瑞翁同样对城邦的利益都保有善意，并未将个人感情凌驾于公众立场之上。从另一个角度讲，私利与公利本不是绝对矛盾（非此即彼）的，而是一体两面。离开对私人利益的保护，公众利益将无从谈起。古希腊存在“个人—家庭—部族—城邦”的组织分层，家庭既为城邦的重要单位亦是城邦与个人之间的纽带。安提戈涅即便在捍卫私权（家庭），也不可避免包含公共成分。

（二）石墓自杀：反抗、献祭与自我否定

在激愤及绝望情绪的支配下（第四场已作充分的渲染[22]），安提戈涅选择在石墓中了结自己的生命。悲剧英雄的毁灭揭破了日神幻象，回归酒神效果，达至与宇宙一体的审美快感[23]；同时，也包括道德快感：被期待的个体人格升华与价值闪烁。然而，安氏的自杀非只具有私意义，且对公众情绪产生了重大影响。在挑战克瑞翁并发表视死如归的言论后，被囚的安提戈涅即处于城邦政治与大众舆论的中心。忒拜城以及希腊诸城邦里，无人不关心这位少女的命

---

[20] 罗念生：《罗念生全集》，上海人民出版社2004年版，第298页。

[21] 参见裔昭印：《论古希腊女性在丧葬仪式中的作用》，载《历史教学（下半月刊）》2019年第10期。

[22] 参见罗念生：《罗念生全集》，上海人民出版社2004年版，第317～318页。

[23] 参见周国平：《悲剧的酒神本质：尼采的悲剧观》，载《云南大学学报（社会科学版）》2006年第5期。

运。其行为之公共意义毋庸置疑;然而此种公共意义(神的荣光),亦正是安提戈涅所追求的。毫无疑问,安氏的自杀与违反禁葬令[24]一样,都有着强烈的公开宣示作用。她是用自己的肢体语言,或者说命运语言向忒拜城的公民乃至希腊世界的人们进行演讲(起诉、辩护),以此表达三重意思:反抗、献祭与自我否定。

反抗是针对以克瑞翁为代表的强权的,带有正统与保守的色彩,通过杀身成仁来凸显自己对习俗及神律的尊重,反衬克瑞翁的狂妄自大,刚愎自用,使人们意识到其"僭主"身份。如此会进一步激发城邦人民的不满,动摇新王的统治基础。安提戈涅对克瑞翁的称呼"我们的将军""高贵的克瑞翁",是一种充满反讽意味的"前朝语态",表现了对克瑞翁身份与政令合法性的否定。开幕充溢着的"遗少情绪"与挑衅,意味随着剧情的推进而叠次,并在石室自杀处达到高潮。为了与世俗权力的暴力性相抗衡,安氏(个体)被迫采取过分的强势和僻傲姿态,终以惨重的代价侥幸取得胜利。献祭则与个人以及家庭命运息息相关。罗念生译本的序言提及,"古希腊人就是这样把一切不可能的事以及人为的过失都归咎于命运"[25]。希腊文化视命运为重要主题,并通过神祇的形象强调了其独裁、无理与残忍。[26] 安提戈涅的悲惨遭遇来自家族的不幸:俄狄浦斯应诅咒杀父娶母,王子二人在内战中双双死亡。"不可抗力"粉碎了安提戈涅原来生活秩序,造成其未成熟心智的应激性失衡。[27] 认知行为(事关"道德定位")的失效将为社会性惨况播下种子。[28] 从第四场的第二曲次节可见,安氏对父辈罪行怀有愧疚感,并产生了迫切的赎罪愿望。[29] 安提戈涅以生命献祭的行为,可

[24] 埋葬死者前,安提戈涅拒绝了伊斯墨涅许诺的保密许诺,并表达了对公众效应的渴望:"呸!尽管告发吧!你要是保持缄默,不向大众宣布,那么我更加恨你。"参见罗念生:《罗念生全集》,上海人民出版社2004年版,第299页。

[25] 罗念生:《罗念生全集》,上海人民出版社2004年版,第289页。

[26] 命运三女神为宙斯与正义女神所诞,主宰众人悲欢离合、生老病死,其父宙斯亦不可干涉。

[27] 苏力先生认为在变故的狂风暴雨中,安提戈涅周边的关系都在急剧变化,唯一可以确定的"救命稻草"就是兄弟之情。安提戈涅冒死埋葬兄弟的行为,实质是一种自我稳定与回归的保护措施。

[28] See FitzGibbon Scott, *Parent, Child, Husband, Wife: When Recognition Fails, Tragedy Ensues*, 25 Byu Journal of Public Law 204(2011).

[29] 参见罗念生:《罗念生全集》,上海人民出版社2004年版,第318页。

理解为对家族罪恶的净化与救济。[30] 自杀也是本我信念的突破与表征,唯有此种惊世骇俗之景象能够触动早已麻木的公众情绪,使俄狄浦斯家族超凡脱俗的高贵能在神律的基础上得以重建。在开场中,安提戈涅对伊斯墨涅说,“你现在知道了这消息(指禁葬令),立刻就得表示你不愧为一个出身高贵的人;要不然,就表示你是个贱人吧”[31]。牺牲与否,成为超凡(贵族)与庸俗(平民)的“分水岭”。安氏的泯灭选择如平手政秀,是对一意孤行者的“尸谏”与意志旌扬。

自杀的自我否定意义,在剧本的第四场体现得淋漓尽致。安提戈涅与歌队长的对话形成了强烈的反差。此时的安提戈涅适用的不是宗教语态,而是人间话语。她不再谈论神律,而是留恋尘世的幸福;歌队长则一直在强调神的意义。我们似乎看到这么一幅图景:原本坚决的羔羊走近祭坛后,不由感到害怕;周围的观众大声鼓掌欢呼,为它描述美妙的天堂,怂恿其奋不顾身跳到祭坛之上。安提戈涅对人间幸福的留恋是对献祭残暴性的控诉,推翻了自然附带于身上的公众性质:她也是人,且只是一个少女,有权享受属于自己的幸福。俄狄浦斯家族、忒拜城、希腊世界乃至众神要求她承担的责任过于沉重。安氏的哭诉同时否定与构建了她的公共意义。少女对公共意义的拒绝,定然使以歌队长为代表的民众重新评估这场献祭行动,从而深化与升华献祭的公共意义:安提戈涅如此巨大的牺牲,不完全是为了家庭与亲情,还有避免城邦陷于神罚(瘟疫、战争、恐怖)的效果。否定之对象是否关系信仰有待商榷[32],却当然涵括城邦公权力(政治身份)。毕竟安氏自身(家族与血统关系)也参与构成克瑞翁政权的正当性。彼时的希腊社会,自裁具有一定的高贵色彩。殉难者都具有相当的社会地位,远非平民或奴隶之流。安提戈涅似在用一种高贵的行为,来批判一种并不那么高贵的治权。

---

〔30〕 歌队长也认为“猛撞着法律的最高宝座,倒在地上”是“赎你祖先传下来的罪孽”。

〔31〕 罗念生:《罗念生全集》,上海人民出版社2004年版,第297页。

〔32〕 陈颀老师曾提出安提戈涅的自杀或是对信仰的怀疑;然而笔者表示怀疑。此论虽包含了西方的自杀观,却是中世纪教会的自杀观,断非古希腊式的。对于自杀希腊诸贤有着不同的看法:苏格拉底、柏拉图和亚里士多德持反对意见,斯多葛学派以及伊壁鸠鲁则相反。从实务而言,以雅典为代表的希腊诸城邦对自杀采取的是比中世纪较为开放的态度。想终结自己生命的人需向元老院陈述理由,得到许可后方能自行了断。即使是在荷马史诗的叙事里也不乏自杀的英雄形象:埃阿斯在争夺阿喀琉斯的盔甲时被酒神附身,失去理智,在清醒后悔而自杀。剧中安提戈涅、海蒙与欧律狄刻都是自杀身亡,然而无论是作为市民代表的歌队长,还是作为宗教代表的先知,都没有对自杀行为进行抨击,仅将其定义为一场悲剧。

安提戈涅自杀话语的三重涵义,都有非常清晰的指向:反抗是针对克瑞翁(王权)的;献祭是针对俄狄浦斯家族(家庭)的;自我否定是针对城邦人民(公众)的。王权、家庭、公众三者代表不同层面的社会组织力量,相互独立又互有联系地组成了城邦生活的整体。安提戈涅以自己的极端行为,分 3 个方向对各个集团(城邦整体)进行了回应。无论是埋葬亲兄,还是自杀,都是一种无介入因素、结果与起因一体(选择抗命实则也选择了死亡)的自愿宣示。它的公共意义如此明显,从主观意愿与客观效果而言几乎不容否认。似乎苏力的猜测(蛮横无理的公主),或黑格尔的家庭伦理说,都忽视或回避了安氏举止的公共属性,不利于完整地、情景地理解戏剧的意义。在证立安氏行径的公共基础之后,重新审视剧作的冲突范件,有望突破此前"私本位"版本的解构尺限,而有所建树。

三、冲突范例的再发现

(一)解释权的冲突

古典学的解读聚焦于剧本中的人神冲突,或王权与神权的斗争,极易令人联想到中世纪向近代转折的历史(教会势力分崩离析,政治国家崛起)。有人认为,"僭主克瑞翁自行订立得到人民拥护的国法(可谓民主宪法)而引发民主立法与传统神法的冲突",并以"人颂"来作为支持。〔33〕 这种表达本身就很诡异:"僭主"、"自行订立"竟与"人民拥护"并存,使人怀疑"人民拥护"的真实性〔34〕(或仅为解读者之臆测?);且即使得到"人民拥护",也不符合民主立宪的程序。民主立宪不是以制定的法律得到人民的许可,而系以人民之许可定制法律。这里似乎颠倒了民意与法律的先后关系。更何况相对于王法,神律(习俗)更像是民主立法。因王法是克瑞翁一人所制〔35〕,神律(习俗)为大众产品。鉴于人神

〔33〕 参见刘小枫主编、[美]伯纳德特:《神圣的罪业》,张新樟译,华夏出版社 2005 年版,第 4 ~9 页。

〔34〕 安提戈涅与克瑞翁的辩论,"我除了因为埋葬自己的哥哥而得到荣誉之外,还能从哪里得到更大的荣誉呢? 这些人全都会说他们赞成我的行为,若不是恐惧堵住了他们的嘴"。参见罗念生:《罗念生全集》,上海人民出版社 2004 年版,第 309 页。

〔35〕 歌队长:"啊,克瑞翁,墨诺叩斯的儿子,这样对待城邦的敌人和朋友是很符合你的意思的;你有权力用任何法令来约束死者和我们这些活着的人。"其中一再强调的是"你",也即克瑞翁一个人的意思,而不是"我们",城邦的集体意志。参见罗念生:《罗念生全集》,上海人民出版社 2004 年版,第 302 页。

矛盾说的种种瑕疵,笔者倾向于对其采取否定的态度。

事实上,该剧不存在人神冲突,更遑论王权与神权之冲突。因为安提戈涅虽信奉神律,并不意味着克瑞翁走到了神律的反面。认为克瑞翁与神律作对,多少有一种“为对立而对立”的意味。值得注意的是,克瑞翁的权力来源是神祇,“他是这神赐的新机会造成的新王”[36];也不止一次表示对神律的尊重:“长老们,我们城邦这只船经过多少波浪颠簸,又由众神使它平安地稳定下来。”[37](将战争的胜利归功于神灵)“一个人最好是一生遵守众神制定的律条”。禁葬令正是基于“神灵不愿恶人与好人得到同等待遇”的认识作出的。命令颁布后,克瑞翁先后受到歌队长、海蒙的劝阻,都拒绝做出改变。但当先知前来劝告时他先是愤怒,最后还是废除了禁令,决定赦免安提戈涅。这里面虽有众人劝告累加的效果,亦不可否认先知及其代表的神灵在克瑞翁心中至高无上的地位。故而,继任君主不敬神灵,乃至处于神律对立面的观点缺乏根据。剧本表明克瑞翁与安提戈涅一样,都是神律忠诚不二的追随者。

既然安提戈涅与克瑞翁于神律效力与位阶的问题上意见一致,则形而上的冲突因子何在?又何以导向终极悲剧?他们的矛盾在于神律解释权的分歧。[38]所谓的神律,实质是氏族社会的旧习惯、不成文法,具有明显的模糊性与不确定性。要将之应用于司法实践中,必然依随相当的解释途径。该剧存在3个关键的神律解释主体:第一个是城邦的君主克瑞翁(行政解释、越权解释);第二个是安提戈涅(民间解释、法理解释);第三个是先知忒特西阿斯(立法解释、职权解释)。其中克瑞翁以及安提戈涅以“角色性执拗”[39]成为各自解释束的中坚力量。至于城邦内其他公民,则不构成独立的意见群体,根据所处阶级、学识以及个人经历等因素散布于前揭矩阵中。以上3个主体通过不同分析工具,得出了截然相反的结果。安提戈涅对波吕涅刻斯的叛徒身份不置可否[40],提出他的

---

[36] 罗念生:《罗念生全集》,上海人民出版社2004年版,第301页。

[37] 参见罗念生:《罗念生全集》,上海人民出版社2004年版,第300页。

[38] See Asim Karim, *Conflict over Burial of the Dead: Analysis of Sophocles' Antigone and Robert Frost's "Home Burial"*, 3 Academic Research International 619 (2012).

[39] See Sandefur Timothy, *Love and Solipsism: Law and Arbitrary Rule in Aeschylus, Shakespeare, Sophocles, and Anouilh*, 64 Alabama Law Review 1004 - 1005 (2012).

[40] 内战中双方身份的界定(英雄或叛徒,义与不义)具有复杂性,往往随着时代、价值观以及利益立场而变化。克瑞翁将波吕涅刻斯污名化,是一种胜利者的镇压姿态,目的在于巩固自己的统治。

尸体应按习俗入土为安。“可是冥王依然要求举行葬礼。”〔41〕先知预警克瑞翁自己发现的种种凶兆:“就听见鸟儿的难以理解的叫声,听见它们发出不详的愤怒声,奇怪的叫噪”〔42〕,“可是祭肉并没有燃烧……这祭礼没有显示出什么预兆,我靠它来占卜,就是这样失败了”〔43〕。众神已经对禁葬令感到恼怒了,克瑞翁亦因此“又处于厄运的刀口上了”〔44〕。他们适用的是文本解释法与历史解释法,对前人的实践规范进行无差别、机械的承认,得到的是一般的、最能为大众所接受的结果。克瑞翁则对歌队长暗示神灵埋葬尸体的说法勃然大怒:“他(指波吕涅刻斯)本来是回来烧毁他们(指神灵)的有石柱环绕的神殿、祭器和他们的土地的,他本来是回来破坏法律的。你几时见过天神重视坏人?”〔45〕他认为叛徒波吕涅刻斯危害城邦与天神,是被神祇憎恨的,因此不配享受葬礼。克瑞翁适用的是目的解释法与体系解释法,已不再拘泥于习惯的表面含义,而是以更开阔的视野,去穷究立法者(神明)的想法,从而对习惯法进行变通,其所得到的是特殊的、大部分人未能接受的结果。剧中安提戈涅与先知虽无意思联系,但事实上形成了解释权同盟(包括以歌队长为代表的多数市民),对克瑞翁的解释形成了巨大的压力,如图1所示。

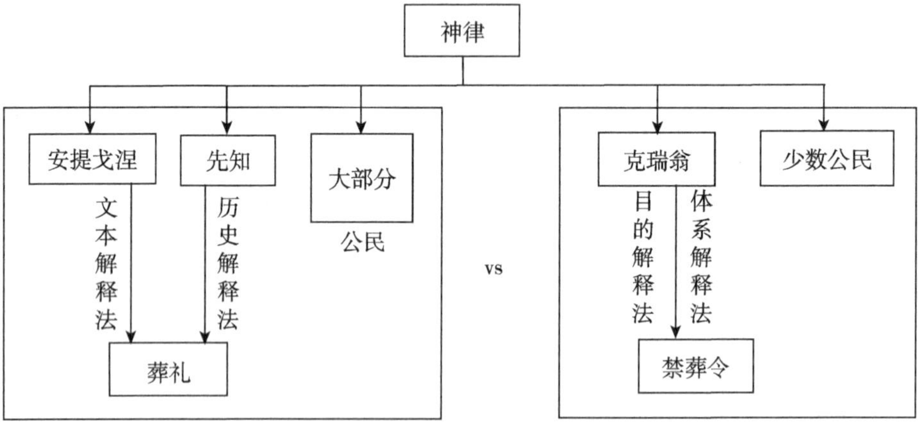

图1 神律解释主体与解释方法

〔41〕 罗念生:《罗念生全集》,上海人民出版社2004年版,第309页。
〔42〕 罗念生:《罗念生全集》,上海人民出版社2004年版,第321页。
〔43〕 罗念生:《罗念生全集》,上海人民出版社2004年版,第321页。
〔44〕 罗念生:《罗念生全集》,上海人民出版社2004年版,第321页。
〔45〕 罗念生:《罗念生全集》,上海人民出版社2004年版,第303~304页。

在悬殊的力量对比下,克瑞翁不得已举手投降,改旗易帜,皈依安提戈涅与先知的解释阵营。至此,全剧以交互牺牲(安提戈涅毁灭的是肉体,克瑞翁则为灵魂)的形式实现了城邦内解释权的大一统与和谐。正统阙如造成古希腊社会宗教内部的激烈竞争[46],也给朦胧规范的阐释增加更多变量。神律的个案适用成为动态的渐进创造以及民主过程,几乎每个人(包括非公民)都非单向对抗地参与其中[47];最终的司法结果因而忝具选举与历史正义。

(二)情感规范与理性规范的冲突

在诸多解读文本中,安提戈涅常常是年轻冲动、热血极端的代名词,其行为过于情绪化(形似贵族间的"耍赖"[48])。与之相应的,克瑞翁"遵循理性秩序[49]",被视为果断、克制、识大体的政治人物。溢美之词因此赋予克瑞翁的禁葬令,认为这是惩罚叛徒、杀鸡儆猴、维护城邦秩序的理性法令。而阴晴不定的安提戈涅,她所坚持的神律属于情感范畴,不过是少女的一时冲动。

笔者认同情感规范与理性规范冲突的存在,但具体情况恰好相反。在理解两人的行为之前,有必要再次揭示神律的本质。神律不应被理解为远古时期的迷信与愚昧习俗,而是先民生活的经验总结。囿于知识水平的低下,他们无法对这种经验总结作出解释,唯有以神灵的万能话语进行表达(处罚权归属于宙斯[50])。葬礼的神律是如何形成的,此处不妨作一个大胆的猜测:首先,葬礼是源于自然的规训,大规模战争后不埋葬尸体会导致瘟疫蔓延(无法解释的人们将其视为神罚);其次,由于瘟疫的威胁人们习惯了葬礼,不埋葬会被视为侮辱行为,进而加剧仇恨促进血亲复仇(同样被视为神罚);最后,违反神律会导致内心不安,而前两者的灾难回溯地彰显神明的权威,深化了人们的宗教情结,加剧

---

〔46〕 See Bowden Hugh, *Religion and Rationality, Poetry and Philosophy: In Search of the "Axial Breakthrough" in Ancient Greece*, 9 Fudan Journal of the Humanities & Social Sciences 4 (2016).

〔47〕 See Camilla Crea, *What Is to Be Done? Tullio Ascarelli on the Theory of Legal Interpretation*, 2 The Italian Law Journal 203 (2015).

〔48〕 苏力:《自然法、家庭伦理和女权主义?——〈安提戈涅〉重新解读及其方法论意义》,载《法制与社会发展》2005 年第 6 期。

〔49〕 See Irigaray Luce, *An Ethics of Sexual Difference*, trans., Carolyn Burke and Gillian C. Gill, Ithaca: Cornell University Press, 1993, p. 119.

〔50〕 See Bozheku Ersi, *Tracing the Criminal Justice: An Inquiry into the Roots of the Modern Penal Principles*, 61 Juridical Current 101 (2015).

恐慌情绪。之后发生的所有自然灾害,如地震、海啸、干旱等,都会被归入神灵处罚的范畴。葬礼的神圣意义在灾难以及群众恐慌情绪中得以建立起来。其多路演进、统一归因与往复影响的动态结构如图 2 所示。

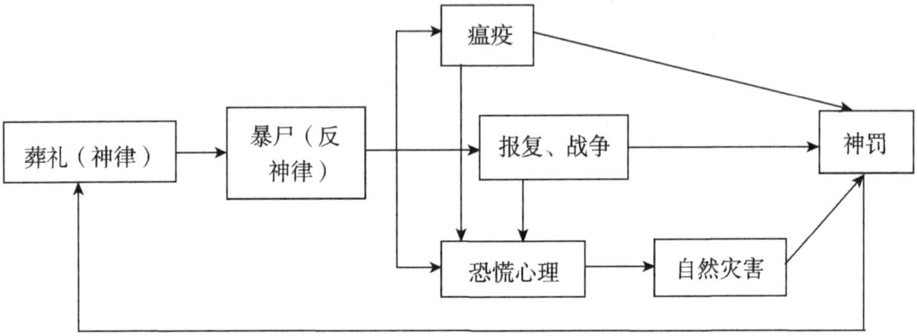

图 2 葬礼的神律形成的动态结构

由此可见,葬礼这一"神律"实质是"人律",是氏族社会先民基于自我保全的目的,探索出来与自然、与其他部落(城邦)、与内心世界的相处之道。神律可以看作人们在有限水平上阐发出来的最优科学律,具有那个时代最高的理性水平,它虽追求的是长远与保险的利益;或许在今天看来与科学相悖,亦不能否认其动机的理性。客观化的"趋善避恶"与"行为理性",实乃阿奎那认定的自然法(神律)的第一位戒律。[51] 战后对葬礼的违反,在物质上,有可能导致瘟疫与二次战争的危险;在精神上,则会引发群体性恐慌。安提戈涅作为受过良好教育的王室成员,断然知悉口口相传的神罚惨剧。她对神律的坚持客观上保护了城邦的利益,表现出知识阶层特有的理性。其"公民不服从"(集体阴谋者[52])的正当性因而获得了功利主义的证成路径,即对共同体的善大于危害。[53] 更有甚者指出,法律文学女性群像具有"无界理性"(相对"有界理性"更广泛与实质)的特征,尽管安氏的理性最大化努力受到制度条件的约束。[54] 而号称顾全

---

〔51〕 参见陈林林:《从自然法到自然权利——历史视野中的西方人权》,载《浙江大学学报(人文社会科学版)》2003 年第 2 期。

〔52〕 See Andrés Fabián Henao Castro, *Antigone and Democratic Theory*, 64 Classical Review 607(2014).

〔53〕 参见周永胜:《论公民不服从》,载《法制与社会发展》1999 年第 5 期。

〔54〕 参见强世功:《文学中的法律:安提戈涅、窦娥和鲍西娅——女权主义的法律视角及检讨》,载《比较法研究》1996 年第 1 期。

城邦的克瑞翁,为追求“超我快感[55]”(权力与私愤)置忒拜城于不仁不义、天灾人祸的深渊,同时也危害了自己的统治,与理智要求背道而驰。其后忒拜城的报应来得如此迅速:克瑞翁之子、之妻双双自杀(群众性恐慌),他本人不得不忍受孤独的命运;暴尸荒野的将士后人同仇敌忾,兴师讨伐,击败忒拜(二次战争)。除瘟疫外,可预见的神罚无一例外砸向城邦。种种凶殃恰是不理性的结果,政治人、立法者之德性缺陷[56]方为损害城邦利益的罪魁祸首。

(三)国内法与国际法的冲突

禁葬令与葬礼的矛盾,从更为宏观(整个东地中海地区)的角度来看,还是国内法与国际法的对立。此处所言“国际法”显然与其现代对应概念[57]存在距离,实指为当时诸多城邦之间的交往、斗争规范总和,或名为“城际法”更为妥帖。[58] 即便在边沁 1789 年的概念发明(提出 international law)[59]之后,不少学者因为城邦的政治实体性仍以“国际法”指称古希腊城际法[60],或至少承认后

[55] 韩振江:《安提戈涅:赤裸生命的抵抗——论齐泽克对〈安提戈涅〉的意识形态阐释》,载《马克思主义与现实》2014 年第 1 期。

[56] 参见肖有志:《哲人索福克勒斯的政治思想研究》,载《海南大学学报(人文社会科学版)》2020 年第 5 期。

[57] 近现代国际法既是一系列历史事实,包括大航海、三十年战争、第一次世界大战、第二世界大战等的产物;也是与之相应的理论发展的结果。目前国际法是指在成熟(普遍联系)的国际社会内各个主权(民族)国家或地区间的相处法则,其形式主要是成文法,并随着有关机构的建立而拥有相当执行力。于此之前,“古代国际法”仅存在于彼此孤立区域内的政权之间,除古希腊城邦外,还包括古印度诸邦、日本战国时期诸国等,多表现为当地公认之传统以及惯例,且缺乏约束力。

[58] 关于“国际法”与“城际法”的争议,参见王军伟、周祥云:《格老秀斯国际法思想的历史渊源探究》,载《江西科技师范大学学报》2022 年第 1 期。

[59] 参见章永乐:《格劳秀斯、荷兰殖民帝国与国际法史书写的主体性问题》,载《法学家》2023 年第 1 期。

[60] 如 Coleman Phillipson 认为古希腊城邦因实际享有自治权,其规制城邦间关系之法律或名为城际(intermunicipal)法,亦不妨碍其具有国际法特性之事实。作者在题目以及行文中多次用“international”直指古希腊城邦间关系,亦使用“international law”一词直称城邦间法律规范。See Coleman Phillipson, *The International Law and Custom of Ancient Greece and Rome*, 6 The American Political Science Review 642(1912).

者之实践为前者的重要渊源。战争是古希腊诸城邦联结的方式之一[61],多神信仰投射于作战场合即为武装冲突准范。英雄时代蹈循"竞技性战争"原则,有关程序极为烦琐;而古典时代保留与发展了更多规则(役前问卜[62]、天兆用兵[63]、奥林匹亚休战[64]以及向神明献祭战利品[65]之类)。遗体处理条,例如优胜者主动回收尸首、败退方据合约殓葬[66]等贯穿其中。掩埋死难者,为其举行仪式,甚至对敌人也是如此(允许与协助),已经成为希腊世界的国际惯例。在客观构成要件上,该习惯法在古希腊交战国与交战团体间约定俗成,于屡次战役中都得到无条件遵守,有关史例不胜枚举:特洛伊围城中阿喀琉斯应请求归还赫克托耳的尸首;马拉松之战雅典人埋葬了波斯人的遗体;阿耳葵努赛之役胜利后,雅典人把没有打捞战士尸体的将领处死了。在主观构成要件上,丧葬仪轨已内化为希腊民众的集体无意识,为诸城邦所共同确信。尽管苏力指出,安提戈涅身处葬礼习俗衰落的年代(克瑞翁敢于宣布禁葬令的原因之一[67]),然而丧葬作为神律自有其庄严性与制约力。殓葬向被视为基本人权,无论在何种文化或时代。如儒家社会的葬礼有教化乡众(慎终追远,民德归厚矣)之功能,古埃及金字塔寄托了法老的宗教情怀;直至今日,葬礼在公共生活中仍占据重要位置。那么处于重视灵魂归属的氛围以及"英雄—古典"时代的希腊,具有神话色彩的葬礼仪式会得到更大重视。忒特居民的表现(阳奉阴议)

---

[61] See Alonso Victor, *War, Peace, and International Law in Ancient Greece*, New Jersey: John Wiley & Sons, Ltd., 2008, p. 215.

[62] 譬如,拉栖代梦人在决定是否对雅典开战之前,派人至德尔菲去咨询神灵,最终得到积极的回复。参见[古希腊]修昔底德:《伯罗奔尼撒战争史·详注修订本(上册)》,徐松岩译注,上海人民出版社2017年版,第142页。

[63] 譬如,雅典人派遣善奔的披迪披戴斯前往求援,斯巴达人却认为没等到月圆不能出征,参见[古希腊]希罗多德:《历史(上册)》,王以铸译,商务印书馆1997年版,第446页。

[64] 譬如,公元前420年拉栖代梦人因在圣典期间采取军事行动而被罚款2000明那,禁止参加祭祀与竞技会,参见[古希腊]修昔底德:《伯罗奔尼撒战争史·详注修订本(上册)》,徐松岩译注,上海人民出版社2017年版,第471~472页。

[65] 譬如,萨拉米司海战后,希腊联军将三只腓尼基船奉献诸神,并以虏获物建造巨大人像,参见[古希腊]希罗多德:《历史(上册)》,王以铸译,商务印书馆1997年版,第609页。

[66] 参见[古希腊]修昔底德:《伯罗奔尼撒战争史·详注修订本(上册)》,徐松岩译注,上海人民出版社2017年版,第98页,注释4。

[67] 参见苏力:《自然法、家庭伦理和女权主义?——〈安提戈涅〉重新解读及其方法论意义》,载《法制与社会发展》2005年第6期。

以及敌对邦国的报复都反映了葬礼的影响力。葬礼在国际法(神律)树状体系中的地位如图3所示。

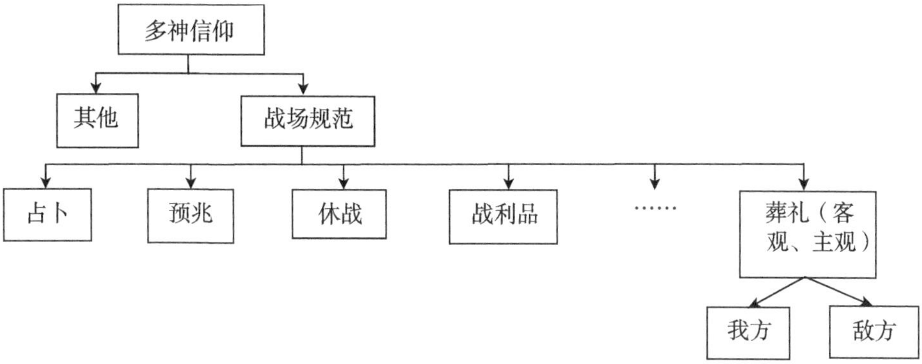

图3　葬礼在国际法(神律)树状体系中的地位

葬礼虽未形成规范文本,然而伯利克里提及世人有凛遵不成文法之传统[68],城邦惯例与条约同为国际法的两大渊源。鉴于涉及战争文书的有限性,列国的交战习俗才是区域准则(被称为"希腊普通法")的主要内容。[69] 丧葬仪式既是国家对公民的许诺,也是国家间交战契约的重要内容之一。以葬礼为子条款的宗教作战规范为古希腊版的战争法,起到约束武装冲突状态下敌对双方行为的作用。忒拜于葬礼惯例形成(合约缔结)之际未提出异议与保留,在实践中亦多次以予遵循;城邦政府与公民对之向来承认,故对其践行负有当然义务。克瑞翁以国内法之名,使用不充分的理由[70]公然挑战国际惯例,无疑冒天下之大不韪,使忒特城站在了整个希腊世界的对立面。克瑞翁之形

[68]　"不但服从那些当权者,我们还遵守法律,尤其是遵守那些保护受伤害者的法律,不论它们是成文法,还是虽未写成文字但违反了就算是公认的耻辱的法律。"参见[古希腊]修昔底德:《伯罗奔尼撒战争史·详注修订本(上册)》,徐松岩译注,上海人民出版社2017年版,第195页。

[69]　See Lanni Adriaan, *The Laws of War in Ancient Greece*, 26 Law & History Review 471 (2008).

[70]　如果因敌人危害城邦而不予埋葬,那么敢问哪一场战争中的敌人没有对城邦利益造成损害?若依克瑞翁之逻辑,希腊世界的战争葬礼习俗将无以为继。由推而论之,因己方权利受侵犯而拒绝执行法律,则不仅葬礼无法实现,连战争法亦沦为一纸具文;不仅战争法沦为具文,连国际法亦无从说起;不仅国际法无从说起,连国内法亦失却基础。

象,是罔顾“第二义务〔71〕”、一味强恃武力践踏国际秩序的“野蛮人”。其所作所为不过“内政外化”,即通过对抗国际法转移国内政权的合法性(僭主)危机,严重损害了城邦间的缔约信誉、宗教感情(意识形态纽带)与和平均势,势必为希腊社会诸城邦与公民所唾弃。安提戈涅作为城邦公权力的反叛者,却是国际道德典范与公共秩序的“卫道士”。她在义理上“吾道不孤”,可得到国际友人的支持。该故事在雅典城邦引起共鸣也印证了这一点。更深层次则是国家主义与国际主义的分歧,一味强调城邦利益至上未免有狭隘之嫌。城市国家地狭民稀,其生存多依赖彼此之间的合作关系,包括在祭祀、商业贸易与运输等领域。“皮之不存,毛将焉附”“同舟共济”等理念深嵌希腊诸邦文化基因之中。超邦国立场更是希波战争(作者年代)所锻造的希腊安防同盟的回响。战争神律不仅对政权(忒拜即受到了武力制裁)进行规制,而且评价个人的行为,例如在“基隆事件”屠杀受神明庇护的俘虏者被驱逐。〔72〕剧中人物也据此领受了他们的终极判决书,独裁者克瑞翁迎来“末日审判”(妻离子散、国破家亡),被钉在历史耻辱柱上;殉难者安提戈涅则得以名篆碑石,芳延千秋。

(四)现代法与古代法观念的冲突

法观念的代际冲突不存在于剧本中,而出现在文本解读中。迄今最广泛的分析模式莫过于自然法与实证法冲突,然而自然法并非如安氏口中的神律一样“永恒不变”,而是一个不断发展的过程(自然法则—自然法—自然权利,中间还存在一个明显的断层〔73〕)。评论所指剧中之自然法实则多为自然权利(生命、健康与内心安宁等底线权益)。肯尼斯·米诺格提出,“自然权利与内燃机一样现代”。安氏生平远早于斯多葛学派系统提出自然法概念之日,彼时的神律仅具有部分自然法的特征(高于与制约实在法),或可称为“自然法的先声”,却绝非今日之自然法。该剧系赫拉克利特阐述朴素理性思想(未对法律与正义作区

---

〔71〕 城邦公民具有双重义务(double allegiance),第一层是对其所在的城邦而言,第二层则是对更广泛的希腊世界;后者是基于共同的种族与宗教。See Coleman Phillipson, *The International Law and Custom of Ancient Greece and Rome*, 6 The American Political Science Review 642(1912).

〔72〕 参见[古希腊]修昔底德:《伯罗奔尼撒战争史·详注修订本(上册)》,徐松岩译注,上海人民出版社 2017 年版,第 147 ~ 148 页。

〔73〕 参见[美]弗朗西斯·奥克利:《自然法、自然法则、自然权利——观念史中的连续与中断》,王涛译,商务印书馆 2015 年版,第 193 ~ 194 页。但是弗朗西斯认为自然权利起源于 12 世纪,并不同意将自然权利的出现看作中断的标志。

分)后众悲剧家群起演绎人定法与自然法则矛盾的经典之作[74],被索引于自然法辩题首见于亚里士多德的《修辞学》。[75] 安提戈涅所处之年代、剧本创作之年代以及各版解读之年代法理思想的差异,亟须获得研究者重视。如表1所示,对剧本的解读大致可分为3个片层。

表1 剧本不同创作时期的社会背景与解析角度

比较项目	所处世代	社会背景	解析角度
剧目故事	荷马时代(公元前12世纪—前9世纪)	原始社会、奴隶社会早期	神法、氏族习惯、自然权利(后释)等
剧本创作	古典时代(公元前5世纪—前4世纪)	奴隶社会成熟期	质朴理性、宗教规范、政治派系(国内国际)等
剧后添附	古典后至今(公元前4世纪—?)	奴隶社会、封建社会以及近现代社会	自然法、家庭伦理、女权主义、阶级等

鉴于剧前是作者的投射,剧后是作者的被投射,对剧目创作(作者本体)的认识构成了解读坐标系的原点。与其他传统社会不同,戏剧在雅典非仅为娱乐产物,而是重要的政治教育课程,具有强烈的公共生活色彩。为鼓励观剧,政府还会为公民发放戏剧津贴。剧务工作者地位崇高,譬如索福克勒斯便因剧作的成功而当选为雅典十将军之一。《安提戈涅》与其他剧本一样,可被视为雅典的文艺宣传品:对内教化民众,对外提振城邦软实力与话语权。作者之创作本意,落于圭奉神律,勤自省悟,切莫违反。"摩登议题"系后人对原剧的再加工与敏反冗余,不过"替圣人立言"罢了。全剧最后一段揭示了主旨,洋溢着浓厚的说教味道:"谨慎的人最有福;千万不要犯不敬神的罪;傲慢的人的狂言妄语会招惹严重惩罚,这个教训使人老来时小心谨慎。"居高临下的教育口吻或与执笔者的社会地位与阅历有关。若考虑到成剧年代(公元前442年),《安提戈涅》的现实寓意或许更加丰富。在国内层面,安克之争是当时雅典政治局势的一个缩影。[76] "公共价值"的胜利结局暗含作者对民主制度的支持,同时显示了平民主义强劲的上升势头;强调死者的贵族身份则为观众留出更多的思考空间。在

---

[74] 参见汪太贤:《从神谕到自然的启示:古希腊自然法的源起与生成》,载《现代法学》2004年第6期。

[75] See Burns Tony, *Sophocles' Antigone and the History of the Concept of Natural Law*, 50 Political Studies 546(2002).

[76] See Roselli David Kawalko, *Polyneices' Body and His Monument: Class, Social Status, and Funerary Commemoration in Sophocles' "Antigone"*, 33 Helios 156(2006).

国际层面,希腊世界正处于与忒拜城类似的“战争(葬礼)—瘟疫”场景中:30 年和约并没有带来真正的和平,雅典帝国与以斯巴达为中心的伯罗奔尼撒联盟形成对峙的铁幕;其间战争阴云密布,大小摩擦不断。[77] 索翁作为神律的信仰者[78],通过剧作对古典时代的“礼崩乐坏”(质疑宗教、战争残酷性升级、传统规仪如丧葬式微、世人贪婪狂妄等)表达了忧虑与劝喻。历史证明他的担心不无道理,11 年后伯罗奔尼撒战争爆发,次年瘟疫席卷雅典造成恐怖的伤亡。[79] 参战各方无所不用其极,暴力事件达到骇人听闻的地步。[80] 功能性的揭示(春秋笔法、借古讽今)有助于观众理解作者的初衷,并认识到古今正义观的不同。

启蒙时代后神灵权威不再,人获得了前所未有的自信。“上帝死了”,“超人”从地平线的曙光中站起来。如果说希腊时代的法观念是以神为标准的话,现代除开少数政教合一的国家,极少能在实在法中找到强大的宗教因素,法律的视野开始投向人的生活:性别、家庭与权利。当我们把这些现代元件嵌入《安提戈涅》中的时候,就已经是对索福克勒斯的反对。因此错位与扭曲层出不穷,乃至光离陆怪。解读者以为他们在述说索福克勒斯、安提戈涅与古希腊人,其实不然,他们在重构自己(以经典为工具“介入”[81])。

四、结　　语

“行为考古”(从初手文义出发)及对历史结构的纵向拓张发展了对剧本的系统认识。此前安氏的公共品质虽经阐释,然而未得到足够的重视。在城邦与神律的大众议题上,安提戈涅与克瑞翁并未存在传统解读所称之矛盾,而系构成普遍共识。二人目标指向一致,导致尖锐对立的是分析路线。在公众意义

---

〔77〕 参见[古希腊]修昔底德:《伯罗奔尼撒战争史 · 详注修订本(上册)》,徐松岩译注,上海人民出版社 2017 年版,第 9 ~ 10 页。

〔78〕 参见汪太贤:《从神谕到自然的启示:古希腊自然法的源起与生成》,载《现代法学》2004 年第 6 期。

〔79〕 参见[古希腊]修昔底德:《伯罗奔尼撒战争史 · 详注修订本(上册)》,徐松岩译注,上海人民出版社 2017 年版,第 203 ~ 209 页。

〔80〕 See Lanni Adriaan, *The Laws of War in Ancient Greece*, 26 Law & History Review, 484 – 485(2008).

〔81〕 参见王楠:《性别与伦理间的安提戈涅:黑格尔之后》,载《外国文学研究》2014 年第 3 期。

(政治、群体等)的基础上考察冲突性,矩列布景既是解释权的,也是规范属性、国际法与国内法的,在构译上还是古代与当代的。前述因子相互重叠、对抗矛盾,随着时间而变化运动,呈现出独特的晶状动态结构。“所有价值对所有价值”的战争模糊了“绝对胜利”的边界,急促的颠覆、持久的拉锯又打破了位阶的壁垒,“超然”的法理想概念由此而曙升。该种权力斗争场景显然有别于其他文明的传统剧目,如印度之《小泥车》、日本之《忠臣藏》、阿拉伯之《巴格达窃贼》等。安剧的精神内核,一方面构成了西方治理传统(包括中世纪)的“城邦底色”,即宗教社会、“小国寡民”想象与公众参与制;另一方面又通过二次创作及再翻译,为工业革命提供上层建筑工具,如自然观念及衡平设计。其虽为特殊文化之产物,但是在横向上可为其他区域所借鉴,在纵向上则指向了赛博空间以及未来法(多元互动)的伦理与规范建构。此法理明珠历久弥新,在既有之时代剖层已焕发出足够的智慧光芒;所蕴含之创见种种,必随社会现实之嬗变而“我明我见”,被进一步发掘与惊叹。

法语法学经典翻译

公法中的义务*

[法]雅克·舍瓦利耶　著　于曦乔　译　马东飞　校**

摘要：

义务问题是凸显公法结构逻辑和演变动态的一个很好的线索。公法建立在义务关系的单方性和非对等性的基本原则之上：主权国家被假定为被治理者的义务来源和中心；如果它本身要承担义务，也只是在它自己设定的条件和条款下承担义务，这一特征足以排除任何移植私法中义务关系的想法，在私法的义务关系中，国家只是作为第三方或担保人介入基本基于对等性的关系中。因此，义务的概念在公法中并不常见。然而，国家是一个动态的和不断发展的现实：在20世纪初，通过法律人格理论将国家建构成法律主体，以及对公共服务主题的宣传，已经使人们有可能强调公法关系的辩证性，这种辩证性是国家制度的中心问题，社会契约的理论已经强调了这一点。目前绝对主义主权概念的衰落正在推动国家与公民之间形成一种更加平衡的关系，通过削弱行政制度中最例外的情形，同时促进义务理论一般原则的转换。然而，这种公法与私法相接近的趋势遇到了一个限制：国家在这里不仅是第三方和担保人，而且是义务关系的当事方；因此，任何纯粹和简单的公私法同化都是不可行的，比如在没有行政法的国家中存在适用于公共权力的特别规则就表明了这一点。

矛盾之处在于，义务问题对于公法学者来说，似乎既熟悉又陌生——这种矛盾显然与“义务”一词本身的多义性有关。

---

* 本文系国家社会科学基金项目“社科法学的基础理论研究”（22CFX002）的阶段性成果。本文的翻译得到原文作者巴黎先贤祠－阿萨斯大学荣休教授雅克·舍瓦利耶教授的授权，原文出版信息为 Archives de philosophie du droit, Dalloz, 2000, L'obligation, Tome 44, p. 179－194。

** 作者：[法]雅克·舍瓦利耶（Jacques Chevallier），男，巴黎第二大学（现更名为巴黎先贤祠－阿萨斯大学）教授。译者：于曦乔，女，法学博士，巴黎先贤祠－阿萨斯大学博士研究生。校对：马东飞，男，巴黎先贤祠－阿萨斯大学博士研究生。

如果我们从广义上的“责任”角度理解法律义务的问题,正如本次专题研讨邀请我们探讨的问题那样,法律义务问题当然是公法的核心关注。义务实际上与规范的概念密不可分,作为附着于规范之上的约束力的表达,是规范“强制力”的转化。毫无疑问,法律规范并不总是以强制的方式,或是以颁布命令或指令的积极形式,或是以剥夺权利或禁止的消极形式展现;但是,如果它可以通过授权某些行为而具有许可性,或者通过赋予行为能力而具有授权性,那么它就永远不会被简化为简单的事实确认、纯粹的描述:它包含被授权人有义务遵守的规定。因此,在凯尔森看来,法律义务无非是“法律规范本身”,因为它对相反行为施加制裁而使某种行为成为义务:法律的本质实际上是一种“约束秩序”,即通过强制行为对被认为不可取的、违反其规定的行为作出反应;因此,法律义务无非是法律规范性力量的表达,是一种依附于制裁的存在。[1] 从这个角度看,义务的概念与作为约束秩序的国家是密不可分的:除了法定义务之外,社会中存在的整套无限复杂的法律义务构造也意味着来自国家制裁的支持;[2] 在法律与国家之关系是公法研究的中心问题这层意义上,义务的概念因此也是其核心和基础概念。

但法律义务也可以被狭义地理解为“法锁”(*vinculum iuris*),即存在于两个人之间的法律关系,根据这种关系,其中一人,即债权人,可以要求另一人,即债务人,做或者不做特定的行为:[3] 义务产生于旨在产生法律效力的意志表示,或由具有法律效力的简单事件或行为引起,义务意味着法律主体之间的个人关系;它预先要求这些主体被赋予法律资格(权利能力)[4],他们具有行为能力,有能力成为权利的主动和被动享有者,[5] 他们拥有由权利和义务组成的总体财产,[6]

---

〔1〕 H. KELSEN, *Théorie pure du droit*, 1934, Dalloz, 1962, p. 157 sq et *Théorie générale des normes*, 1979, PUF, Coll. Léviathan, 1996, p. 175 sq.

〔2〕 J. CARBONNIER, *Droit civil*, Tome 4 : *Les obligations*, PUF, Coll. Thémis, 21ème éd., 1978, p. 25.

〔3〕 F. TERRE, P. SIMLER, Y. LEQUETTE, *Droit civil : les obligations*, *Dalloz*, Coll. Précis, 6ème éd., 1996, n° 2; J. CARBONNIER, *op. cit.*

〔4〕 J. L. AUBERT, Introduction au droit, A. Colin, Coll. U, 2ème éd., 1984 et PUF, Coll. Que sais-je, n° 1803, 1979.

〔5〕 F. TERRE, *Introduction générale au droit*, Dalloz, 3ème éd., 1996, p. 15.

〔6〕 法国总体财产理论(patrimoine)对人的财产进行抽象的整体的概括,是人现存和将来的全部权利义务的总和。总体财产不可分割,不可移转,没有总体财产即没有法律人格。——译者注

等等。然而,这个义务问题似乎遭到了公法不可消除的特殊性的挑战,这种特殊性与国家和公民之间的不对称、"法律关系的根本性的不平衡"[7]有关:义务被认为与私法不可分割,但在公法中因突出以复杂平衡为特征的"行政法体制"[8]而被忽视,这种复杂平衡不仅存在于不同特权之间,也涉及超出一般法范围的服从性问题。公权力的特权无疑会受到特定的制约因素(比如合法性原则、公共利益等)的平衡:但这些特权从根本上说不同于私法中的关系,不参照义务的概念进行分析;如果私法中关于义务的某些原则确实被"移植",甚至被"接受"到公法中,它们应该是经历了某种转化,因为它们进入的是一个由不同逻辑支配的法律领域。这种与私法中义务概念的格格不入,源于对法律现象采取了根本不同的进路:私法中义务理论的"主观主义"基础与公法中占主导地位的"客观主义"观点相矛盾,基于后者的论理是根据法律行为的"权限"而非"能力",根据"法规"而非"契约"这些概念。

然而,还有待进一步研究的是,公法中给予义务[9]概念的地位甚微,这是否反映了与私法在本质上的根本对立,或者这是否不仅仅是一个概念化的差异、甚至是语言惯例的问题,需要考虑的是:"服从"难道不就意味着包含了一个真正的"义务"吗?而义务理论不正是通过对公法一些基本原则的转换而存在于公法的核心吗?归根结底,从义务的一般理论出发对公法进行推理、重构公法,真的不可能吗?这一适用在一些没有一般法例外规则体系(在法国,这一规则体系主要是行政法)的国家并没有引起任何特别的问题,这一事实似乎证明了:法国是建立在公法和私法之间的坚定区分基础上的国家模式的典型;但有许多迹象表明,一种更加灵活的区分方式正趋于盛行。[10]

更一般的来讲,通过参照义务的概念来重新解读公法,可以突出这种法律的演变动态:

第一,作为国家构建基础的主权原则,通过将公法严格置于单方主义之下,为国家和公民之间结构上的不对称关系创造了条件;

---

[7] A. DE LAUBADERE, J. C. VENEZIA, Y. GAUDEMET, *Droit administratif*, LGDJ, Tome 1, 14ème éd., 1996, n° 3.

[8] G. VEDEL, P. DELVOLVE, *Droit administratif*, PUF, Coll. Thémis, 12ème éd., 1992, p. 35 sq.

[9] Voire à titre d'exception, M. WALINE, La théorie civile des obligations et la jurisprudence du Conseil d'État, *Mélanges Julliot de la Morandière*, 1964.

[10] CURAPP, *Public/privé*, PUF, 1995.

第二,19世纪末,法人理论的发展改变了人们的看法,这一发展允许国家像其他法律主体一样进入"法律交易"领域,[11]但一套一般法例外规则的持续存在证明了国家人格的特殊性;

第三,"行政法体制"特殊性的削弱,引发了一种思考公法中的义务问题的新视角。

一、不对称结构

主权原则使义务的概念在公法中具有完全不同寻常的意义:国家被赋予了至高无上的统治权力,即一种不可抗拒的、无条件的权力,国家似乎是所有规范性的焦点,所有强制的汇集,因此也是所有义务的来源;反过来,国家只有在明确表示愿意并接受义务的情况下,通过其主权意志的表示,才能被置于一种义务关系之中。因此,国家涉及的义务关系的特点是结构不平等,受不可逆转原则和不对等原则的制约;尽管如此,这种不对等原则还是在公法存在本身所固有的限制中找到了它的局限。

(一)国家作为义务来源

众所周知,博丹(Bodin)创造了"主权"的概念,在他看来,"主权"构成了"共和国"的本质:对他而言,共和国的"绝对和永久的权力",即主权的本质在于"对作为所有人的整体和每个人的个体都有授予和撤销法律的权力";主权者拥有一种命令的权力,这种权力来自其自己的"意志",而不是来自必须服从的国民的同意。因此,国家被认为是所有法律义务的焦点。未经国家同意,不能对其施加任何义务。毫无疑问,社会契约论力图表明,政治纽带是建立在互惠原则之上的。因此,建立国家的理由是安全(霍布斯)、自由(斯宾诺莎)或财产(洛克),这些构成了国家制度的目的,是国家义务的来源;然而,这种契约主义的基础最终似乎只是为国家权力提供了担保或合法化——构造出反抗压迫的权利的困难程度也证明了这一点。

主权的特点是国家对其国民拥有单方面的命令权,这种权力表现在法律规范上就是:国家有权力强制规定某些行为义务,违者将受到惩罚;这意味着一种真正的"强制力",约束表现为让相对人遵守其所颁布的规范的能力,这种约束无须相对人的同意,如有必要,甚至可以违背其意愿。这种单方性表达了国家

---

[11] 法国公法学家乔治斯·布尔多(Georges Burdeau)使用的特别概念,指法律主体的交易领域。——译者注

与个人之间关系的根本不平等,主导整个国家法:它既意味着对法律的服从,也意味着司法决定的执行和行政决定的适用;它将是创造一套一般法的例外规则的根源,而这套规则构成了行政法。[12]

行政部门拥有制定法律细则的权力,因此与行政部门的法律关系与我们在社会生活的其他方面遇到的法律关系形成了根本对立。诚然,单方行为在私法中也存在,而且规模很大,[13]在私法中,人们会遇到许多不以意思表示一致为基础的法律关系的假设:正如奥里乌(Maurice Hauriou)所表明的那样,任何机构都会向其成员强加一套为了维持其存续和发展所必需的"纪律";而在个人之间的关系中也不乏权威和从属的现象存在。然而,从采取"有执行力的决定"的形式并向公民强加以强制执行力开始,单方行政行为就具有了特定的特征:"有执行力的决定的特权"是指行政机关具有自行课加义务、授予权利、独立于有关各方的同意而制定禁令(单方决定的权力)的权能,并且它无须求助于法官即可要求公民遵守规定(事先之特权)。这一特权意味着行政行为受益于"合法性推定",因为它们被自动纳入法律体系,无须事先审查其是否符合规定;鉴于上诉不会暂缓执行的原则,即使存在司法上诉,也不妨碍行政部门继续执行其决定;这些规则的结合使行政部门作出的决定具有特殊的法律效力,这种效力低于判决的效力,但高于私人行为的效力,奥里乌将其称为"既决力"(autoritéé de chose décidée)[14]。诉诸物质力量的特权强化了这种行政权力,它体现在两个方面,一个是积极方面,另一个是消极方面。一方面,它意味着行政部门可以在法律秩序规定的条件下使用武力(刑事起诉、行政处罚,甚至在特殊情况下强制执行);另一方面,它被以下事实所证明:公民既不能强迫行政当局使用"公共力量",也不能以"公共力量"对抗行政当局,无法想象对它采取任何强制手段。

虽然私人原则上不能通过单方面意志行为将义务强加给他人,但国家有权在未经个人同意的情况下将义务强加于个人。这种特权与主权概念密不可分,从根本上改变了义务理论依据的法律关系的性质;但是,非对等原则也有一定的局限性。

---

〔12〕 J. CHEVALLIER, Le droit administratif, droit de privilège ?, *Pouvoirs*, n° 46, 1988, p. 57 – 70.

〔13〕 J. C. VENEZIA, Puissance publique, puissance privée, *Mélanges Eisenmann*, Cujas, 1974, p. 370.

〔14〕 Voir R. G. SCHWARTZENBERG, LGDJ, 1970.

(二)国家作为义务主体

主权并不意味着国家拥有绝对的无限的权力。一方面,其权力是由法律规则框定的,是以法定规章为模型:毫无疑问,正如卡雷·德·马尔贝格(Carré de Malberg)所言,主权的概念假定国家仍然是"不断为自己制定本质上限制其行为的规则的主人";但是,即使从这个符合德国国家自限论[15]的观点来看,法律秩序仍然是国家机关的约束和义务的来源。另一方面,不仅在国际层面,而且在国内层面,国家都会面临被赋予自主行动能力、被赋予自己意愿、其权益受到法律保护的主题。因此,国家和被治理者之间必然会建立法律关系,这种法律关系超越基于命令和权威的关系;国家在这里不再仅是义务的产生者、相对于被治理者来说的权利拥有者,而且国家自己也成了义务的承担者。

具体行政法的构建回应了这一想法,即这种联系不能归于个人之间的法律关系,恰恰因为其充满了主权原则导致的不平等:行政机关拥有对公民施加义务并使用物质力量来执行这些义务的双重权力;因此,界定行政机关的有权行动范围和使用其特权的条件的法律规则,具有与一般法规则不一样的性质和范围,必须由特别的司法管辖权来评价。然而,从一开始就出现了这样一种观点,即"公共权力"并不总是渗透在所有的行政行为中,或者是不同程度地渗透在行政行为中:[16]因此,有必要在不因行政机关参与而停止的情况下,分析其行动的条件和形式,以确定适用的法律和管辖的法院。同样,行政机关的行为将受到不同的法律制度的约束,这取决于公共权力在这些行为中是更明显还是更不明显的。顶端是自由裁量行政行为或纯粹行政行为,在这些行为中,公共权力得到了最有力的体现,并且可以避免任何诉讼;中部是行政机关在执行公共权力的特权时,侵犯了受法律保护的权利和利益,这些行为属于行政诉讼的管辖范围;末端是不涉及公共权力的行为,这些行为只引起私法问题,必须提交到一般法院裁决。

这很自然地导致了国家和行政机关两方面的区分:一方面,作为公共权力的主权国家和行政机关,不会成为民事意义上的真正的"义务"主体;另一方面,国家及其行政机关,能够进入一种真正的义务关系之中,因此要像私人主体一

---

〔15〕 法国的学说一般会寻求将法治建立在更坚实的基础上,使法律成为不同于和高于国家的现实(voir J. CHEVALLIER, *L'État de droit*, Montchrestien, Coll. Clefs, 3ème éd. 1999)。

〔16〕 J. CHEVALLIER, Les fondements idéologiques du droit administratif français, in *Variations autour de l'idéologie de l'intérêt général*, Vol. 2, PUF, 1979, p. 3 – 58.

样受同样的法律和法官的约束。在布兰科(Blanco)案[17]的判决结论中,达维德(David)指出,国家可以以两种不同的方式行事:一是作为一个“民事主体或所有权人”,它受制于与私主体相同的规则,属于一般法院的管辖范围;二是作为一种“公共权力”,它不属于私法的范围,只受制于行政法院的管辖,法律另有规定的除外。同样,爱德华·拉费里埃(E. Laferrière)[18]基于适用的程序不同的特征,区分了行政诉讼中的两种情况。有时,行政机关“作为具有行政权力属性的一部分权力或力量的持有者”出现:它行使权力的行为是主权的体现,必须属于行政法管辖范围。在其他时候,它以“公共服务的管理者”的身份出现:它所实施的管理行为与私人的管理行为相同,因此必须受到相同制度的约束。至于市镇,根据“市政权力”理论,它们被排除于私法适用范围。

因此,19 世纪的整个问题一方面在于划定国家这两个方面之间的分界线,另一方面在于界定适用于以公共权力为标志的活动的“制度”的轮廓。问题首先出现在非合同责任方面。在布兰科案判决之前,最高行政法院提到所谓的“国家债务人”理论,该理论以两个法律范围非常不确定的文本为基础,[19]以确定其管辖权;但该理论也要求有一个特别的立法来产生获得赔偿的权利:因此在整个 19 世纪,是以公权力不承担责任为原则的;[20]因此公法上没有对造成的损害进行赔偿的一般义务。虽然在 1873 年放弃了“国家债务人”理论,但布兰科案的判决排除了对行政责任适用《民法典》的规则,强调需要“协调国家和私主体的权利”,这足以表明国家义务与民法义务理论相去甚远。直到 20 世纪初,随着托马斯 - 格雷科案的判决(1905 年)出现,即使在没有法律规定的情况下,公职人员也有义务对因行使公权力而造成的损害的行为进行赔偿,这一点才得到肯定。就合同而言,除公共工程合同领域之外,很快建立起一种划分——行政机关或是将自己置于一般法的框架内,或是将自己置于一种特定的

---

〔17〕 *Dalloz* 1873, Ⅲ, p. 71.

〔18〕 *Traité de la juridiction administrative et des recours contentieux*, 1ème éd. 1887, p. 88.

〔19〕 1790 年 7 月 17 日至 8 月 8 日的法律规定,“国民大会宣布,作为一项宪法原则,除非根据国民大会的法令,并经国王批准,否则不得将对国库的债权纳入国家债务”,该法律实际上是针对旧政体的欠款,而 1793 年 9 月 26 日的法令规定,“国民大会宣布,国家的所有债务将以行政方式解决”,该法令与债务的技术清算问题有关。

〔20〕 R. CHAPUS, *Droit administratif général*, Tome 1, Montchrestien, 12ème éd., 1998, n° 1399.

制度下,同时排除了作为民法契约理论原则的第1134条的基本规则的适用。最后,就财产而言,从蒲鲁东(Proudhon)的论文(1833~1834年)开始,出现了对可被剥夺的财产即受民法一般条款调整的财产,以及公共领域的财产的区分,后者与私人财产不同,不可剥夺、不可侵犯,一般认为公众对其只有简单的"保管权"。

因此,行政法建立在与私法上的义务明确决裂的基础上:毫无疑问,国家有时会被引向适应私法的模式;但此时它不再是国家主权,不再是行政机关的公共权力,所以义务理论就可以毫无不便地适用。因此,公法的自主性以国家概念在法律上的二分为代价得到了保障。但公法学说很快就对这种二分法做出了反应。

二、拟人化的过程

承认国家是真正的法人显然给公法中的义务问题提供了一个全新的范围:这种资格意味着实际上"拥有持有权利和履行合同义务的能力"[21];如果确实如米舒(Michoud)所指出的那样,法人的概念是"公法和私法共有的一般概念",那么国家就成为法律的主体,即使不完全相同,也可以与其他法律主体相提并论。国家的概念与传统的义务关系之间不再有任何不相容之处;更令人欣慰的是,国家法人的观念使"国家—公共权力"和"国家—民事人格"之间的区分框架内人为脱节的部分重新统一起来。然而,这种经过抵制、争议才达成的认可并不意味着公法自主性的终结。

(一)国家法人

国家法人说[22]是学说和实在法演变的产物。在理论层面上,国家法人说是在19世纪末确立的,米舒和奥里乌的工作对此做出了重大贡献;该理论无疑有更为古老的哲学根源:然而,除了在法律思想中反复讨论法人的概念本身之外,国家作为一个主权和法律来源,如何能被视为一个真正的"法律主体"?在19世纪末盛行前,该论点首先盛行于日耳曼,然后在法国开始盛行——关于法人的真实的或虚构性质的观点在经典争论中被反复讨论。这种理论上的重整与自由主义意义上的公法演变密不可分:行政法与其说被视为一种关于特权的法,不如说是一种保护公民权利的手段;公权力的标准从此与公共服务的最终

---

〔21〕 F. LINDITCH, *Recherche sur la personnalité morale en droit administratif*, LGDJ, Coll. Bibl. droit public, n° 176, 1997, p. 3.

〔22〕 J. CHEVALLIER, *L'État*, Dalloz, Coll. Connaissance du droit, 1999, p. 35 sq.

标准相结合。

因此,国家与其他法律主体之间,以及公法与私法之间的对立似乎不那么明显。在对机构理论的建构中,奥里乌清楚地表明了这种趋同:现在,国家在他看来只是机构的一种变体;而人格化成为国家随着政治自由和代议制政府的发展而实现制度化进程所达到的最终顶点。

国家法人理论内涵丰富。首先,它不仅保证了国家的连续性,也保证了国家的统一性。国家在其机构和职能的多样性之外,作为一个统一的整体、一个单一的实体出现。因此,国家法人理论使超越19世纪期间倾向于反对"国家—权力"和"国家—个人"的理论成为可能:无论其活动的一致性和适用于它们的规则的性质如何,国家都构成一个相同的法人,一个具有双面人格的法人,其中一方面是内部的,另一方面是外部的;这种统一性意味着其构成要素本身不能被赋予专有的人格。

但最重要的是,人格化意味着国家成为一个法律实体、一个法律主体,按照乔治斯·布尔多(G. Burdeau)的精妙表达,它可以面对其他法律主体,进入"法律交易"领域。国家与任何拥有一系列主观权利的法人一样,[23]但也受制于义务,这些义务清单不再与私法中的清单有根本性的区别。因此,国家法人理论不可避免地导致了对公法的主观主义的重新解读,与传统上占主导地位的客观主义理念完全不相容。这一观察解释了为何国家法人理论在一些公法学说中会遇到强大阻力。因此,狄骥(Duguit)公允地指出,法人的概念是"主观主义"观点的一部分,以"主观权利"的形式构想权利并将其赋予"法律主体":从这个角度来看,主权本身成为归属于"法人"国家的"主观权利";相反,客观主义的概念是他唯一可以接受的概念,将会引向拒绝任何主观权利和法律主体的想法,放弃主权和国家法人的概念。这一分析被罗杰·伯纳德(R. Bonnard)采纳,对他来说,法人的概念"应该从法律科学中消失"。尽管有这些反对意见,但法人理论还是在公法学说中确立了起来,同时也导致了公法概念结构的一系列变化。

(二)拟人化的影响

法人理论使国家成为权利和义务的承担者。因此,它完成公法的构建,使

---

〔23〕 F. 林迪奇(F. LINDITCH)在其论文的第三部分,建立了一个关于行政机关认可的"主观权利"的完整理论,先后分析了它们的来源(单边或双边法律行为,自愿或非自愿的法律行为)和它们的制裁(通过特权、服从和控制、行政或司法制裁来保护)——通过主观主义棱镜对行政法的真正的重新解读。

解决一系列争议和消除一些不确定因素成为可能;这一进展涉及与其他法律主体条件逐渐接近的演变。正如德国学者嘉博(Gerber)认为法人理论是"公法法律建构的先决条件",对建立公法自主性不可或缺,奥里乌认为它是将国家"禁锢在法律网的网眼里"的手段;而当时正在经历"黄金时代"的行政法的发展与法人理论的构建同时发生,这并非巧合。

因此,可以以不同的方式提出财产在公有领域的地位问题:作为法律主体,国家拥有真正的财产,这意味着对公有领域财产的所有权,而不仅仅是保护和监督的权利;早在1897年,奥里乌就断言,"公共领域的权利的确是一种所有权"。这一理念逐渐在学说和判例法中得到确立,之后才被扩展到公法中的其他法人,如公共机构(曼苏逸)中。同样,法人资格使其有可能为合同实践的发展提供坚实的基础,并根据合同法的基本原则构建真正的行政合同理论:行政合同与任何合同一样,基于双方之间权利和义务的某种平衡;通过参与合同途径,国家承认了其他意志的存在,而且它认为有必要与这些意志达成协议。因此,公法关系向双边性和对等性的观念倾斜。至于行政责任,在布兰科案的判决和国家债务人理论的终结之后,它经历了一次重大的改革:国家不再被视为一个主权国家,同意按照其自行设定的条件进行赔偿,而是像其他法人一样,有义务对其给他人造成的损害进行赔偿;在这里,民事责任再次构成了必要的参考,行政责任理论将以此为基础建立。

尽管如此,这种人格仍然是独特的。事实上,国家被认为是一个不同于其他法律主体的法律主体;这足以证明构建一个特定的"制度"(行政法制度)是合理的,因而能够排除任何适用私法规则的想法:在这里可以找到行政法自治性的基础,并且清除了对民法义务理论的任何参考。

这种特殊性事实上已经被以下事实所证明:与其他法人,包括受公法规则规制的法人(如地方当局、公共机构)不同,国家的法律人格不是从正式的法律行为中获得的,[24]而是完全取决于主权或公权力的概念,即具体化了的国家概念。公权力将渗透到所有的法律关系中,即便是那些基于表面上的互惠、由国家与其他法律主体建立的法律关系,通过适用一般法的例外规则,特权的支配权属性也很明显。即使国家现在被承认为公共领域财产的所有者,但这种所有

---

〔24〕 注意到"任何旨在确定国家作为法人的行为的方法都是不可能的",F. 林迪奇将其描述为一种"特定的生成结构"(第81页):国家的法律人格并不来自正式的建构行为,而是"一连串规则的结果,这些规则加在一起,逐渐使国家具有接近其他法律实体的形象"(第104页)。

权仍然不同于私人所有权,〔25〕它通过一项基本的不可转让原则,以确保国有财产可维持其规定用途,并通过一个保护体系,以确保该财产以令人满意的物质状态得到保护。〔26〕 同样,行政合同的特殊性在于承认行政机关有超越一般法规范的特权,〔27〕包括指导和控制的权力,有制裁合同相对方的权力,有为公共服务的利益而解除合同的权力,甚至是单方面修改执行条件的权力:尽管在没有合同规定的情况下,最后一项权力的存在有时受到质疑,〔28〕但判例明确了这一权力,认为它是"适用于行政合同的一般规则"〔29〕的一部分:合同相对方的唯一对应权利是以合同财务平衡的名义获得损害赔偿。最后,在布兰科案判决中正式确认的行政责任法的自主性,体现在具体的理由(行政机关因违反"公民在公共负担面前一律平等"的原则而产生的责任)〔30〕和具体的赔偿规则中。由此可见,在法人理论的掩护下实现的统一仍然是一种错觉:虽然私人管理理论确保了国家服从一般法义务规则的假设得以维持甚至发展,但主权的理念仍然通过公共权力的超越一般法规则的特权而得以继续存在。

在更深层次上,法律人格理论似乎不可避免地导致了主观主义,但客观主义观点的持续存在抵消了这种主观主义,将国家视为法律秩序决定的产物。因此,与"人格"相关的"能力"的概念,即拥有权利和承担义务的能力,在行政法中没有什么地位,行政法更倾向于使用"权限"〔31〕的概念;我们在这里

---

〔25〕 P. YOLKA, *La propriété publique. Éléments pour une théorie*, LGDJ, 1997.

〔26〕 R. CHAPUS, *Droit administratif général*, Tome 2, Montchrestien, 11ème éd., 1998, n° 501 sq.

〔27〕 Même si l'arrêt *Deplanque* de 1907 a d'abord semblé prendre une orientation différente, comme le souligne justement R. Drago.

〔28〕 Voir par exemple F. P. BENOIT, De l'inexistence d'un pouvoir de modification unilatérale des contrats administratifs, *JCP* 1963, Ⅰ, n° 1775.

〔29〕 C. E. 2 février 1983, *Union des transports urbains régionaux*, RFDA n° 1, 1984, p. 459, note Lorens et 6 mai 1985, *Ministre des PTT c/ Ricard*, RFDA 1985, n° 5, p. 697.

〔30〕 违反公共负担前的平等性的无过错责任,旨在补偿那些由于行政活动而遭受到一般公众不承担的沉重和特殊负担的公民。——译者注

〔31〕 杰泽(G. JEZE)因此认为,如果它们都由实施法律行为的权力构成,"权限"是行政机关特有的,它与"能力"的区别在于,"权限"只是被授予的,必须为公共利益加以行使,并以其实施的特殊条件为特征。F. 林迪奇的论点是,这两个概念并非不相容,相反,它们在行政法中共存,法人作为整体的"主观权利"的支撑结构而出现,而"主观权利"表现出法律"能力"和"权限"二者的平行性存在。

找到了凯尔森式的观点,即把国家设想为一个纯粹的拟制,因此,法律秩序被"人格化"了。

因此,国家作为"法律主体"的建立并没有产生预期的效果:这一主体仍然是"主权",如果它进入"法律交易"领域,它是以一种特殊的地位进行的;因此,尽管从民法的义务理论中获得些许借鉴,但民法义务理论似乎很难被转用。然而,问题是这种严格的划界是否正在受到挑战。

三、再平衡运动

主权原则似乎是将古典义务理论移植到公法中的一个不可逾越的障碍:只有当国家决定保留其权力特权,将自己置于私法的条件下,法律背景才会发生变化,才能建立更平衡的关系,而这一决定本身就是其主权的体现。然而,这种解释不能完全令人满意,至少有3个原因。首先,在一些体系中,特别是在盎格鲁—撒克逊国家,根据"法治"的箴言,主权并没有禁止国家受一般法约束。其次,在国际秩序中,主权并没有排除国家与其他法律主体平等面对的可能性——主权内部和外部的双面人格之间的传统对立,无疑会从重新评估中受益,尤其是国家在国际秩序中越来越需要建立契约关系,不仅是与其他国家建立契约,而且是与私人订立协议。[32] 最后,在当代社会中,受到新出现的跨国新监管机制的挑战,主权的一些属性经常受到质疑。然而,这个外部因素更多的是作为一个运动的加速器,而这个运动是一个更广泛动力机制的一部分,而公共服务理论在20世纪初,已经预示到了这一点。

(一)行政法的重构

在这个阶段回到公共服务的理论似乎是自相矛盾的,尽管法国的公共服务概念在最近几年受到了严重的攻击,并且正在经历毋庸置疑的变动。[33] 然而,这一理论深刻地改变了政治关系的表述、公共秩序中义务关系的概念,从而改变了行政法的基础。

在公共服务方面,义务的负担从公民转移到了国家身上:国家被设定为一个至高的机构,被赋予了无条件的、不可抗拒的权力,而现在它被置于一个从属

---

[32] C. LEBEN, Retour sur la notion de contrat d'État et sur le droit applicable àcelui-ci, *Mélanges Thierry*, Pedone, p. 247 sq.

[33] J. CHEVALLIER, *Le service public*, PUF, Coll. Que sais-je, n° 2359, 4ème éd., 1997.

的地位,受到法律的约束,为公民服务;它的作用不再仅仅是提供社会团结所需要的服务。因此,在主张团结主义的狄骥看来,政府的作用是通过负责对集体生活至关重要的公共利益的活动,努力实现和发展团结;而他们拥有的特权只是履行这一义务的最佳途径。在一种团结主义逻辑中,社会凝聚力取决于义务和权利的微妙平衡,公共服务因此建立在管理者负担义务的理念之上:无论是为了划定其干预领域还是为了确定其行动手段,国家都受到目标的约束,为被治理者服务;正如威德尔(Vedel)所言,"无限主权和公共权力绝对优越的旧幽灵"消失了,公共服务的概念敲响了国家作为最高权力的"丧钟"。作为一个由执政者组织和控制的公共服务合作机构,国家的唯一功能是服务:它不再是一个约束和统治的权威,而是一个"社会的办事员",一个诚实的管理者,一个忠实的仆人;权力被转化为功能,"命令的权利"变成了"管理的义务"。

相应地,国家与公众关系的观念被颠覆了。通过使用国家提供的服务,寻求国家向其提供帮助,公众作为债权人、受益人和国家行为的最终服务对象而出现。公众不再受制于单方面强加的纪律,而是受益于符合其期望的公共管理,使他们能够以优于市场的条件获得财产。因此,公众与国家的关系发生了逆转,因为现在对结果的合法期望是公民对公共服务的期望,而不再是国家对其被治理者的期望。公共服务制度的内容反映了法律秩序的这种转变:"服务法"(狄骥)主导公共管理,意味着公民现在有权向行政机关主张,并拥有实施这些权利的行动手段;[34]公共服务的义务(著名的罗兰法则"Lois de Rolland")是公共服务使用者积极地位的相对面,表现为对行政机关的各种约束。

我们由此看到了对国家关系的重新评价,最终,它呼应了社会契约的古老主题:通过引发行政法的真正重构,它将导致对某些行政特权的质疑,并发展出更加保护个人权利的判例。毫无疑问,公共服务最终赋予了旨在消除公共权力理念的法律新的合法性:行政法仍然被认为是一种例外的法律,它赋予了行政机关超越一般法律的特权;而公共服务理论具有导致这些例外范围扩大的矛盾效果,因为它对高权行为和管理行为以及地方当局的地位之间的区别提出了质疑。然而事实仍然是,公共服务主题的推广标志着与传统公法义务概念的深刻决裂。目前的发展可以看作这种情况的远期延伸。

(二)行政关系的转折

行政关系的重新平衡是行政特权减弱和公民新权利得到承认的双重现象

---

[34] R. 伯纳德也提出了这样的观点,即公众将是相对于行政机关的真正的"主观权利"的持有者,在这一点上,他毫不犹豫地与狄骥分道扬镳。

的产物:它倾向于减少传统上带有单方性印记的关系的特殊性;即使它保留了特殊性,在某种程度上它仍然以强制的垄断为基础,这种关系现在可以越来越多地参照一般义务理论来进行思考。

“行政法制度”作为行政关系不可避免的特殊性的明确表现,有逐渐失去某些例外方面的趋势。这种演变是各种因素的结果。[35] 首先,欧洲层面施加的压力,包括欧盟机构以自由竞争的名义(这一行动在公共采购法领域的影响尤为明显)施加的压力和斯特拉斯堡法院(欧洲人权法院)以防止行政任意性的名义施加的压力;将共同体和欧洲法的原则纳入法国法律体系,再加上欧洲判例法的影响,产生了改变行政法的传统平衡的效果:比如根据《欧洲人权公约》第6条第1款,在斯特拉斯堡法院(欧洲人权法院)对法国的行政法司法管辖的运作产生质疑,理由是其运作缓慢、当事人的不平等和行政机关的制约手段的不足。这一质疑导致欧洲人权法院对法国的行政法司法管辖制度的彻底重新审查,以确保诉讼当事人的真正平等。其次,反对行政法的运动,借由福利国家的危机,在某些学术界和政治界重新出现:与19世纪期间对行政法的批评一致,行政法被视为与自由主义相抵触,这种法律被批评为本质上是一种不平等和特权的法律;这种运动在法律领域得到响应,法学家们不再迟疑,提出使行政控制体系适应当代世界新背景这一“亵渎神圣的”问题。最后,行政法官面临的新挑战,特别是由于宪法裁判和欧洲管辖的兴起:现在插入了一个竞争性的司法裁判管辖空间,行政法官被迫转向判例来应对,例如在责任领域(布尔乔亚 Bourgeois,1990,比昂士 Bianchi,1993);就好像最高行政法院试图通过“强烈的司法能动主义”来巩固其自由主义形象一样。[36]

结果是明确的:虽然公法制度的特殊性日益受到质疑,[37]但行政合同法在欧盟的压力下发生了重大变化,[38]特别是在采购程序方面,行政责任法已接近普通法律,特别是在赔偿条件方面:因此,行政制度与普通义务法之间的差距趋于缩小。这种趋近的过程同时也提出了不同于私法的行政法存在的正当理由问题。就好像行政法现在被置于一个可怕的枷锁中:它的合法性现在取决于与保护个人权利方面最先进的判例保持一致;但这种一致同时也减少了作为其制

[35] J. CHEVALLIER, L'évolution du droit administratif, *RDP* 1998, n° 4 - 5, p. 1792 - 1809.

[36] O. CAYLA, Le coup d'État de droit, *Le Débat*, n° 100, mai-août 1998, p. 108 sq.

[37] C. LAVIALLE, *Droit administratif des biens*, PUF, Coll. Droit fondamental, 1996.

[38] R. DRAGO, Le contrat administratif aujourd'hui, *Droits*, n° 12, 1990, p. 117 sq.

度基础的特殊性……因此,扩大司法法院(一般法的管辖法院)对行政事务的管辖权似乎是这一发展合乎逻辑的副产品:朝这个方向发展的重大动向确实出现了,或是通过将某些公共服务纳入私法的轨道(如1990年的邮电案),或是通过统一某些类型的诉讼(如1987年的竞争案)。

相应地,公民的新权利得到了承认:转化为行政机关的新义务,它们有助于行政关系的重新平衡。因此,保障单方性的保密原则受到20世纪70年代末的3部主要法律所质疑,这3部法律分别涉及查阅电子文档(1978年1月6日)、查阅行政文件(1978年7月17日)和为行政决定提供理由(1979年7月11日),被称为基于信息和通讯的"第三代人权"的一部分。尽管法院方面有些不情愿,但新的原则也趋于形成,这些原则在赋予公民新的权利的同时,也是国家新义务的来源:预防原则,这意味着有根据对公众的潜在风险不采取行动或采取行动的义务;法律确定性原则,甚至是合法信赖原则,这意味着与法律产生方式有关的某些义务。

与此同时,公民获得了对与其密切相关的决定的监督权:在公开调查提供的保障得到加强的同时(1983年7月12日的法律),对必须说明理由的个别性决定采用抗辩原则(1983年11月28日的法令),扩大了辩护权;1998年5月13日提交给国民议会讨论的"公民与行政部门关系中的权利"法案加强了所有这些保障。[39] 一个势不可当的运动似乎正在推动非诉讼行政程序的发展,该程序在法国长期处于萌芽状态,构成了缓解单方性的重要手段。行政公民权主题的推广完全符合这一观点:虽然行政关系建立在与政治关系明确对立的基础上(政治秩序中的公民,个人成为行政秩序中的主体),但与国家关系的两个方面(政治和行政)之间的这种区别趋于模糊;在与行政部门的关系中,公民不是一个简单的主体,而是继续拥有与公民身份有关的所有权利。由此,我们发现了在20世纪初,公共服务理论所依据的逻辑。

因此,义务问题是凸显公法结构逻辑和演变动态的一个很好的线索。公法建立在义务关系的单方性和非对等性的基本原则之上:主权国家被假定为被治理者的义务来源和中心;如果它本身要承担义务,也只是在它自己设定的条件和条款下承担义务,这一特征足以排除任何移植私法中义务关系的想法,在私法的义务关系中,国家只是作为第三方或担保人介入基本基于对等性的关系

---

〔39〕 该文本于1999年3月10日由参议院通过,规定了一套性质非常不同、范围非常不平等的条款,从宣布非常普遍的原则,如"简单地获得法律规则"或取消行政匿名,到非常精确的规定,如关于时限的规定。

中。因此,义务的概念在公法中并不常见。然而,国家是一个动态的和不断发展的现实:在20世纪初,通过法律人格理论将国家建构成法律主体,以及对公共服务主题的宣传,已经使人们有可能强调公法关系的辩证性,这种辩证性是国家制度的中心问题,社会契约的理论已经强调了这一点。目前绝对主义主权概念的衰落正在推动国家与公民之间形成一种更加平衡的关系,通过削弱行政制度中最例外的情形,同时促进义务理论一般原则的转换。然而,这种公法与私法相接近的趋势遇到了一个限制:国家在这里不仅是第三方和担保人,而且是义务关系的当事方;因此,任何纯粹和简单的公私法同化都是不可行的,比如在没有行政法的国家中存在适用于公共权力的特别规则就表明了这一点。

司法实践中的自然法：民事诉讼“辩论权尊重原则”研究

[法]亨利·莫图尔斯基　著*　陈凌艺　译**

摘要：

当实证法无法解决法律运行中存在的问题时，自然法发挥了多重的作用。辩论权作为民事诉讼的重要概念之一，既体现于当事人之间的法律关系，也体现于法官的法定义务之中。“辩论权尊重原则”正是源自自然法理念。

关键词：

自然法；民事诉讼；辩论权尊重原则

鲁比耶（Roubier）院长在他的《法的一般理论》[1]中写道：“法学家的基本任务是当面临权利和利益的冲突时，对正义和不正义做出明确区分。在这一场景中，法学家扮演了正义之标准的角色。”这位杰出的院长用“正义”观念对法律制度中的若干命题假设予以说明解释。例如：不当得利之禁止；对无民事行为能力人的保护；过错侵害的赔偿义务；等等。但是在无权转让的情形中，应当对第三人是无偿受让还是有偿受让进行区分。无偿受让者应无条件地承担返还义务，而有偿受让者只有在其无权转让人的共谋关系被查实之后才负有返还义务。这就是鲁比耶院长在其著作中探求的“具有普遍价值的”“建立在人类意识基础上的”规则。不过，在人类的有限智识范围之内，这些

---

* 作者亨利·莫图尔斯基（Henri Motulsky，1905—1971），男，法国著名诉讼法学家，专注于民事诉讼基本原理研究。本文最初发表于1961年的《鲁比耶文集》（Mélanges Roubier，1961，t. 2，p. 175.），后又完整收录于1973年莫图尔斯基《民事诉讼研究与评注论文集》（Ecrits. Etudes et notes de procédure civile，Dalloz，1973）。本译文根据《民事诉讼研究与评注论文集》版本译出，内容摘要、关键词系译者所加。

** 译者陈凌艺，女，中山大学法学院硕士研究生。

〔1〕 2e ed.，n° 23，p. 217 et s.

规则有时不一定能够被清晰地意识到。从这些话语中,我们可以得出这样的结论:“人类对于正义的存在有强烈的信仰,而他们的内心从来不屈服于法律与正义的分离。”

法律充满了理想主义的信仰和准则,我们应当记住这一双重性的规训:“正义观念居于合法概念之上,而法学家应当是正义的实现者。”

当我们强调“正义”对于“法律”的优先性时,也会面临正义与法律发生冲突之情形。我们无法回避不正义的法律具有存在的可能。[2] 当这一冲突出现在法律制度的语境当中时,我们也无法回避在道德层面讨论这一问题。[3] 这意味着,我们不可避免地需要求助于自然法的理念。

17 ~ 18 世纪的“自然法学派”的确提出了较为夸张的主张,即依据“永恒的理性”生成法律的真正躯干。但是随之而来的历史法学派和奉行绝对守法的实证主义法学却又走向了另一个更为严重的极端。[4] 对自然法观念(自然法优越于实证法和社会现实)的打击,其影响不只是打碎了自然法的理想愿景,更严重的是,人们开始质疑“自然法”这一术语本身。鲁比耶教授本人不大愿意使用“droit naturel”这个词。[5] 在很长时间里,法国法律语言倾向于用“自然法”(droit naturel)外的其他名称来指代超越实证法的法律问题,学者使用最多的是“一般原则”(principes généraux)的表达。[6]

但是,“法的一般原则”的概念具有极为广泛的含义,不能直接等同于“自然法”。更确切地来说,“一般原则”的术语具有含义不同的双重指代:其一,它可以指代作为实证法组成部分的“法律一般条款”,其具有生成“法律特别条款”的功能;其二,它可以指代作为实证法之前提的先验存在,实证法只不过是它的

---

[2] Sic, Roubier, *Théorie gén.*, n° 24, p. 219 et s.

[3] 参见 M. Dabin (*Théorie gén. du droit*, 2e éd., n° 215 et s.) et M. du Pasquier, (*Introd, à la théorié gén. et à la philosophie du droit*, 3e éd., n° 345 et s.); v. contra, Leclerca, *Du droit naturel à la sociologie*, Paris, 1960, p. 123.

[4] Roubier, op. cit., n° 16 et s.

[5] Op. cit. n° 20, p. 188, 191, n° 23, p. 218.

[6] 行政法学对这一学术倾向的批评,参见 M. Villey, Leçon d'histoire de la philosophie du droit, Paris, 1957, p. 369 et s.; l'étude fondamentale de M. Letourneur, les principes généraux du droit de la jurisprudence du Conseil d'Etat, Cons. d'Et., Etudes et Documents, 1951, p. 19 et s。

法律译本。这就是为什么“法的一般原则”的用语被一部分学者[7]用于指称实证法的内容,而另一部分学者却毫不犹豫地将该术语等同于早先的“自然法”(droit naturel)概念。[8]

就本文观点而言,我们认为“一般原则”(principes généraux)涵盖了这两种含义,必须对它们作出区分。

依我们来看,这个术语所内含的两重不同含义,恰恰表明实证法存在的缺陷。我们不是要在这里重新提及实证法是否存在空白的争论,[9]我们只是想在这里指出,当法学家用尽了所有法律的解释方法之后,却仍然发现无法填补实证法的不足。当面对极为庞杂的法律需要进行解释时,人们必将发现:法律解释具有无法克服的逻辑局限性。法国最高法院曾经尝试在“解释”和“曲解”之间作出区分,这一做法正是法律解释存在逻辑局限性的体现。[10] 法律具有的模糊性特征会阻碍对法律的进一步解释(正如“黑暗”不应仅仅被解释为“光明”的变形物),在给定的法条中添附复杂的含义也被证明是不可实现的。这两种情况均表明:法律解释的权力正在被终结。《法国民法典》第4条规定:“法无明文规定时,法官仍应作出判决。”法官除了从成文法中寻找法律,还应当从别处寻找法律规范。只要习惯法和判例当中都不存在法官需要的法规范时,法官就被迫转向它途:法官不得拒绝裁判,他只能转而求助于实证法之外的规则。

在这些“一般原则”中,有必要将它们一分为二:一是通过精细化论证,能够与“现存”规则建立起或多或少联系的原则;二是无论如何都无法在逻辑上建立这种联系的原则。前者我们可以称为“技术性的”原则,属于实证法的领域;而后者,我们可以称为“哲学性的”原则,属于自然法的范畴。

在我们看来,将同一概念拆分为含义互斥的两个部分,导致我们很难再用

---

[7] Principes du droit et droit positif, Boulanger, Mélanges Ripert, 1950; Principes généraux du droit et droit positif, Boulanger, Mélanges Ripert, 1950, t. Ⅰ, p. 51 et s.; Marty et Raynaud, Droit civil, t. Ⅰ, n° 126; Waline, Tr. de droit adm., 7e éd., n°s 703 et s., 710.

[8] Jeanneau, Les principes généraux du droit dans la jurisprudence asministrative, Paris, 1954, notamment p. 252 et s., 255.

[9] V. Gény, Méthode d'interprétation et Sources. 2e éd., t, Ⅰ, n° 81 bis.

[10] 法律文本的解释方法有6种:文义解释(文字的意思),逻辑解释(文本内在的范围),体系解释(法律制度或法律秩序中的位置),社会学解释(在社会背景中的位置),目的论解释(文本所追求的目标),哲学解释(在意识形态控制的法秩序中的位置)。

“法的一般原则”(principes généraux du droit)这一术语来指定其中的某一种含义,也难以再用该概念指代借用更高层级的正义观念介入法律之可接受性。相反,我们认为,即使“自然法学派”确实曾经错误地给“自然法”(droit naturel)这一术语强加了一个被过分夸大以致其无法承载的内涵,但这不足以让人永远放弃使用“自然法”(droit naturel)这一承载了丰富情感和许多回忆价值的表达。这一看法似乎比引起广泛关注的学术观点更加合理。有发表的研究成果注意到了这个事实:斯多葛学派将“自然法”视为普遍规则体系的概念是与亚里士多德的自然法概念不同的,后者将具象的“正义”看作自然法的核心,与其说法律是永恒的正义,不如说法律是公平的状态。而圣托马斯·阿圭那(Saint d'Aquin)的法律思想正是不偏不倚地以亚里士多德的观念为轴心而展开的。[11] 因此,亚里士多德的自然法观念是无可争辩的主流学说,再也没有强有力的反对者。“自然法”(droit naturel)这一术语,虽然受制于其多义性特征和先天性的不精确性而不易理解,[12]但是它至少以诸种形式展示了法律运行过程中出现的若干基本问题,它揭示了正义观念是如何通过对实证法提出更高层次要求的方式推动实证法的发展。

这一推动作用沿着不同的路径展开。自然法发挥了三重作用,可以与传统上赋予习惯法的“根据法律、超越法律、违背法律”(secundum legem, præter legem, contra legem)三重角色联系起来。自然法可以启发、使实证法规则变得有活力,也可以使实证法变得更完备,还可以在极为有限的范围内与实证法进行斗争。[13] 如果说自然法对实证法的斗争会让人质疑自然法介入实证法的合理性和有效性,那么自然法发挥填补实证法之空白的功能则是毋庸置疑的。这是自然法推动实证法发展最为直观和合理的方式。[14] 在这一点上,即使当代的实证主义者也得承认,在司法过程中,自然法原理为实证法提供更为丰富的

[11] M. Villey. Leçons d'histoire de la philosophie du droit, p. 121 et s.; Batiffol, La philosophie du droit, Paris, 1960, p. 61 et s.; id, Aspects philosophiques du droit international privé, paris, 1956, n° 74, p. 163 et s.

[12] 在这方面,参见 Francescakisn , Droit naturel et droit international privé, Mélanges Maury, 1960, t. Ⅰ, p. 113 et s., n° 3, p. 115, cf. n° 20, p. 132。

[13] Roubier, Théorie générale, n° 20, p. 187; Del Vecchio, Philosophie du droit, paris, 1953, p. 440 et s.

[14] Supra, n°4.

法律规则。通过参照那些“独立于世俗和社会权威之外的绝对价值”〔15〕,就会发现任何低估自然法贡献的重要性和强度的做法都是错误的。自然法不但对实证法中成文法规范进行了强化,而且对实证法进行了增补。这些被增补的法律规则使实证法与自然法的一致性得以巩固。如果一个国家的司法机构仅将实证法的命令当作其审理案件的唯一基础,那么该国的司法制度必将迈向衰弱。而当该国的司法机构善于借助自然法的力量推动实证法的完善时,它就会充满活力和迅速发展。〔16〕

鲁比耶教授提到的“法学家的基本任务”,就是要注意在理想的范围内发挥自然法的作用。这也是对法官的特别要求,因为法官承担着“在关于权利和利益的冲突中,对正义和不正义作出区分”的重要职责。这可能与许多法哲学的著述观点相反。法哲学的观点更侧重于通过法学教学的方式对日常司法实践形成渗透式影响。正如我们不能说法哲学家用“法的一般理论”取代“法哲学”一词是极其滥用学术裁量权的行为,〔17〕也不能说“借助政治哲学和社会科学消融法律推理之严苛性”会导致法学家与法律的背离。〔18〕

幸运的是,法官并不经常面临实证法与自然法发生冲突,且其必须走出遵从抑或违背实证法的困境。但法官总是面临在利益冲突之间做出选择,并决定何种利益在他看来是“最值得尊重和保护”的。〔19〕 在这一点上,运用自然法的独特方法将为法官提供有价值的裁判标准。

在这一过程当中,法官在其决策过程的每一个步骤都在某种程度上借助了自然法的力量。在所有的法律部门中,我们都可以在司法实践里找到数不胜数的自然法的痕迹。家事法(婚姻和亲子关系)、债权法和继承法都提供了很多的例子。刑法当中也是如此,只需想象刑事法官在衡量被告人面临义务冲突时所处的微妙境地。在国际私法方面,最近的一项研究细致地分析了“自然法的积

〔15〕 Eisenmann, Le juste et le droit naturel, in Le droit naturel, Annales de philosophie politique, Paris, 1959, p. 205 et s., n° 10 et s., p. 217 et s., 13, p. 221, 17, p. 226.

〔16〕 不要误解这一提法的意义:我们不是要在这里否认合意以及社会事实对法治生命力的重要性,但是存在一些社会领域中立且包含哲学思想的规则,我们所考虑的正是这些规则。

〔17〕 Roubier, Théorie générale avant propos; cf. notre article, La mission partique de la philosophie du droit, Arch, phil, dr., 1952, p. 175 et s.

〔18〕 Roubier, Compte rendu in Arch. ph. dr., 1960. 223.

〔19〕 Roubier, Théorie générale, n° 23, p. 216.

极作用”[20]。最后一个重要例子是没有编纂成法典的行政法。自然法在行政法领域的运用给我们带来了特别丰富的收获和非常宝贵的经验教训。正如我们所指出的,[21]“行政法的一般原则”包含了相当一部分的自然法内容。行政法中的许多“一般原则”并不能与任何作为成文法或习惯法的行政法规范联系起来。这些行政法的一般原则也与判例规则有本质差异。“行政法的一般原则”先于司法裁决存在,而司法裁决是对一般原则的承认。

面对自然法对实证法的冲击,我们有必要对自然法在司法实践中的运用设定某种限制。我们以民事诉讼法为例,尝试说明自然法对司法实践的影响。民事诉讼法是一个不太起眼的法律部门,但又十分重要,其本质是民事私法的日常运作。同样地,我们不可能寻找自然法在民事诉讼程序中留下的所有印记。本文致力于聚焦自然法中诸多民事诉讼概念之一的辩论权,对其发挥的影响进行一个大致轮廓上的分析。这是一个非常重大的问题,涉及了民事诉讼法上的辩论权尊重原则。

学术研究应当以“事物之本质”为中心展开。当我们发现自然法对民事司法实践的繁荣发展确有助益时,我们应当探寻这一现象是如何发生的。为了完成这一研究工作,我们发现以“民事诉讼法律关系”为切入点是很有解释力的选择。

一、辩论权尊重原则在法律中的存在形式

辩论权尊重原则的发展与自然观念密不可分,学界对此并无太多争议。德尔·韦基奥(del Vecchio)先生在《正义与真相》[22]这一巨著中,展示了“当事人诉讼地位平等”的观念是如何一直困扰着法学理论家们的。“当事人诉讼地位平等”观念源于毕达哥拉斯学派的“对等正义”[23]概念,它与“天平”“二元”“数

---

[20] Francescakis, op. cit. (supra, note 13).

[21] Supra, n° 2 et 3, note 7, 8 et 9; adde, Rivero, Le juge administratif français : un juge qui governe ?, D. 1951, chron. p. 21 et s.; Odent, Les droits de la défense, Etudes et Documents, 1953, p. 55 et s.; Morange, Le principe des droits de la défense devant l'administration active, D. 1956, Chron, p. 121, et s.

[22] Paris, 1955. La version italienne (La Giustizia) vien d'avoir sa 5e édition (1959).

[23] Αντιπεπονθσς, op, cit., p. 37.

字8或3”“字母ε(始终是完全相同两部分)”等符号性意涵吻合。它与亚里士多德提出的“正义”(διχαιον)和“二元”(διχαιον)之语词相似性意涵相同,甚至它还与“剑”的象征意义相符。“剑”象征用来“切割”争议的事物,并且准确地分为两个相等的部分。[24] 而且德尔·韦基奥先生指出,对于尊重辩论权这至关重要的传统,至少有两个“甚至在属于法律科学之前就已属于共同良知”的观念。一个是“任何人都不得成为自己案件的法官”(nemo judex in causa propria)的观念,以及特别是“法官不得在未听取双方辩论意见的情况下作出判决”的原则。德尔·韦基奥先生将格言“兼听则明”(audiatur et altera pars)追溯到赫西俄德(Hésiode)和阿里斯托芬(Aristophane),接着在塞涅卡(Sénèque)的《美狄亚》[25]中找到了其拉丁语表达。

事实上,诉讼当事人在法官面前的地位平等观念既是“事物之本质”的要求,也是理性法的要求。不过,尽管在现行立法中有关于“当事人诉讼地位平等”的规定,[26]但没有任何规定要求在民事诉讼中尊重当事人的辩论权。尽管如此,尊重当事人辩论权的原则却被一致认为是“基本的”[27]、“不可改变的”,[28]是构成“公正司法的必要保证”[29]。据学界的权威说法,[30]“最高法院要求各级法院的法官在司法过程中严格遵守该原则”。

而事实上也确实如此。最高法院在处理一个看似纯粹技术性程序问题时,着重强调了尊重当事人行使辩论权。该案的一审法院在一份判决书中同时对案件的管辖问题和实体问题作出了单一裁决(旧《民事诉讼法》第172条),最高法院在该案的再审判决中否定了原审法院的这种做法。最高法院认为:“辩论权是一项自然法权利,任何人都不应在未被聆讯和未被通知出庭辩论前就被判

---

〔24〕 Op. cit. p.40, n°s 127 et s.

〔25〕 Op. cit. p.129.

〔26〕 因此,在《学说汇纂》中,乌尔比安有一条格言(L, 17, De diversis regulis juris antiqui, 41 pr.):禁止被告做的事情,也不应当允许原告去做(Non debet actori licere quod reo non permittitur)。《人权宣言》在刑事法律方面提及辩护权:“在没有被传唤和没有被听取意见之前,任何人不得被定罪。”

〔27〕 Morel, Tr. élém. de proc. civ., 2e éd., n° 426.

〔28〕 Cornu et Foyer, Procédure civile, p.373.

〔29〕 Vizioz, Etudes de procédure, n° 240, p. 449; Hébraud, Rev. trim. dr. civ., 1956, 389.

〔30〕 Cuche et Vincent, Procédure civile, 12e éd., n° 290.

有责。"[31]自该再审判决作出以来,最高法院在一系列其他案件中直接使用"辩论权原则"或"自由辩论原则"来检验下级法院司法行为的合法性,而无须再适用其他诉讼法规范。[32]

这就是自然法渗透法国实证法的一种方式,也是自然法推动实证法完善的一个明证。如果最高法院意图在其判决中建立起某个法律原则,那么这意味着任何违反该法律原则的判决均可能会被撤销。没有比这更能清楚地证明法律中已然存在某一法律规则的形式了。

本文的研究正是致力于揭示法国法院是如何通过司法判例的方式引入了自然法,创设了新的法规范。民事诉讼法的发展就是一个很好的示例。

二、辩论权尊重原则的内涵

虽然法国民事诉讼法中的诉讼理论研究似乎与威兹沃滋(Vizioz)的期待仍有差距,[33]而且学界对"诉讼法律关系"的性质和基本内容远未达成统一的共识,[34]但是人们至少在以下结论形成了一致看法,即在诉讼场景下,当事人之间建立了一种新的民事诉讼法律关系。

可是,对于是否应该于诉讼场景下在当事人和法官之间建立法律关系的问题,学界存在很大的争议。一些人否认诉讼法律关系的主体包含法官,[35]但另一些人则主张诉讼确实在法官和当事人之间建立了一种新型的法律关系。[36]这种法律关系正承担着某种功能。我们认为,这种观点是符合实际的。

---

[31] Civ. ,7 mai 1828,S. ,1828. 1. 329.

[32] V. récemment : Civ. Ⅱ,19 déc. 1955,Bull. civ. ,n° 600,p. 365; Civ. Ⅱ,16 avr. 1953,Bull. civ. ,n° 110,p. 60; Civ. 0,26 nov. 1956,Bull,civ. ,n° 431,p. 344; Civ. Ⅱ,18 juill. 1957,Bull. civ. ,n° 554,p. 359; Soc. ,13 mars 1958,Bull. civ. n° 380,p. 227; 17 juill. 1958,Bull. civ. ,n° 933,p. 702.

[33] Etudes de procédure,p. 47 : cf. p. 20 et s. pour les doctrines étrangères,et p. 150 et s. pour le droit public.

[34] V. sur ce point, Glasson et Tissier, Tr. de Proc. civ. , 3e éd. , t. Ⅱ, n° 453; Grasonnet et Cézar-Bru,Tr. de proc. civ. ,t. Ⅱ,n° 196,t. Ⅲ,n° 703; Morel,op. cit. n° 309 et s. ; Cuche et Vincent,op. cit. ,n° 284; Cornu et Foyer,op,cit. ,p. 363 et s.

[35] Glasson et Tissier,loc,cit. ,; Cornu et Foyer,loc. cit. (之前的注释)

[36] Morel,loc. cit. ; Cuche et Vincent,loc. cit. (note 35); Vizoiz,op. cit. p. 11,155 et s.

本文认为,这些争论的意义不大。诉讼必然会使法官负担起某些法定义务,这是无可争辩的。这一结论也足以引导本文研究朝这个方向迈进,即辩论权的内涵问题。辩论权既体现于当事人之间的法律关系,也体现于法官的法定义务之中。由于这项研究的范围非常广泛,涉及的内容也十分繁杂,因此本文只能进行非常碎片化的研究。

(一)当事人视角下的辩论权尊重原则

当我们在当事人之间法律关系的语境下讨论"辩论权"之内涵问题时,我们需要回顾当事人之间形成了哪些义务,这些义务又是如何形成的,以及这些义务又是如何凝结成"互相尊重权利"的共通性含义。传统上,我们用"对审原则"(principe du contradictoire)一词来指代当事人之间权利义务关系的全部内容。人们通常认为"尊重辩论权"只是"对审原则"的一个"方面"或者是"必然结果"[37]。就我们而言,我们倾向于否定这一观点,不能说"对审原则"就是"尊重辩论权",也不能说"对审原则"是"尊重辩论权"的结果。我们只需对"辩论"概念的内涵进行分析。"辩论"这一概念在刑事法领域有着举足轻重的地位,而民事诉讼法并不常用这一术语。民事诉讼法上时常使用被告(défendeur),这是与刑事诉讼法上的被告(prévu)的对应概念。因此,当我们在民事诉讼法语境下讨论"辩论权"问题时,我们需要从"各当事人为其利益辩护"的广义层面去理解"辩论权"。

从这个角度来看,当事人在诉讼程序的各个阶段的确都会涌现出各种义务。

1. 诉讼通知义务。一位古代的法律学家写道:"传唤是自然法和人法的共同法则。"[38]事实上,在民事诉讼中,辩论权的第一个表现是原告有责任向对方当事人送达通知其开庭的传票。[39] 从这个阶段开始,民事司法判例就从多个视角对"诉讼通知义务"进行论证。

《法国民事诉讼法》第 69 条第 8 项规定,当事人可以通过张贴公告并向法国检察官送交副本的方式来传唤住所地或经常居住地不在法国境内的人。然而,在司法实践中,只有证明执达员已经尽最大努力寻找利害关系人的住所地或经常居住地时,这种"移交检察官"的传唤才会被视为合法。如果没有进行这

---

〔37〕 Vizioz, op. cit., n° 240, p. 449; Cornu et Foyer, op. cit. p. 371.

〔38〕 Ayraut, Instrction judiciaire, cité au Dalloz Jur. gén., V° Défénse-défenseur, n° 181.

〔39〕 需要指出的是,"传唤"一词指的是通知某人到法庭的行为,该术语根据法院的类别又进行了细分(如高等法院和商事法院的传讯,或者上诉法院和仲裁委员会的传票)。

样的尽职调查,基于自然法的要求,该传唤将会被宣告无效。[40]

在国际私法中,司法判例将自然法的概念引入"国际公共秩序"的概念中。这一概念允许搁置外国法律的规定,也可以撤销应予执行的外国判决,只要这些规定或判决与法国法律秩序的基础相抵触。[41]

在这些法秩序基础中,最高法院宣布"普遍正义"原则正是其中之一。[42]基于这一原则,法国最高法院的判例以公共秩序的名义,拒绝承认在未能"切实和诚信地传唤"被告的情况下作出的判决。[43] 这一做法与自然法的精神相符合。

2. 出庭保障的义务。仅仅通知被告开庭是不够的,还必须保证被告能够出庭,而且是能够按时出庭。通常情况下,给当事人充分的出庭准备期限就可以被视为满足了这一程序要求。但是当个案情况出现特殊情形时,司法判例会再次以保护"辩论权"之名采取纠正行动。

如果当事人因为对方的欺诈行为"无法有效地向法庭主张权利和陈述理由",最高法院赋予该当事人"恢复原状"(restitutio integrum)的权利。例如,允许他在超过上诉期后仍有权对缺席判决提出上诉。[44]

在国际私法中,自然法往往是以"公共秩序"的外观存在的。如果出庭准备期限明显不足以保障当事人辩论权的有效行使(即使符合审理该案之国家的法律),我们仍将拒绝执行该缺席判决。[45]

---

〔40〕 Req. ,7 févr. 1893, D. , 1894. 1. 221; Com. , 14 mars 1950, D. , 1950. 349, 7 nov. 1950, Bull. civ. , n° 322, p. 229; Civ. , 14 janv. 1952, J. C. P. , 1952. Ⅳ, Ed. G, 41; Paris, 14 juin 1959, J. C. P. , 1959. Ⅱ. 10972 bis, note. G. M. ; cf. Guche et Vincent, op. cit. , n°315.

〔41〕 Batiffol, Tr. de dr. internat. pripé, 3e éd. , no 357 et s. ; Lerebours-Pigeonnière et Loussouarn, Droit internat. prive, 7eed. , n° 378 et s. ; Maury, L'éviction de la loi normalement compétente : l'ordre public internalional et la fraude ὰ la loi, Valladolid, 1952.

〔42〕 Civ. , 25 mai 1948, Rep. cril. dr. intern. privé, 1949. 89, note Batiffol, D. , 1948. 357, note P. L. – P. , S. , 1949. 1. 21, note Niboyet, J. C. P. , 1948. Ⅱ. 4532, note Vasseur.

〔43〕 Req. , 11 nov. 1908, D. P. , 1914. 1. 118, S. , 1909. 1. 572; Civ. , 22 janv. 1951, Weiller, J. C. P. , 1951. 11. 6151, note Sarraute et Tager, Rec, crit. dr. intern. privé, 1951. 167; Paris, 15 nov. 1960, Ermolieff, inédit.

〔44〕 Civ. , 19 nov. 1945, Gaz. Pal. , 1945. 2. 205, et les renvois; Civ. Ⅱ, 12 oct. 1955, J. C. P. , 1955. Ⅳ, Ed. G, 158.

〔45〕 Req. , 10 janv. 1928, Clunet, 1928. 975; Paris, 21 mai 1940, J. C. P. , 1940. Ⅱ. 1527, note Maury.

同样地,在仲裁裁决的承认和执行方面,如果在仲裁庭成立当天就开庭审理且被告缺席,那么这种情况下作出的仲裁裁决也被否定其效力。[46]

3. 允许对审辩论的义务。正如前文所述,[47]人们通常将“辩论权”视为“对审原则”的必然产物。这表明“对审原则”是尊重当事人辩论权行使之义务的重心。其含义如下:每个诉讼当事人有义务向法院提交其诉讼理由和证据,以便对方知悉并能够据此展开辩论。在这方面,成文法也作出了基本规定。例如,《法国民事诉讼法》第 82 条规定了至少在庭审前 10 天(或者在某些情况下为 5 天)向对方当事人送达庭审意见,以及《法国民事诉讼法》第 188 条规定了书状交换的抗辩。但是,成文法只规定了一个简要的框架,其具体内容仍有待充实。如果当事人向对方送达书面庭审意见的时间确实明显逾期,该当事人也仍然可以请求法院认定该送达仍为有效(《法国民事诉讼法》第 82 条第 5 款)。法官在审查逾期书状交换之合法性问题时,需查明该当事人逾期交换书状是否有正当理由,并且以“辩论权尊重原则”为审查判断标准,即是否会妨碍对方当事人自由行使辩论权,是否会妨碍有效法庭辩论的开展为准则。《法国民事诉讼法》第 188 条只是通过在既有义务性规定之上设置抗辩,使违反义务的行为产生某种法律后果。成文法关于此类义务性规定都得借助司法实践来进一步加工塑造。

在这个问题上,司法实践的指引是明确而具体的:任何“对案件裁判结果具有重大影响的要素”都必须向对方当事人进行通知和送达,以便对方在公开庭审时能够自我辩解或提出反驳。[48] “庭审公开”的精细化要求都指向了民事诉讼的“言词原则”:言词主义的诉讼程序是否是最尊重当事人辩论权利的程序?言词主义诉讼程序也导致诉讼突袭的频繁发生。[49] 让当事人辩论权之行使与诉讼突袭之尽可能限制之间达成某种均衡共存,无疑是最合适的解决方案,尽管这种均衡目前似乎还未实现。

法国最高法院在坚定不移地支持庭审公开辩论之必要性的同时,也明确禁止当事人在法庭辩论终结后提出新的诉讼资料,尤其是对案件实体审理有决定

---

〔46〕 Paris,15 févr. 1851,D. ,1851. 2. 78.

〔47〕 Supra,note 38.

〔48〕 Civ. ,20 nov. 1889,D. ,1890. 1. 54; Soc. ,27 déc. 1945,Gaz. Pal. ,1946. 1. 77; Civ. I,7 déc. 1953,J. C. P. ,1954. Ⅱ. 8008,Gaz. Pal. ,1954. 1. 99; Soc. ,22 nov. 1956,J. C. P. ,1957. Ⅱ. 9975; Civ. Ⅱ,10 avr. 1960,Bull. civ. ,n ° 272,p. 183.

〔49〕 Hébraud,L'élément écrit et l'élément oral dans la procédure civile,Etudes de droit contemporain(第三次和第四次国际比较法大会的法国报告),t. Ⅱ,p. 341 et s. ,352.

性影响的诉讼资料。虽然“1808年3月30日法令”第87条的规定允许当事人在庭审终结后提交书面意见,但是司法实践更倾向审慎立场,不允许当事人在庭后书面意见中提出任何在庭审中未提及但又对案件审理结果会产生实质影响的事实和法律观点。如确实出现了这种情况,仅向对方当事人送达该庭后书面意见是不足够的,法官应当重新恢复法庭辩论,这也是尊重当事人辩论权的必然要求。[50]

4. 最低限度的诚信义务。前述分析的各种义务,其实质上都隐含“诉讼诚信”观念。值得强调的是,“诉讼诚信”在某种意义上也是一种具有独立价值的道德要求。在某些援引自然法的判例中,“诉讼诚信”成为了一项法律义务。

当然,对当事人承担诚信义务的要求没有扩张得太快。当著名法学家们宣称当事人在民事诉讼中负有真实义务时,[51]我们担心这种要求是否超过了人类进化的当下状态。至少,我们不能断言说法国司法已经接受了这种要求。这似乎被认为只是一种道德义务,而不是一种法律义务。我们以法国司法处理“文书提出命令”的可能性问题来说明这一点。原则上,法国司法适用“不得自证己罪”(nemo contra se edere tenetur)规则。这一规则否定了法国法上存在“出示之诉”(ad exhibendum)。只有在非常特殊的情况下(“极为审慎地”和“必须有充分理由”),法官才能强制持有书证的当事人出示该书证。[52] 根据《法国民事诉讼法》第480条第10款的规定,如果经过法庭调查已然查明一方当事人控制掌握对案件审理有重要影响的书证,那么法官可以依职权责令[53]该当事人提交。这足以表明,“文书提出命令”是一个法律层面的义务性规定,它拓展了诉讼当事人所需承担的义务类型。[54]

---

〔50〕 Req. ,15 janv. 1896, D. , 1896. 1. 88; Com. , 21 juin 1950, Bull. civ. , n° 226, p. 155; Civ. ,9 déc. 1952, J. C. P. ,1953. Ⅱ. 7401, note J. P. - - Cf. dissert, Pierron, J. C. P. , 1952. Ⅰ. 1036.

〔51〕 E. J. Couture, El deber de decir la verdad en juicio civil (Montevideo, 1938, p. 30 et s.), cité et approuvé par M. Del Vecchio, La justice, La vérité, p. 201; cf. d'autres références ibid. , p. 205, notes 17 à 23.

〔52〕 Req. ,17 juin 1879, S. ,1881. 1. 116.

〔53〕 Glasson-Tissier, op. cit. , n° 606, p. 687.

〔54〕 这一问题的整体描述,可参见 Solus, Le role du juge dans l'admi-nistration de la preuve, Tran. Assoc. Henri Capitant, 1949. 128 et s. , 135 et s. ; Marty et Raynaud, op. cit. , n° 218; Dalloz Rép. proc. civ. , V° Preuve, par R. Perrot, n° 169 et s。

对"文书提出命令"的解释,需要放在民事诉讼法多元交织的基本原则体系下去理解,尤其是"对审原则"和"处分原则"的交织。诉讼是当事人的事情,法官通常应保持严格的中立。[55] 然而,这个想法意味着放弃对客观真相的追求(法官缺少绝对职权):对于"职权干涉"的恐惧已经胜过对真理的探求。

按照这一逻辑,我们似乎是通过赋予法官一项纠问式职权的方式,促使了法律层面上的"当事人真实义务"的诞生。

但是事实并非如此,赋予法官责令当事人提出文书的职权,促成了"最低限度之诚信义务"的诞生,而不是"当事人真实义务"。

"诉讼欺诈"是研究"最低限度之诚信义务"的核心概念。[56] 前文已经提及当事人应当及时通知对方当事人案件的起诉情况以便对方当事人能够为有效出庭进行准备。[57] 未经通知或送达对方当事人,直接单方面向法庭提交书面庭审意见的行为(尤其是法庭辩论终结后),[58] 明显也不符合上述观念。我们还可以举以下几个事例。

事例一:鉴于书信具有隐私特征,法院原则上禁止当事人在诉讼中提交书信作为证据材料。[59] 但是,在离婚案件中,法院例外地允许当事人提交"书信"证据,同时要求该书信的取得方式合法正当。如果当事人通过不诚信的手段获取"书信",则该书信不得作为证据提交。[60]

事例二:在国际私法中,虽然司法实践通常拒绝对外国法上的欺诈行为作出认定和制裁(我们认为这种司法做法是不妥的),[61] 但是法国法官在司法实践中绝对不会对当事人以欺诈手段阻碍外国法院判决的承认和执行的行为坐视不理。[62]

---

[55] V. infra, n° 21 et s.

[56] "制止欺诈"本身就是一种自然法的观念。参见 Vidal, Essai d'une théorie générale de la fraude, Paris, 1957, p. 386。

[57] Supra, n°s 13 et 14.

[58] Supra, n° 15.

[59] Henri, Léon et Jean Maweaud, Leçons de Droil civil, t. I, 2e éd., n° 639, 676.

[60] Req., 5 févr. 1900, D., 1901. 1. 45; Req., 2 août 1938, S., 1938. 1. 286; Civ., 28 avr. 1949, Gaz. Pal., 1949. 2. 98, J. C. P., 1949. IV, Ed. A, 1238; Civ. Ⅱ, 28 mai 1954, D., 1954. 587.

[61] Batiffol, op. cit., n°374; Lerebours-Pigeonnière et Loussouarn, op. cit., n° 371.

[62] Paris, 19 févr. 1960, J. C. P., 1960. Ⅱ. 11665, note Aymond.

事例三:在一起引发强烈反响的案件中,雷恩上诉法院以当事人诉讼行为涉嫌"欺诈"为由,裁定当事人迟延提起的第三人撤销之诉不可受理。该案由当事人以继承人身份提起,在长达9年的时间里,继承人对其父母作为被告的案件不闻不问。在诉讼期间,其父母有一方去世了,直到其父母败诉后,该继承人才发起诉讼行动。[63] 我们不去分析法院的裁定是否站得住脚,我们只是关注到:该裁定的唯一法律依据是当事人的诉讼行为违反了民事诉讼诚信义务。

此外,不诚信的诉讼行为也足以导致败诉后果,即使它达不到真正的"欺诈"的程度。例如,巴黎地方法院在仲裁司法审查案件中认为:仲裁申请人自身不得援引合同中关于仲裁申请期限的约定,来否定自身提起之仲裁的效力。其理由在于,这种情形下只能由其他利害关系人(当事人)提出仲裁申请逾期的抗辩,申请人的行为不符合当事人缔约的宗旨。[64]

随着科学技术的进步,举证证明的手段也越来越多样(如录音机、窃听器),[65]法国司法判例认为偷听偷录的证明手段是违法的,因为此类行为违反了诚信原则,也违背了"辩论权的基本保障"[66]。

正是民事诉讼法上广泛规定的权利规范,构成了识别当事人诉讼行为是否合法的判断标准。也正是这些权利规范,将法官审判权的行使划定在明确的范围内。

(二)法官视角下的辩论权尊重原则

很显然,法官在审判过程中的各种义务,不是仅仅围绕"尊重当事人的辩论权"这么简单。法官的司法行为须置于一系列民事诉讼法基本原则框架下进行

---

[63] Rennes,13 nov. 1958,J. C. P. ,1959. Ⅱ. 11024,note Vidal; Rev. trim. dr. civ. , 1959. 378,obs. Raynaud.

[64] Paris,9 janv. 1958,J. C. P. ,1958. Ⅳ,Ed. G,83,Gaz. Pal. ,1958. 1. 221.

[65] Mimin,La preuve par magnétophones,J. C. P. ,1957. 1. 1370; Carel,Les modes de preuve au xxe siècle,Gaz. Pal. ,1957. 1,Doct. 32; Cuche et Vincent,op. cit. ,n°512.

[66] 涉及此类特殊的情形(安装电话录音装置,以识别匿名诽谤者)的民事案件,可参见 Civ. Ⅱ,18 mars 1955,J. C. P. ,1955. Ⅱ. 8908,note Esmein,D. ,1955. 573,note R. Savatier,Gaz. Pal. ,1955. 1. 249; 此类刑事案件参见 Crim. ,12 juin 1952,J. C. P. ,1952. 11. 7241,note Brouchot; Paris,28 mars 1960,Gaz. Pal. ,12 - 15 nov. ; rappr. Poitiers,7 janv. 1960,J. C. P. 1960. Ⅱ. 11599,note Chambon。

评价,这些法律原则界定了"法官职权"[67]的含义。本文在这里是想强调,法官在诉讼中要特别注意对于当事人辩论权利的尊重。在这一方面,司法判例中极其明显地体现出自然法对司法实践所具有的推进作用。

1. 制裁当事人侵害他人辩论权的义务。一方面,我们经常提及法官和当事人在诉讼中的角色和彼此的关系;另一方面,我们也注意到最高法院对法官与当事人之间关系的规制越来越多。[68] 这种相互关系体现为:法官在尊重辩论权方面的首要职责是制裁当事人可能违反其在这方面义务上的任何侵权行为。最高法院通过一系列重要判例,严格要求各级法院履行制裁侵害辩论权的职责。只要回顾现有的研究,我们就会发现,只要当事人存在某种义务时,某种程度上似乎都会伴随法官的审查职责。

2. 保持严格中立性的义务。这一义务涉及法官无偏私的重要性。这实际上是一个与法官本身具有的品质密切相关的概念,但在司法实践中很少应用。根据《法国民事诉讼法》第378条的规定,回避制度在这方面发挥了足够的保障功能,几乎没有留下在成文法之外讨论该问题的空间。本文主要关注的是成文法不足,需要自然法补足的诸种情形。

同时,技术性的立法语言仅将法官中立义务和处分原则(诉讼是当事人之事)、当事人主义(当事人决定诉讼的方向)联系在一起。哪怕在最近的民事司法改革中,这两个原则仍继续主导法国的民事诉讼法律体系。我们已经多次尝试来界定所谓"法官中立义务"的含义。[69] 并且,我们在这里想强调的是,"法官中立义务"一方面与处分原则和当事人主义的紧密联系,另一方面是其与"辩论权尊重原则"的关系。

---

〔67〕 V. Morel, op. cit., n° 425; Vizioz, op. cit., n° 230 et s.; Cuche et Vincent, op. cit., n° 288 bis, 290; Cornu ct Foyer, op. cit., p. 372 et s.; Hébraud, observ. Rev, trim. dr. civ., 1955. 699 et s., 1959. 775 et s.; Désiry, Le rôle du juge dans le déroulement de l'instance, D., 1956, Chron., p. 145 et s.; Motulsky, Principes d'une réalisation méthodique du droit privé, Paris, 1948, préface de M. Roubier, not. n° 81 et s.; Id., Le rle respectif du juge et des parties. Etudes du droit contemporain, t. Ⅱ, p. 355 et s.; Id., L'office du juge et la loi étrangères, Mélanges Maury, Paris, 1960, t. Ⅰ, p. 337 et s.

〔68〕 Cf. notamment : Mélanges Maury, supra, p. 38 p. 354 et note S., 1954. 2. 50 infra, p. 331; mais v. les réserves de M. Hébraud, Rev. trim. dr. civ., 1955. 700.

〔69〕 这里的研究重点关注之前的笔记,尤其是 Le rôle respectif, n° 3 et s., 23 et s.; L'office du juge, n° 5 et s。

“法官中立义务”常常被错误地限制在了举证证明问题上。[70] 事实上,这包含了两个方面:首先,它指的是法官在涉及利害关系时,要保证“诉讼的不变性”。其次,它禁止法官擅自收集证据材料,因为这是应当由各方当事人自行承担的举证责任。

以下两个司法判例对“法官中立义务”的两方面含义作出了分析。其一,“法官不能自行改变诉讼标的或诉因,必须在当事人的陈述意见范围内作出判决”[71]。其二,法官只能以“通过法定形式提交和符合法定特征”的证据形成内心确信。这意味着法官不能“根据其对案件事实的个人认知”来作出判定。[72]

不难看出,在法国诉讼制度中,这些判例规则必须在“对审原则”的语境下才能被理解。[73] 这也意味着法官对辩论权的保障。对当事人辩论权的保障似乎意味着法官不得依其专断的举措指挥诉讼的进行。[74] 但是,“法官中立义务”对辩论权的保障只是间接的,对辩论权的实质性制度保障仍是借助“对审原则”来实现的。

3. 诉争事项均需对审式辩论的义务。在前文中,[75]我们强调了尊重辩论权被视为公平正义的基本保障。应该指出的是,这一评价首先涉及对审原则,即法官有义务在任何情况下为诉讼双方提供机会,使其能知悉“任何有利于主张得到支持的信息”[76]。

“法官中立”的基本思想引起了诉讼程序的一系列连锁反应,重要的是阐述这些连锁反应。

---

[70] Morel, op. cit., n° 471.

[71] 司法的不变性,参见 Le rôle respectlf, p. 360, note 11; L'office du juge, p. 341, note 9; adde, Civ. I, 18 mai 1960, Bull. civ., n°273, p. 224; Hébraud, observ. Rev. trim. dr. civ., 1955. 699 et s., 1959. 775 et s。

[72] 研究中引用的文章,参见 Le rôle respectif, p. 369, notes 50 et 51; adde, Civ. Ⅱ, 17 déc. 1954, Bull. civ., n° 420, p. 281; 21 mars 1958, J. C. P., 1958. Ⅱ. 10600, note G. M.; cf. Vizioz, op. cit., n° 239, p. 448; Hébraud, observ. Rev. trim. dr. civ., 1955. 157 et s。

[73] Sic, Vizioz, loc. cit.

[74] Hébraud, loc. cit. et Rep. trim. dr. civ., 1956. 386 et s. 作者在此借助尊重辩论权利的名义,反对现在使用的某些措施。这些措施会导致司法调查的过度内部化(由劳资法院法官或商事法院院长会议秘书进行调查,对传达人员进行评定)。

[75] N° 10.

[76] Vizioz, op. cit., n° 234, p. 443.

首先,关于法官在法律适用方面的权力。笔者在另一篇文章中对法官适用法律的权力问题作了专门研究,本文对该文章的观点稍作总结:法官中立的原则仅限于案件事实要素层面。法官的“中立义务”只有在涉及诉讼的事实要素时才是有合理性的。“法官知法”(Jura novit curia)表明:当事人不需要引证法律,而需要提交证据。正如最高法院在很多判决中明确指出的那样:法官必须始终“根据适用该事项的法律进行判决,即使这些法律的适用没有被当事人明确提出”[77]。从中我们得出结论并且深信不疑:目前广泛流传的关于“禁止法官对其适用的法律条文进行任意变更”的观点必须予以修正。因为在案件事实不变的情况下,这是法官行使其职权和职责的必要方式。这种职权和职责的存在仅仅是因为法官被要求依法裁判,无论是什么法律条文。因此,认为法官只能在维护公共利益的条件下才能适用和替代法条的说法是错误的。[78] 法官决定法律适用的职责不能让位于当事人的辩论权,即无论当事人是否提出该法律适用的意见。并且,在涉及外国法律适用的情况下也是如此,因为外国法律的适用也受到法国法律的规制,即冲突法规范。[79]

然而,我们想在本文的研究框架中强调的是,法官依其职权而对民事审判之一切事项享有的自主权,须以尊重和保护当事人的辩论权为前提。在当事人没有在辩论中提出某个法律条文的适用意见时,法官依职权决定运用该法律。这对于当事人而言是一种裁判突袭。当事人“不可预见”,这一概念需置于个案情况下进行具体分析。尊重当事人的辩论权引起了这一法律问题,[80] 最高法院对这一问题有重要话语权。法官应当允许当事人就案件法律适用问题进行对审式辩论,让当事人有“质询”的机会,具体措施包括:亲自出庭、延期判决、重新展开辩论。[81]

立法机关最近制定了这类要求。根据 1960 年 8 月 2 日第 60-802 号法令(新《民事诉讼法》第 171 条),法官“在未经当事人发表意见前,无权自行宣判,必要时可以重新开庭听取意见”。

---

〔77〕 V. nos études précitées, Le role respectif, p. 364, texte et les références, note 26; L'office du juge, n° 6, p. 342, texte et les références, note 14, n° 19, p. 350.

〔78〕 Sic, par ex., Malaurie, note D., 1956. 5. 17521.

〔79〕 L'office du juge, passim, cf. note au J. C. P., 1960. Ⅱ. 11733

〔80〕 Soc., 31 mai 1956, Bull. civ., n° 498, p. 367.

〔81〕 在这几点上,前文已有文章提过。Le rôle respectif, n° 19, p, 367; L'office du juge, n° 12 et s., p. 345 et s., n° 43, p. 364; note J. C. P., 1960. 11. 11733.

这种保护当事人辩论权的观念反过来又对法官在司法实践中的法律适用权力产生了重要影响。通过回顾最高法院的判例就足以理解这一点。最高法院禁止初审法院在案件审理中迳行适用与原告所引证的不同的法律规范(即使法官援引不同的法律规范是基于公共秩序的考虑)。不管怎么说,[82]民事诉讼法本身并不禁止法官依职权对"法律依据(或请求权基础)"进行更换,只是禁止法官在没有进行"任何辩论"的情况下依职权进行变更。[83]

因此,我们可以清楚地看出,只要不触碰案件基本事实的查明问题,法官就有权迳行适用当事人未主张或援引的法律规范,但该法律适用权的行使以不违反"辩论权尊重原则"为限度。

法国司法实践对当事人对审式辩论权之保护问题表现得十分敏感。法国最高法院对法院的审理事项是否由当事人提出或已由当事人提出抗辩进行严格而又笼统的审视,而不管该审理事项是事实查明问题还是法律适用问题。[84]因此,最高法院关注的焦点不在于法官是否在职权范围内行事,而是只关注法官的司法行为是否对当事人辩论权的行使构成侵犯。

综合上述分析,我们认为:在对审原则与法官中立原则之间,最高法院对法官的要求更倾向于前者(对审原则)。最高法院要求法官扮演更为积极的角色,使当事人能够对案件的事实和法律适用均能充分发表意见。人们也许没有充分关注到最高法院反复强调的一点,即法官为了保护当事人的辩论权,甚至应当"责令"当事人发表意见。

我们曾经在研究最高法院对"上诉移审效"概念的扩大解释问题和提审权的限制问题时,也涉及"责令当事人发表意见"的问题。[85] 在上述研究中,我们注意到:一方面,最高法院认为初审法官责令当事人发表的意见可以成为上诉案件全面审理的依据,而不受"上诉移审效"的限制。另一方面,在某些情形下,

---

[82] Hébraud, observ. Rev. trim. dr. civ., 1955. 701, 1959. 776.

[83] Com., 21 nov. 1955, Bull. civ., n° 330, p. 280; Civ. I, 15 oct. 1958, Bull. civ., n° 432, p. 347; cf. a contrario, Civ., 19 juin 1929, S., 1939. 1. 309.

[84] 此类案件,可参见 Civ., 13 mai 1896, S., 1896. 1. 359; 14 févr. 1910, S., 1910. 1. 312; 4 févr. 1924, S., 1924. 1. 15; Civ., 8 janv, et 25 mars 1924, S., 1924. 1. 13; Civ., 29 avr. 1927, D. P., 1929. 1. 88; Soc., 31 mai 1956, Bull, civ., n° 498, p. 367。

[85] 参见作者的另两篇关于移审效的研究论文。Les rapports entre l'effet dévolutif de l'appel et l'évocation, J. C. P., 1953. 1. 1095, n° 14; nouvelles réflexions sur l'effet dévolutif de l'appel et l'évocation, J. C. P., 1958. 1. 1423, n°s 9 et 11.

最高法院要求上诉法院本身应当责令上诉人进行说明,以便上诉审可以绕过辩论内容的限制而根据案情作出判决。[86] 这些问题极为重要也十分复杂,[87]但不是本文的研究对象,在此不作过多展开。我们只是想说明“辩论权尊重原则”在司法实践中有异常丰富的适用可能。

同样,一个重要的现象也值得注意。当法官偏离当事人提交的案件材料进行裁决时,他往往会对当事人没有主张的事项作出裁决。根据《法国民事诉讼法》第480条第3项的规定,这种脱离当事人的主张范围而作出的裁判将成为上诉审的审查对象,将导致撤销原判发回重审[88]的后果。这也会给当事人带来不必要的诉讼负担。最高法院一直以来都试图加大对不当裁判的纠正力度,并且努力使当事人提出复核审申请的程序更有效率也更简便。我们时常在司法实践中发现超出当事人诉讼请求的裁决被认定是违法裁决这一情形。当法官超出诉讼请求作出裁决时,该判决就“超越了当事人辩论范围”,“改变了当事人之间的诉讼关系”,构成了对“当事人辩论权”的侵害。[89]

在起诉阶段,当事人应当将证据交换给对方当事人。在审前阶段,法官也有义务遵守“对审原则”。值得注意的是,在一份广为引用的判例中,最高法院认为“对审原则”同样适用于审前程序和专家辅助人参与民事诉讼程序。如果该程序未能对当事人辩论权的行使提供同等保护[90](侵害了当事人的辩论权),则该程序应认定为无效。其原因在于,最高法院认为不可能在辩论权被侵害的情况下推进审理程序,当事人也未能充分发表意见,在此情形下进行的“庭审辩论”必定是不充分的。[91]

4. 提供判决理由的义务。在法国,这项义务由1790年8月16日至24日颁

---

[86] Op. cit., v. notamment : Civ., 27 nov. 1872, S., 1872. 1. 432; 7 avr. 1886, S., 1886. 1. 209; Com., 3 nov. 1948, Bull. civ., n° 232, p. 972.

[87] Cornu et Foyer, op. cit., p. 4740; Meurisse, dissert. S., 1953, Chron. 127; Gaz. Pal., 1957. 1, Doct. 57 ; note S., 1953. 2. 53.

[88] Cuche et Vincent, op. cit., n° 463, p. 501.

[89] Soc., 13 mars 1958, Bull. civ., n° 380, p. 277; cf. Com., 7 déc. 1954, D., 1955. 110, note Crémieu; Soc., 1er mars 1956, Bull. civ., n° 213, p. 156.

[90] Civ. Ⅱ, 29 oct. 1959, Bull. civ., n° 697, p. 454.

[91] 参见判决:Civ., 24 mai 1938, S., 38. 1. 264; Com., 13 juin 1949, Bull. civ., n° 234, p. 637; Soc., 8 mai 1952, D., 1952. 796; Civ. Ⅰ, 21 juin 1954, J. C. P., 1954, Ed. G, IV, 113; Soc., 8 avr. 1957, Bull. civ., n° 460, p. 324; Civ. Ⅱ, 29 oct. 1959, Bull. civ., n° 697, p. 454。

布的法律确立。著名的“1810 年 4 月 20 日法令”第 7 条强调了“法官负有提供判决理由”的义务。在众多向最高法院提出的复核审案件都提及该义务。《法国民事诉讼法》第 141 条将该项义务法典化。尽管“提供判决理由”这一义务出现得较晚,但在法国,对于提供判决理由的要求似乎被视为公平正义的一项基本保障。[92]

以下 3 个司法要素体现了对于当事人辩论权的保护。

(1)最高法院被赋予了撤销“未记载裁判理由的判决”(完全不包含理由的判决)的职权,因此最高法院创造了一个“司法大总管式”的概念来巩固这一职权。这就是“缺乏法律依据”的概念,最高法院要确保其有权根据司法逻辑的所有要求来复核下级法院裁决的合法性。“缺乏法律依据”概念的自主性和丰富性,值得进行更为深入的研究。[93]

(2)通过回顾最高法院对“1810 年 4 月 20 日法令”第 7 条关于“缺乏判决理由”的理解,我们从中可以得到许多的启发。司法实践中存在“完全不存在判决理由之判决”的假设并非不切实际。最高法院认为,在审查下级法院判决是否存在“判决理由瑕疵”时,大致上将这一概念理解为:“判决中是否遗漏了对当事人庭审意见之要点的回应”[94]。在这里,我们没办法更详细地分析这一定义。但是,最高法院利用“缺乏判决理由”这一概念向法官施加了一项义务,即有责任对当事人辩论意见的每一个要点进行回应。换句话说,法官应当向当事人保证会仔细审查当事人提出的法律意见,设立该义务的目的依旧是确保当事人辩论权可以得到尊重。

(3)虽然“1810 年 4 月 20 日法令”第 7 条是针对上诉法院判决的规定,但任何行使裁判权的人都有义务说明判决的理由。对于仲裁员来说尤其如此。在仲裁程序中,虽然当事人可以免于“遵守法院创建的诉讼形式”(《法国民事

---

[92] Glasson, Tissier et Morel, op. cit., t. Ⅲ, n° 744; Vizioz, op. cit., n° 271, p. 475.

[93] 关于这一概念,参见 Glasson, Tissier et Morel, op. cit., n° 952; Faye, La Cour de cassation, n° 82, 86, 120; Cornu et Foyen, op. cit., p. 193, 作者的另一篇研究论文,参见 Le manque de base legale, pierre de touche de la technique juridique, J. C. P., 1949. 1. 775 [infra, p. 31]。

[94] Glasson, Tissier et Morel, op. cit., n° 746; Vizioz, op. cit., no 271, 273, p. 476 et s.; v. la casuistique, Dalloz Rép. prat., V° Jugements et arrêts, n° 1304 et s.

诉讼法》第1009条),[95]赋予仲裁员“友好调解人”的权力,只笼统要求仲裁员“依法裁决”(《法国民事诉讼法》第1009条),但是,尽管存在一些争议,但占普遍主导地位的司法审查意见仍是仲裁裁决也必须记载裁决理由。[96]

目前,在国际私法领域似乎存在一种法律趋势,倾向于对外国司法判决尽可能许可执行,[97]哪怕是没有记载裁判理由的判决也应予以执行。[98] 面对这种趋势,我们是否应该放弃为“提供判决理由”义务赋予自然法特性的观点呢?我们认为不应该。实际上,我们有理由认为这种趋势不具有普遍和绝对意义。根据最高法院1960年6月14日的判决,“一份缺乏裁判理由”的判决(在英国法律上来说可能不是),就其本身而言,并没有违反法国的国际公共秩序(严格来说,仅限于“就其本身而言”),也没有得到执行。司法判例可能会朝着更细致的审理思路发展,并且只有在确保辩论权没有受到忽视的情况下,才会支持“未记载裁判理由”之判决的执行。[99] 换句话说,我们认为,“必须给出裁判理由”这一义务将继续被视为一项基本职责。法官可以在特殊情况下免除这一义务,但必须提供同等的程序公正保证。

5. 辩论权及其救济途径。如果我们从给诉讼当事人提供救济途径可能的保障来考虑辩论权,我们认为这个问题可以从两个方面进行展开。其一,这是一项自然法则,决不能由司法机关自由裁量,否则会导致自由裁量权的滥用。其二,有必要建立侵犯辩论权的制裁机制。这两个方面的想法已经得到了司法判例层面的确认。

(1)《劳动法》第一编第29条(d)款中设立了一个劳动仲裁专门委员会,负责就某些情况下应付给专业记者的解雇赔偿问题作出裁决。法律明确规定,该

---

[95] Paris, 18 juin 1948, S., 1949. 217, note J. Robert; Douai, 8 juill. 1954, Gaz, Pal., 1954. 2. 157.

[96] Req., 1er déc. 1857, S., 1858. 1. 598; Civ., 15 déc. 1885, S., 1888. 1. 223; Paris, 7 févr. 1957, D., 1957. 251; 11 avr. 1957, J. C. P., 1957. IV, Ed. G, 145.

[97] V. en dernier lieu : Civ. I, 14 juin 1960, Elmassian, Rev. crit. dr. int. privé, 1960. 393 et l'article de M. Francescakis, ibid., 297 et s.; cf. Loussouarn, D., 1957, Chron. 191.

[98] V. l'article Francescakis, loc. cit., p. 399 et s., et les références. Note Gavalda, Rev. crit. dr. int. pr., 1960, p. 94 et s., et les références.

[99] Batiffol, Tr. dr. intern. privé, 3e éd., n° 759; Francescakis, op. cit., notamment p. 311; Gavalda, op. cit., p. 96; cf. Trib. gr. inst. Seine, 26 nov. 1959, Rev. crit. dr. int. pr., 1960. 388, note Ph. F.

委员会的裁决“不得上诉”。一家报社的所有权人就该委员会作出的一份裁决提出上诉,其上诉理由是委员会无管辖权。巴黎地方法院在审理该案时出现了两种不同的意见:一种意见倾向于“形式主义”,主张严格依照法律的字面意义;[100] 而另一种意见倾向于“理想主义”,反对“不得上诉”这一提法并认为,以行政法基本原理为借鉴,[101] 如果排除对某项裁决的任何救济则必然会导致滥用权力的可能。[102] 最高法院采取了第二种意见,反对“不得上诉”这一提法。其理由是:虽然该条文宣称仲裁委员会的决定“不能上诉”,但只有在法律赋予其管辖权的范围内作出的裁决才属于这种情况。[103] 最高法院关于“不得上诉”的审慎立场凸显了自然法理念,也正是自然法理念给这一判决提供了唯一的解释。

(2)在大多数仲裁协议和仲裁条款中,当事人声称仲裁裁决将是最终结果,并且,他们放弃了所有的救济措施。原则上,这种放弃是完全有效的。然而,司法实践认为,在没有任何制裁措施的情况下,若出现严重损害辩论权利的情况是不能被接受的。因此,有一项判例规则允许当事人在放弃救济权利的情况下,以仲裁裁决违反公共秩序保留原则(特别是侵害当事人辩论权)为由,对仲裁裁决提出上诉。[104] 在这种情形下,司法对仲裁程序是否尊重了当事人辩论权的问题进行了严格审查。有一份司法判例认为:只有实质性地进行对审式审理程序,才能满足法律对当事人辩论权保障的要求。仲裁庭分别单独与当事人听审的做法不符合法律的要求。[105] 我们十分认同法院在该案中如此精细的分析,这一分析再次凸显出“辩论权尊重原则”的概念正是源于自然法。

行文至此,我们对“辩论权尊重原则”的研究将要暂告一段落,但我们不能

---

[100] Paris, 17 juill. 1950, S., 1951. 2. 73, note Motulsky; J. C. P., 1951. Ⅱ. 6399, note Vivien.

[101] Cons. d'Et., 17 avr. 1953, Falco et Vidaillae, D., 1953. 683, note Eisenmann, Gaz. Pal., 1953. 1. 300.

[102] Paris, 8 juill. 1957, J. C. P., 1957. 10448, concl. Lindon, note Motulsky.

[103] 两个判决,参见 Soc., 25 juin 1959, Bull. civ., n° 809, p. 647。

[104] Civ., 18 janv. 1870, D., 1870. 1. 8; Paris, 21 juin 1893, D., 1894. 2. 35; 28 oct. 1922, D., 1923. 2. 196; 4 juill. 1955, J. C. P., 1955, Ed. G, Ⅳ, 149; 4 déc. 1956, Rev. arb., 1957. 28; 7 févr. 1957, D., 1957. 251, J. C. P., 1957, Ed. G. Ⅳ. 107; 10 mai 1957, Gaz. Pal., 1957. 2. 98; 12 déc. 1957, J. C. P., 1958, Ed. G. IV, 96; 27 févr. 1958, D., 1958. 489; 17 mars 1960, D., 1960. 699.

[105] Paris, 4 déc. 1956, précité.

鲁莽地宣称这一研究已经完成。本文着重对“辩论权尊重原则”在民事诉讼法语境下的概念和表现形式进行了较为全面的分析。这一研究主题仍有待深入,仍有许多诉讼法上的表现形式尚未被发掘。我们可以想到诉讼当事人的“自然权利”[106](《民事诉讼法》第85条),限制提交诉状的次数和期限的问题,[107]以及司法实践允许上诉权可适用于扣押不动产之决定问题上的努力。《民事诉讼法》第731条关于不动产扣押不可上诉的规定,已经被学界批评为“不尊重辩论权的失败立法”[108]。这样子的例子还可以举出很多。

无须多言,我们已经讨论了许多具有说服力的事例。这些事例证明了什么呢?至少我们可以得出两个密切相关的结论:其一,法官在他的日常工作中“在司法行为的每一步中都借助了自然法”这一话语的准确性。其二,人的本性和事物的本质都是源于“自然”,我们不可能把自己局限在纯粹的“技术”当中,去探求不带哲学色彩的解决方案。我们不能放弃对于理想正义的更高追求。当我们在探索被描绘为充斥诡辩伎俩和烦琐规则的民事诉讼法律科学的奥秘时,才发现自然法坚不可摧的力量是如此鼓舞人心。

---

[106] Sic, Dalloz, Jur. gén., V° Défénse-défenseur, n° 193.

[107] 关于一系列被告系统性延长期限的问题,参见V. Toulouse, 17 janv. 1951, D., 1951, 146。

[108] Civ, Ⅱ, 21 mai 1954, D., 1954. 590; 14 févr. 1958, D., 1958. 382; Civ, Ⅱ, 10 juill. 1959, Bull. civ., n° 576, p. 377, D., 1960. 7; cf. observ. Raynaud, Rev. trim. dr. civ., 1960. 366, les références et les renvois.

《中山大学青年法律评论》稿约

一、《中山大学青年法律评论》简介

《中山大学青年法律评论》是由中山大学法学院学生独立运作，由法律出版社公开出版的法学学术性出版物，创立于2017年。本评论致力于为青年法学人才搭建一个学术成果的交流平台，活跃学术研究氛围，开阔法学研究视野。

二、征稿对象及范围

1. 本评论面向国内外知名法学院校在校学生征稿。

2. 本评论奉行一切从学术出发的宗旨，对来稿不限制主题和体裁。来稿篇幅以1万~1.5万字为宜，原则上不超过2万字。

3. 本评论尤其欢迎细致的制度分析和案例研究，亦欢迎选题良好的翻译稿件，不接受无问题意识的空泛议论或简单介绍，也不接受无深度的表面化评论。

4. 若为翻译稿件，请译者于投稿时附上原文及作者授权证明。

5. 本评论欢迎专稿专投，反对一稿多投、一稿多发。

三、格式体例

1. 来稿请在正文前加列"目次"、"摘要"和"关键词"，无须英文标题和英文摘要。"摘要"为稿件核心观点的凝练，字数不超过300字。"关键词"不超过5个。

2. 来稿须符合学术规范，注释体例参照《法学研究》，推荐使用《法学引注手册》进行引注。注释是否符合本评论体例要求不影响稿件评价，但注释是否符合学术规范将影响稿件采用。

四、评 审 规 则

为公正选稿,本评论实行匿名三审制。一审为学科编辑独立审稿;二审为责任编辑独立审稿与审稿委员会集体表决审稿相结合;三审为知名法学院校专家审稿,采末位淘汰制。

为加快稿件处理速度,本评论实行快速审稿和审稿意见及时反馈制度。自投稿起一个月内未获任何通知,请作者主动联系编辑部,以免遗漏或耽误用稿。

五、投 稿 方 式

1. 本评论唯一工作邮箱:sysuyouthlaw@ 163. com。来稿请勿发送至包括主编在内的任何工作人员。

2. 投稿请以 Word 文档形式以附件发送。Word 文档标题只需填写论文题目,无须填写作者信息,Word 正文内亦无须包含作者个人信息,保证匿名审稿。

3. 作者个人信息及论文题目请在邮件正文中列明,建议投稿邮件标题格式为"投稿 + 作者姓名 + 论文题目",以便编辑部及时准确回复邮件。

六、特 别 提 醒

本评论不以任何形式向作者收取审稿费、版面费等费用,也从未授权任何机构或个人代理投稿事宜。所有投稿事宜仅在工作邮箱处理。未尽事宜,请直接通过本刊编辑部工作邮箱进行联系。

更多信息可关注本评论微信公众号"青年法律评论"(微信号为:sysuyouthlaw),或查阅中山大学法学院官网:http://law. sysu. edu. cn/。

《中山大学青年法律评论》编辑部

2024 年 11 月